U0503904

教育部人文社会科学研究规划基金项目
"民国时期中小学教师日常生活研究（1927–1937）"
（批准号17YJA770010）资助

德州学院学术出版基金资助

# 民国时期中小学教师日常生活研究

姜朝晖 著

中国社会科学出版社

**图书在版编目（CIP）数据**

民国时期中小学教师日常生活研究/姜朝晖著. —北京：中国社会科学
出版社，2023.11

ISBN 978-7-5227-2812-4

Ⅰ.①民…　Ⅱ.①姜…　Ⅲ.①中小学—教师—生活—研究—中国—民国
Ⅳ.①G451

中国国家版本馆 CIP 数据核字（2023）第 230647 号

| | | |
|---|---|---|
| 出　版　人 | 赵剑英 | |
| 责任编辑 | 李金涛 | |
| 责任校对 | 刘春芬 | |
| 责任印制 | 李寡寡 | |

| | | |
|---|---|---|
| 出　　　版 | 中国社会科学出版社 | |
| 社　　　址 | 北京鼓楼西大街甲 158 号 | |
| 邮　　　编 | 100720 | |
| 网　　　址 | http://www.csspw.cn | |
| 发　行　部 | 010-84083685 | |
| 门　市　部 | 010-84029450 | |
| 经　　　销 | 新华书店及其他书店 | |

| | | |
|---|---|---|
| 印　　　刷 | 北京明恒达印务有限公司 | |
| 装　　　订 | 廊坊市广阳区广增装订厂 | |
| 版　　　次 | 2023 年 11 月第 1 版 | |
| 印　　　次 | 2023 年 11 月第 1 次印刷 | |

| | | |
|---|---|---|
| 开　　　本 | 710×1000　1/16 | |
| 印　　　张 | 19 | |
| 插　　　页 | 2 | |
| 字　　　数 | 283 千字 | |
| 定　　　价 | 168.00 元 | |

# 目　　录

# 绪　　论

## 一　研究的缘起

谈到教师的角色形象，自古及今都侧重于强调其责任和义务的一面，突出其为人师表的神圣性和使命感，而对教师作为一个普通人的世俗生活则往往有意或无意地忽略，因而教师往往成为宏大历史结构中一个标签化、平面化的符号和形象。事实上，教师作为一个普通职业群体，除了国家、社会和历史赋予的"师"的责任义务及行为规范之外，其作为普通人的日常生活水平和生活样式，虽然琐碎、细小，但也是宏观历史结构的体现，教师日常生活也是影响教师群体产生自我角色认同或分化、获得一定的社会地位和声望的重要因素。可以说，教学之外的日常生活也是教师社会角色的重要组成部分。从世俗的眼光来审视教师作为普通人的日常工作和日常生活，对于深入理解教师的社会角色大有帮助。

近代中国是从过去自给自足的政治宗族社会向以社会化生产和消费为主要内容的世俗化社会转型的时代，也是新式教师群体（与传统塾师群体不同）出现和其社会角色形成的重要阶段，尤其是 20 世纪30 年代，是中国教育制度逐渐走向完善的时期，也是新式教师工作和生活相对秩序化的阶段，所以这一时期教师的日常生活最具代表性，而且也最能反映教师发展中出现的问题。由于中小学教师是当时教师群体中的大多数，所以中小学教师的日常生活又最具典型性。

可以看到，民国时期中小学教师的日常生活也带有强烈的教师身份标签，教师的身份和角色规约深入中小学教师的日常行为意识中，并且通过日常的物质和精神生活细节表现出来。当然，这一时期中小学教师发展中出现的很多问题也通过教师日常生活细节表现出来。比如，教师的责任义务与权利待遇之间的关系失衡，使得教师角色的社会期待与教师的实际角色之间、教师的外部期待与教师的自我认同之间存在很大差距，这些问题都与教师的日常生活息息相关。尤其是中小学教师工作繁重、待遇微薄、生活困苦、地位低下的状况，集中展现出中小学教师发展中的深层问题。这些问题具有历史延续性，在当今教育发展中依然是值得关注的问题。虽然目前教师的福利待遇得到来自政府和社会方面前所未有的重视和保障，但是国家和社会对教师角色的认知仍然存在符号化、平面化的倾向，习惯于单纯从社会责任的角度来评判教师，给教师贴上很多"高大上"的标签，对他们提出许多超现实的要求；而对于教师作为普通人的某些个体性、体验性、日常性的实际生活经验则重视不够。提起教师，仍然不是活生生的"人"的概念，而是一个符号。

总之，研究民国时期中小学教师的世俗生活样式及日常心态，不仅可以为解读民国时期教师的社会角色提供更微观的视角，从而做出更具有穿透力的解读，而且还可以为当代教师的发展提供历史借鉴。

**二 学术史回顾**

中小学教师是民国时期教师群体中的大多数，但是学界对民国大学教师生活史的研究更热门一点，对中小学教师生活的研究则相对冷清。目前主要有以下三个领域的研究涉及民国时期中小学教师的生活，一是关于民国中小学教师生活问题的专题研究，二是关于民国中小学教师群体的研究，三是关于民国时期知识分子群体日常生活的研究。

首先，目前对于民国中小学教师生活问题的专题研究主要集中在民国中小学教师的薪俸待遇及对教师生计的影响方面，其中又以研究小学教师待遇的居多，对中学教师日常生活的研究则比较少；也有不分中学、小学教师，综论教师整体生活状况的。

小学教师方面，有陈育红的《二十世纪二三十年代小学教师的薪水及其生活状况》①、刘常娟的《南京市小学教师待遇研究（1927—1937）》②、鲁卫东的《20世纪二三十年代安徽小学教员及其生计初探》③、杨学功《战时四川省小学教师生存境况的考察》④ 等。民国时期乡村教师基本都属于小学教师，而且是小学教师群体中的大多数，由于中国农村问题的重要性和基础教育的重要性，乡村教师群体也特别受重视，相关研究有郝锦花、田正平的《民国时期乡村小学教员收入状况考察——中国教育早期现代化问题研究之一》⑤、姜朝晖、朱汉国的《民国时期乡村教师的生存状况》⑥、杜维鹏的《民国时期乡村教师的收入状况与生存状态——以华北地区为中心的考察》⑦ 等。上述研究分别论述了民国时期特定年代或特定地区的小学教师群体的薪水制度、实际收入情况、物质生活的困苦，以及待遇低下对教师的影响。

中学教师方面，路涛的《二十世纪二三十年代中学教师的待遇与生活状况研究》⑧ 论述了当时中学教师的实际薪水状况和内部因地区、学校、兼职等形成的待遇差异，研究认为这一时期中学教师的待遇能够使其生活处于所在城市的中等生活水平，但是欠薪现象严重，从而影响了中学教师职业的发展。

也有综论民国时期教师整体生活状况的研究，如陈育红的《战前中国教师、公务员、工人工资薪俸之比较》⑨、吴琼的《民国时期教师薪俸的历史演变》⑩、张明武的《经济独立与生活变迁——民国时期武

---

① 陈育红：《二十世纪二三十年代小学教师的薪水及其生活状况》，《民国档案》2004年第4期。

② 刘常娟：《南京市小学教师待遇研究（1927—1937）》，硕士学位论文，南京大学，2012年。

③ 鲁卫东：《20世纪二三十年代安徽小学教员及其生计初探》，《安徽史学》2011年第4期。

④ 杨学功：《战时四川省小学教师生存境况的考察》，硕士学位论文，南京师范大学，2007年。

⑤ 郝锦花、田正平：《民国时期乡村小学教员收入状况考察——中国教育早期现代化问题研究之一》，《教育与经济》2007年第2期。

⑥ 姜朝晖、朱汉国：《民国时期乡村教师的生存状况》，《史学月刊》2015年第4期。

⑦ 杜维鹏：《民国时期乡村教师的收入状况与生存状态——以华北地区为中心的考察》，《历史教学》2015年第4期。

⑧ 路涛：《二十世纪二三十年代中学教师的待遇与生活状况研究》，硕士学位论文，河北大学，2007年。

⑨ 陈育红：《战前中国教师、公务员、工人工资薪俸之比较》，《民国档案》2010年第4期。

⑩ 吴琼：《民国时期教师薪俸的历史演变》，《教育评论》1999年第6期。

汉教师薪俸及其生活状况研究》①、李彦荣的《民国时期上海教师的薪水及其生活状况》② 等，虽然没有特别区分大学教师、中学教师、小学教师，但实际上基本以中小学教师为主要研究对象。上述研究都着重论述民国教师的薪俸制度和这种制度对教师经济生活状况的影响。

上述研究成果虽然都将目标对准教师的待遇和经济生活，但研究内容基本属于教育史、行业史范畴，偏重于论述相关教育制度的完善和教师职业的发展。其中有些研究视角或研究方法比较独特，如陈育红的《战前中国教师、公务员、工人工资薪俸之比较》对比了三大人群的薪酬，指出教师内部薪俸差异较大，大体来说，大学教师薪俸与公务员相当，小学教师薪俸与工人相当。③ 姜朝晖、朱汉国的《民国时期乡村教师的生存状况》从分析民国乡村教师的生活自述入手，探究了民国乡村教师的实际生活体验和心理感受，摆脱了以往制度史研究的单面性，比较生动地还原了民国乡村教师的生活史和心态史。④

其次，在有关民国时期各类教师群体的研究中一般也都会涉及中小学教师的待遇和生活问题，但生活问题只是作为教师职业发展状况中的一个侧面而被一般性论述，职业特征仍然是论述重点，还原中小学教师作为普通人的日常生活面貌并不是它们的目标。

姜朝晖的《民国乡村教师社会角色研究》主要从教师的社会角色这一宏观视角审视乡村教师的工作和生活，体现乡村教师生活中的职业角色意义。⑤ 陈光春的《制度生成与实践失范——民国时期中学教师管理制度研究（1912—1949）》⑥ 和徐广丽的《民国时期普通中学教师管理制度变迁研究》⑦，研究都重在中学教师管理制度的发展和实

---

① 张明武：《经济独立与生活变迁——民国时期武汉教师薪俸及其生活状况研究》，博士学位论文，华中师范大学，2010 年。
② 李彦荣：《民国时期上海教师的薪水及其生活状况》，《民国档案》2003 年第 1 期。
③ 陈育红：《战前中国教师、公务员、工人工资薪俸之比较》，《民国档案》2010 年第 4 期。
④ 姜朝晖、朱汉国：《民国时期乡村教师的生存状况》，《史学月刊》2015 年第 4 期。
⑤ 姜朝晖：《民国乡村教师社会角色研究》，人民出版社 2016 年版。
⑥ 陈光春：《制度生成与实践失范——民国时期中学教师管理制度研究（1912—1949）》，博士学位论文，华中师范大学，2012 年。
⑦ 徐广丽：《民国时期普通中学教师管理制度变迁研究》，硕士学位论文，南京师范大学，2013 年。

践，教师生活只是这些制度的施行和实践效果的体现。常静的《南京国民政府时期的武汉中学教师研究（1927—1937）》①、李柏林的《民国时期湖北中学教师群体研究》②、曾崇碧的《20世纪30年代四川小学教师状况研究》③、许妍的《1927—1937年河南教师群体研究》④、高海燕的《1927—1937年间江苏小学教师研究》⑤、刘强的《1927—1937年安徽教师群体研究》⑥、曾超群的《民国时期长沙中学教师群体研究（1927—1937）》⑦等，都是以某个特定地域的教师群体为研究对象，主要论述该教师群体的兴起和发展概况、教学活动、收入和经济生活情况，及对地方社会的影响和贡献等。

再次，有些民国社会史的相关研究中也会涉及教师群体，一般重点也是关注教师的经济生活。如陈明远的《文化人的经济生活》主要从经济收入和生活水平角度，探讨了包括大学教授在内的20世纪上半叶中国文化人的生活实况。⑧社会史的研究视角是丰富的，研究领域也比较开阔，所以有些研究能够触及民国中小学教师日常生活中经常被忽视的领域，能够发现或提出一些比较具有启发性的问题。胡悦晗的《日常生活与阶层的形成——以民国时期上海知识分子为例（1927—1937）》对包括教育界在内的上海知识分子群体的日常生活进行了实证性的研究，展现了上海知识分子的收入和消费、恋爱婚姻、社会交往、文化生活等日常生活图景，从中体现出他们作为社会中等阶层的整体性特征。⑨

---

① 常静：《南京国民政府时期的武汉中学教师研究（1927—1937）》，硕士学位论文，华中师范大学，2009年。
② 李柏林：《民国时期湖北中学教师群体研究》，博士学位论文，华中师范大学，2010年。
③ 曾崇碧：《20世纪30年代四川小学教师状况研究》，硕士学位论文，四川大学，2003年。
④ 许妍：《1927—1937年河南教师群体研究》，硕士学位论文，河南大学，2008年。
⑤ 高海燕：《1927—1937年间江苏小学教师研究》，硕士学位论文，南京师范大学，2008年。
⑥ 刘强：《1927—1937年安徽教师群体研究》，硕士学位论文，安徽大学，2011年。
⑦ 曾超群：《民国时期长沙中学教师群体研究（1927—1937）》，硕士学位论文，湖南师范大学，2015年。
⑧ 陈明远：《文化人的经济生活》，文汇出版社2005年版。
⑨ 胡悦晗：《日常生活与阶层的形成——以民国时期上海知识分子为例（1927—1937）》，博士学位论文，华东师范大学，2012年。

再如刘京京的《民国时期中学生生活研究（1912—1937）》以研究民国时期中学生的学习、生活，中学生生活与社会变迁之间的关系为中心，其中必然涉及中学教师的教学活动及师生关系等问题，从当事人之一的学生的角度，为研究中学教师的日常生活提供了资料。[①] 代小芳的《民国时期中学教师流动初探》则以民国时期中学教师的社会流动为关注点，指出中学教师的流动形式、流动特点和这种流动的影响。[②] 与之类似的还有李柏林的《民国时期中学教师的社会流动——以湖北为中心》，该研究指出民国时期湖北中学教师的社会流动的两个方向——上升或下降，也探索了导致教师流动的原因，指出教师聘任制的实行，教育主管官员的频繁变动，加上时局的影响及中学教育的变革，是引发民国时期中学教师社会流动的主要原因。[③]

　　总体来说，关于民国中小学教师的日常生活史研究主要围绕民国时期中小学教师的发展背景和发展概况，中小学教师的教学活动、薪资待遇和实际收入，教师的生活困境及对教育事业的影响等展开。现有研究存在的缺憾有两点。第一，多数研究基本都属于宏观历史结构中的制度史、行业史研究，对民国中小学教师日常生活问题的认识也侧重于从近代教育发展的宏观视角来评判，所以他们的视角往往局限在中小学教师薪资待遇制度和相应的物质生活方面，所得出的结论也往往是平面化、概念化的。对中小学教师作为普通人的日常生活，如教师的衣食住行等消费情况、婚姻家庭、社会交往和精神状态等历史细部，这方面的研究则很薄弱，所以很难成为以"人"为主体的活生生的历史，教师仍然像隐藏在国家、民族、教育等宏观历史结构背后的概念或符号。要解释清楚民国中小学教师的真实生活状况和社会角色，只依靠制度文本解读，并做一般性概述是远远不够的，必须贴近教师的日常生活，看制度的落实情况，考察教师现场的、日常的生活

---

　　① 刘京京：《民国时期中学生生活研究（1912—1937）》，博士学位论文，华中师范大学，2015年。

　　② 代小芳：《民国时期中学教师流动初探》，《教育与教学研究》2017年第3期。

　　③ 李柏林：《民国时期中学教师的社会流动——以湖北为中心》，《湖北师范学院学报》（哲学社会科学版）2011年第3期。

体验和感受，从历史细节中呈现教师作为一个普通人的世俗生活图景。第二，现有研究对民国中小学教师的日常生活与社会之间的互动关系的论述，还停留在浅尝辄止的层面。日常生活史无疑是松散、细碎的，常常被批评为陷入烦琐的考证，缺乏宏观的社会历史关怀。如何从历史细节中体现背后的大历史和大意识，也是必须考虑的问题。将社会角色理论引入日常生活研究就是一个很好的切入点，既可以深化原有的研究，也可以拓展新的研究领域。比如，作为学术研究热点的民国教师的经济生活问题，原有研究多止于对教师收入和消费情况的现象描述，如果引入社会角色理论，就可以引申到探索生计压力下中小学教师的心态，进而研究教师的自我角色认同和教师的实际社会地位。而且，从社会角色视角审视教师的日常生活，可以进一步引申到社会对教师的角色期待是如何贯穿教师的日常生活的，从而一方面令教师的社会角色丰满生动起来，另一方面又深化了对教师日常生活的认识。

### 三　概念界定及研究思路

民国时期是指从 1912 年到 1949 年，但为了保证论述的典型性，在具体研究时段上以 20 世纪 30 年代为主。因为这一阶段国民政府的教育制度和中小学教师制度逐渐完善，中小学教师的生活也一度比较稳定，对于研究民国宏观历史是个比较典型的时间段。

这里的"中小学教师"是指在民国学制体系中的中等学校和初等学校任教的教师，包括各种公立、私立中小学校和教会学校，也包括一些中等职业学校和中等师范学校。

"日常生活史"作为一个史学流派，其兴起最早是从西方学界出现的，近年来，中国学界也开始出现这一趋势。历史学层面的"日常生活"一直以来缺乏清晰的界定，多被视作衣食住行及工作、休闲娱乐等延续个体与社会再生产的活动的总和，故其一直等同于"社会生活"而作为社会史研究的一个分支。许多学者把日常生活划分为物质生活与精神生活两大类，前者主要指日常物质产品，如衣食住行、日用品等的获取与消费；后者多指为满足个人日常精神需要的一切重复性观念活动，如读书看报、情爱、宗教活动、参观旅游、文体活动等。

　　所谓民国时期中小学教师的日常生活，是指民国时期中小学教师以学校、家庭、社会环境为基本场域和空间，通过由以教育教学为中心的职业生活、经济收入、消费情况、婚姻家庭、社会交往、社会流动、精神生活等所组成的，借以维持个体生存和再生产，进而促进社会再生产的活动的总和。同时，中小学教师在重复性思维和实践中继续和完善日常生活，又衍生了创造性思维和实践，不断更新其日常生活。

　　在研究样本的选择上，由于有关民国时期基层中小学教师生活状况的资料比较少，同时也为了使反映的问题具有代表性和覆盖性，所以不适合以较小地域范围内的中小学教师群体为样本，但为了避免过于笼统，样本的选择也需要有一定的典型性。本书主要以教育发展比较好的华北和华东地区几省的中小学教师为研究对象。抗日战争全面爆发后，由于教育内迁，涉及这一时期的教师发展情况，则以国民政府教育政策能够覆盖的西南几省为代表。

　　本书首先旨在考察民国时期中小学教师的日常生活（教学生活、收入和消费、婚恋家庭、社会交往和社会流动、精神世界），真实呈现民国教师作为普通人，尤其是普通职业人的日常生活图景。侧重运用经济－社会史范式对中小学教师的日常生活进行结构性描述与分析，力争构建民国中小学教师日常生活的样式。其次，通过对民国中小学教师除教学工作之外的世俗生活进行实证性描述，深入分析日常生活背后的文化底蕴和经济支撑，从中体现社会结构——近代政治、经济、社会、教育的变迁，对人们生活方式的决定性影响，以便对现代教师的社会角色做出更立体化的解读。

　　为此，本书主要从以下几方面对民国中小学教师的日常生活展开论述。

　　1. 民国时期中小学教师群体的兴起和发展概况。包括中国近代社会转型和教育转型背景下新式教师群体的兴起，民国时期中小学教师群体的发展概况及内部结构——数量、分布、出身、资历等。

　　2. 中小学教师以教学和师生关系为中心的职业生活。主要以校园、课堂为中心，论述民国时期中小学教师的主要职业活动——教育教学。研究不是笼统地宏观论述和单纯地强调教师的责任义务，而是力争从教师主体和个体出发，尽量呈现教育、教学作为教师的谋生手段和实现个人价值的途径的一面，尽量呈现教师职业作为教师世俗生活组成部分的意义。

3. 中小学教师以收入和消费为中心的经济生活。包括两方面：（1）中小学教师的待遇和实际收入。从教育制度变迁角度论证民国中小学教师待遇的起伏变迁，体现民国教师待遇的基本轮廓；同时，研究中避免单纯的制度史描述，侧重通过具体案例考证民国教师收入的实际情况，及影响教师收入的各种时代因素和社会因素，从而体现民国中小学教师待遇的多样性和不规范性。（2）中小学教师的日常消费。通过分析文献记载（报刊杂志、日记、回忆录等），甚至文学作品，生动直观地展现民国时期中小学教师的基本物质消费——衣、食、住、行，以及休闲娱乐等，从而反映当时中小学教师的基本物质生活水平和物质生活样式。

4. 中小学教师的社会生活和社会地位。包括：（1）通过分析文献记载及文学作品，生动直观地呈现民国时期中小学教师的婚恋、家庭生活、社会交往（政治性活动或组织性活动、一般日常人际交往）等。（2）通过分析文献，客观呈现民国中小学教师的实际社会地位，和基于这种社会地位的社会流动，包括上升性社会流动及平行性社会流动。

5. 中小学教师的精神世界。通过分析文献记载中的教师自述类文字，分析民国时期中小学教师在工作和生活中的感受与精神状态，特别是辨析他们对待教师职业的真实心态，从中探究教师的自我职业认同程度。

6. 日常生活与中小学教师的社会角色。主要分析民国中小学教师的日常生活中所蕴含的权利象征意义，基本勾勒出中小学教师的社会角色特征，进而透过民国中小学教师的社会角色冲突来反映民国教育、教师发展中的问题。

# 第一章　中小学教师的兴起和发展概况

近代中小学教师不同于传统的塾师、经师，他们是随着近代中国的社会巨变，特别是教育现代化转型而兴起的职业群体，主要是指任职于新式中小学校的教育教学工作者。到民国时期，现代学校教育已经发展到一定的规模，所以新式中小学教师在数量和质量方面也获得了一定的发展。

## 第一节　近代中小学教育的兴起和发展

近代新式学校教育的兴起和发展，是近代中小学教师群体兴起的教育文化背景。新式学校教育输出的大量毕业生成为中小学教师的来源，同时，大量中小学校的设立也为中小学教师提供了就业渠道。

### 一　近代教育转型

清末，内忧外患压力下的清政府被迫开启了传统教育向现代新教育的转型之路。

陈独秀曾经将传统以科举为核心的教育制度称为"旧教育"，将清末学制改革之后的教育制度称为"新教育"。① 所谓"新教育"是相对于传统经学教育而言的，按照西方近代教育模式所实行的教育，其

---

① 陈独秀：《新教育是什么？》，载华东师范大学教育系编《中国现代教育文选》，人民教育出版社1998年版，第177页。

教育内容以近代自然科学和人文科学为主，有明确的学制系统和完善的教育门类，以为社会各行各业提供合格劳动力为教育培养目标。中国传统教育则主要围绕科举取士展开，以为政府培养合格文官为目标，教育内容仅限于以封建伦理纲常为主要内容的经学，并不重视自然科学。这种以科举为中心的教育，是在储备统治阶级的后备力量，所以又被称为"科举教育"。

1. 传统经学教育的衰落

推动近代教育转型的内在动因在于新、旧教育对近代社会环境的适应性不同。传统经学教育在近代的衰落，根本原因在于它与传统小农社会高度适应，在近代中国社会剧烈变迁的大背景下，已经不能适应近代社会对人才的需求，社会迫切需要通晓西学的新式人才。改革，甚至废除科举教育，兴办新式教育，寄托着强国的希望，所以成为当务之急。这是清末开启教育改革的根本原因。

明清时期，科举教育的弊端日益显露，空疏之风非常严重，以科举取士导向的各级学校基本已经丧失了教育应有的开启智慧的功能，完全成为科举的附庸和预备场所。从各级各类学校的教育内容上来看，几乎都是围绕科举考试的单纯的经学教育。教育成为专制皇权禁锢思想、压制士人的工具。初级蒙学属于基本的识字教育，程度稍高点的私塾则开始教授四书五经、时文小楷之类；而"府州县学只考课，沿袭官场具文，并不讲学，几乎不与教育发生关系"。书院课程也"特重时文诗赋与小楷，不及宋时书院尚有讲学之风"。国子监虽有少数人从事高深研究，但也不出经史子集之外。① 所以各级各类学校基本都是围绕着科举进行的科举教育，"所谓旧教育几乎成了科举教育的别名"。而无论能否考中，其目的"均不外代圣人立言，毫无实际"②。这是科举教育之所以必然走向衰落的一个内在原因。到晚清，各府、州、县学的经学活动几乎已经停废，学生只于每月朔望到校祀孔，听学馆讲《训饬士子文》《圣谕广训》等，应付月、季考课，领取膏火费；

---

① 陈翊林：《最近三十年中国教育史》，上海太平洋书店 1930 年版，第 12 页。
② 陈翊林：《最近三十年中国教育史》，上海太平洋书店 1930 年版，第 13 页。

教师只起典名册、计赀币的作用。① 一些与社会生活联系比较密切的学科在清朝的官学中几乎完全看不到，原本属于私学系统的书院到明清时期也渐渐纳入科举体系，与官学没有太大差异。

明清时期的科举考试无论内容还是形式都越来越僵化。考试内容偏狭，四书五经可出之题几乎已经出尽，势必导致考官常出一些偏题、怪题，加上考试文体固定为八股文，连字体、格式、文章结构都有严格规定，这种考试引导下的士子埋首章句，揣摩古人，代圣人立言，思想严重僵化。即使按照旧文化的标准衡量，科举教育也是空疏虚妄的，学校有名无实。因为科举重文轻实，士子们只在八股时文上用功夫，实际上却对中国传统文化的基本知识知之甚少，可以说连旧中国的实际需要也不能满足。从宋代朱熹到近代的龚自珍、郑观应、康有为等有识之士，都对此提出批评。康有为批评道："虽有经文五义，皆以短篇虚衍，虽有问策五道，皆以题字空对。但八股清通，楷法圆美，即可为巍科进士，翰院清才；而竟有不知司马迁、范仲淹为何代人，汉祖、唐宗为何朝帝者！"② 所以，即使以旧教育的眼光来看，科举教育也非根本改造不可。龚自珍所言"我劝天公重抖擞，不拘一格降人才"，实际上就蕴含对科举取士制度的不满，将时代发展中的症结指向了教育。

科举教育在近代中国最为引人注目的弊端是其所学非所用，除了应付科举之外，即使有一些实用性学科也基本是为传统农业社会服务，与世界科学技术的发展、近代经济社会的需求相脱节。郑观应对八股取士不切实际的危害进行了尖锐抨击："中国文士专尚制艺；即本国之风土、人情、兵刑、钱谷等事，亦非素习。功令所在，士之工于此者得第，不工于此者即不得第，虽豪杰之士亦不得不以有用之心力，消磨于无用之时文。即使字字精工，句句纯熟，试问能以之义安国家乎？不能也。能以之怀柔远人乎？不能也。一旦业成而仕，则又尽弃

---

① 金林祥主编：《中国教育思想史》第 3 卷，华东师范大学出版社 1995 年版，第 6 页。
② 康有为：《请废八股试帖楷法试士改用策论折》，载舒新城编《中国近代教育史资料》上册，人民教育出版社 1981 年版，第 37 页。

其所学。呜呼！所学非所用，所用非所学，天下之无谓，至斯极矣。"① 梁启超则批评科举制是愚民之法，士农工商皆受其害，所以他提出，欲富国强兵，必先开启民智；欲开启民智，必先改革科举教育，用新式教育。"且科举之法，非徒愚士大夫无用已也，又并其农工商兵妇女而皆愚而弃之。夫欲富国，必自智其农工商始，欲强其兵，必自智其兵始。泰西民六七岁，必皆入学，识字学算，粗解天文舆地，故其农工商兵妇女，皆知学，皆能阅报。吾之生童，固农工商兵妇女之师也。吾生童无专门之学，故农不知植物，工不知制造，商不知万国物产，兵不知测绘算数，妇女无以助其夫，是皇上抚有四万万有用之民，而弃之无用之地，至兵不能御敌，而农工商不能裕国，岂不大可痛哉！"②

中国近代社会变迁的主题是从传统到现代的转型，涉及中国社会各个领域的变迁。与近代政治、经济、社会和文化变迁相适应，教育领域也发生着陈翊林所谓的"教育革命"。"总之，近代中国大变了！专制政治大变为民主政治，家庭经济大变为国家经济，宗法社会大变为国家社会，旧文化大变为新文化。为专制政治，家庭经济，宗法社会和旧文化设的教育是旧教育；为民主政治，国民经济，国家社会和新文化设的教育是新教育。新教育对于旧教育可以说是一种'教育革命'。"③ 具体来说，以科举为中心的传统经学教育无论是培养目标、学校制度还是教学内容，都是面向传统社会的。具体来说，旧教育的宗旨是适应专制政治、家庭经济、宗法社会和旧文化的，以养成孝子忠臣为目标，根本目的就是维护传统社会所需要的伦理纲常和社会秩序，所以它已不能适应近代社会的需要。这种教育革命是指传统的以科举考试为指挥棒的经学教育遭受到越来越多的批评，新式的、以西学为主要教育内容的学堂教育逐渐输入中国。

废除科举取士制度是清末教育改革的关键。

---

① 郑观应：《盛世危言》，中州古籍出版社1998年版，第83页。

② 梁启超等：《公车上书请变通科举折（1898）》，载舒新城编《中国近代教育史资料》上册，人民教育出版社1981年版，第41页。

③ 陈翊林：《最近三十年中国教育史》，上海太平洋书店1930年版，第8页。

清末废科举大致分为三个阶段，第一阶段是"改良科举"。最初是以算学取士，选取通晓算学、格物、机器与各国史事的人才。随后举行经济特科，选拔通晓内政、外交、理财、经武、格物与考工的专门人才。再后来，张之洞等又奏请废止八股诗赋小楷，着重策论。这是后来废止八股考试的先声。第二阶段是"递减科举"。由于科举的存在阻碍新式学校的发展，所以"庚子之乱"之后，袁世凯、张之洞共同奏请分科递减科举名额，他们从兴学导向、经费筹措、科举与学堂的地位功能差异等方面，分析了科举考试的存在对新式学堂发展的阻碍，建议按年递减科举名额，将名额移作学堂取士。第三阶段是"废止科举"。1905 年，袁世凯、张之洞等人在《会奏请立停科举推广学校折》中，一针见血地指出科举制的存在与发展新教育之间的矛盾关系。"科举不停，学校不广，士心既莫能坚定，民智复无由大开，求其进化日新也难矣。故欲补救时艰，必自推广学校始，而欲推广学校，必自先停科举始。"① 鉴于科举的存在阻碍学校的发展，已形成科举、学校不能并立的形势，所以清廷接受袁世凯等人的建议，在 1905 年 8 月"谕令停科举以广学校"，最终废止了科举，也标志着传统经学教育官方层面的终结。

2. 新式学校教育的兴起

与传统经学教育衰落相伴随的是新式学校教育的兴起，近代有识之士都认为，西式学校教育无论在教学内容还是培养目标上都更有助于中国社会的现代化，教育救国是他们呼吁兴办新教育的思想动机。

鸦片战争以后，在西方列强坚船利炮的冲击下，中国传统的知识价值体系开始动摇，人们对中学和西学两套知识体系的功能和作用开始有了新的评判，一批有识之士开始认识到科学技术的价值，倡导学习西方的科学技术。可以说，教育救国思想就萌芽于洋务运动中的技术教育救国思想。比如，洋务运动中李鸿章就开始强调人才和教育，他不仅重视"制器之器"，而且重视"制器之人"，认为这两者都是自

---

① 《清帝谕立停科举以广学校》，载舒新城编《中国近代教育史资料》上册，人民教育出版社 1981 年版，第 63 页。

强的急务。① 张之洞也说："人皆知外洋各国之强由于兵，而不知外洋之强由于学。夫立国由于人才，人才出于立学，此古今中外不易之理。"② 到维新运动时期，康有为曾就此问题指出，"泰西之所以富强，不在其炮械军兵，而在穷理劝学"③，明确提出学习西学的重要性。经过维新派的大力推动，又经过民国初年袁世凯当政时尊孔读经逆流的刺激，到"五四"时期，教育救国思潮达到高潮。五四运动所推动的思想解放，使得"五四"时期的知识分子更加坚信，对传统文化进行全面反思，用民主和科学观念启蒙大众，才是救国救民的基础。正如当时一篇文章中所宣扬的那样："中国的弱点固多，总是因为教育不振；再就现在一点生机上看来，又莫不与教育有密切的关系；那么中国今后的希望，岂不是依靠教育？惟有教育能够救现在萎靡不振的中国！惟有教育能够建造将来的新中国！教育万能！教育神圣！"④

所以，近代以来，从维新派到"五四"时期的知识分子逐渐形成这样一个思想认识——"文化改革是其他一切必要改革的基础"，林毓生将它概括为"借思想文化作为解决问题的途径"，"是一种强调先进行思想和文化改革然后才能实现社会主张改造的研究问题的基本设定"⑤。在这种认识中，教育无疑是进行思想和文化改革的最有效、最优先的途径。显然这种思想认识对思想文化改革的作用、对教育的社会功能都有很高的期待，这就是教育救国思潮的内在逻辑。而被寄托救国厚望的教育并不是指中国传统的经学教育，而是指以西学为内容的西方现代教育。

就在这种前所未有的看重教育的氛围下，在洋务运动中诞生了中国最早的一批新式学校，如京师同文馆、上海广方言馆、广州同文馆、

---

① 李鸿章：《创设武备学堂折》，载吴汝纶编录《李文忠公全集·奏稿》卷五十三，上海：商务印书馆 1921 年影印本，第 1610 页。

② 张之洞：《吁请修备储才折》，苑书义、孙华峰等主编《张之洞全集》第 2 册奏议第 37 卷，河北人民出版社 1998 年版，第 996 页。

③ 康有为：《公车上书（节选）》，载陈学恂主编《中国近代教育文选》，人民教育出版社 1983 年版，第 97 页。

④ 种因：《今后中国教育的希望》，《教育杂志》1920 年第 12 卷第 2 号。

⑤ 林毓生：《中国意识的危机》，贵州人民出版社 1988 年版，第 43 页。

福州船政学堂、北洋水师学堂、天津武备学堂等，当然这些学校多是专门学校，进行的是实业教育、技术教育。随着新式学校的发展，科举制的存废问题成为清末新式教育发展中的焦点问题，最终，清政府于1905年末颁布新学制，废除科举制，在全国范围内推广新式学堂；科举制的废除为新式教育的发展扫除了一个制度障碍，新式学校获得更为迅速的发展。

近代系统的学制改革开始于清末。1902年，管学大臣张百熙制定了《钦定学堂章程》，但未付诸实行。1904年1月13日，清政府批准颁布了第二个学校系统文件《奏定学堂章程》，又称"癸卯学制"，并正式颁行全国，这是第一个正式在全国颁行实施的学校教育制度，预示着旧式教育体系至少在法律层面上失去了合法性。"癸卯学制"主体部分划分为三段七级，主要分为初等、中等、高等三段。其中初等分为三级，包括蒙养院4年、初等小学堂5年和高等小学堂4年。中等教育不分级，设中学堂5年，属普通教育性质，兼顾升学和就业。高等教育分三级：中学预科班3年，为升入大学做准备；大学堂（分科大学）3—4年，"以端正趋向、造就通才为宗旨"，分8科；通儒院"以中国学术日有进步、能发明新理论以著成书、能制造新器以利民为成效"①，以5年为限。

辛亥革命后，民主共和政体的建立为新式学校教育的发展创造了更适宜的政治环境。1912年1月19日，中华民国南京临时政府教育部颁布《普通教育暂行办法》和《普通教育暂行课程标准》，对清末"癸卯学制"进行了较大修改，剔除了其中不符合现代民主社会的内容。比如，从前的"学堂"改称"学校"，"监督""堂长"一律改称"校长"；取消了读经课，禁用清政府颁布的教科书；提倡男女平等，初等小学男女可以同校；废除了清政府毕业生奖励出身的办法；等等。更具革命性的改革是教育宗旨的转变。清政府于1906年3月宣示的教

---

① 璩鑫圭、唐良炎编：《中国近代教育史资料汇编》（学制演变），上海教育出版社1991年版，第339页。

育宗旨为："忠君、尊孔、尚公、尚武、尚实。"① 民国建立以后，1912年7月全国临时教育会议讨论通过的教育方针为："注重道德教育，以实利教育、军国民教育辅之，更以美感教育完成其道德。"② 可见，民国教育方针比较充分地体现了资产阶级教育关于人的德、智、体、美和谐发展的思想。

教育部1912年9月3日还公布了《学校系统令》，之后又陆续颁布了学校令，1913年将这些法令、规程综合为一个新的学校系统，称之为"壬子癸丑学制"。这个学制规定："普通学校教育系统纵向方面（直系）分为三段四级，共17至18年。初等教育阶段，分为两级，初等小学4年，定为义务教育，儿童6周岁入学，实行男女同校；高等小学3年，男女分校。中等教育阶段一级，为中学校4年。高等教育一级，大学本科3至4年、预科3年。学制的横向（旁系）有师范教育、实业教育的系统。"③ 这个学制取消了读经课和忠君尊孔的内容，加强了自然科学课程和生产技能的训练，教育方法基本适合青少年身心发展的规律，所以，它的实施对促进现代教育体制的发展起了重要作用。

袁世凯当政时期，掀起尊孔读经的逆流，教育改革经受了一定的挫折。袁世凯去逝后，民国元年的教育方针重新施行。1922年9月，教育部在北京召开全国学制改革会议，出席会议的有各省区教育会代表、省教育厅代表、国立专门以上学校校长以及教育部聘请的教育专家。会议通过了《学制系统改革案》，会后又提交全国教育会联合会第八届年会讨论，最后于11月交政府正式公布施行，这就是"壬戌学制"。"壬戌学制"确立了由小学、中学（初、高中）到大学，分别为六年、三年、三年、四年的学制。其中，通过在中学阶段实行分科制和选课制，设立普通学校、职业学校和师范学校，兼顾人才教育和就业教育的社会需要。"壬戌学制"与之前的"壬子癸丑学制"相比，

---

① 郑登云编著：《中国近代教育史》，华东师范大学出版社1994年版，第169页。
② 陈学恂主编：《中国近代教育大事记》，上海教育出版社1981年版，第229页。
③ 郑登云编著：《中国近代教育史》，华东师范大学出版社1994年版，第184页。

缩短了小学年限，延长了中学年限，有利于初等教育普及；取消大学预科，使大学不再担负普通教育职能；施行选科制和分科教育，兼顾学生升学和就业的不同要求；职业教育单列，代替实业教育；课程无分男女；小学课程"国文"改为"国语"，"修身"改为"公民"，并加强手工、图画课，中学加强人文科学与理科的课程；等等。这些都反映了五四时期新教育改革的要求，体现了近代中国资本主义经济社会发展的需求。"壬戌学制"标志着中国教育脱离了清末教育改革"中体西用"的局限，较为牢固地确立了现代民主教育体制，也标志着中国教育制度从日本模式到美国模式的转变，由军国民教育向平民教育的转变。

南京国民政府时期，三民主义教育被确立为国家教育宗旨，教育实现了与国家权力的更紧密结合，基础教育、义务教育受到政府的重视。1929年4月，国民政府正式公布了《教育方针及其实施原则案》，公布的三民主义教育宗旨为："中华民国之教育，根据三民主义，以充实人民生活，扶植社会生存，发展国民生计，延续民族生命为目的，务期民族独立，民权普遍，民生发展，以促进世界大同。"这项方案强调："今后必须确定整个教育方针与政策，其根本原则必须以造成三民主义的文化为中心。"① 为推行三民主义教育，国民政府明令各级学校开设党义课程，并且将其他学科三民主义化。除此之外，南京国民政府的教育职能也逐渐向初等教育扩张。随着中央政府将权力下放于地方省级政府，地方省级政府对于义务教育经费的支持力度也逐渐加大。

中国近代教育的一个历史走向是从精英教育走向普及教育，虽然清末已经提出了义务教育的概念，但从清末至民初北京政府时期，中国新式教育的发展基本都停留在精英教育的层面，都市教育、高等教育受到重视，无论是教育经费还是人才流向都向它们倾斜；而初等教育则不被重视，广大乡村更是旧式的私塾教育占主导地位。这种状况

---

① 教育部中国教育年鉴编审委员会编：《第一次中国教育年鉴》甲编，上海：开明书店1934年版，第8页。

在南京国民政府时期得到了改善，南京国民政府凭借政府权威向基层社会大力推进新式教育，义务教育发展进入实质性阶段，乡村教育也得到一定的改观，初等教育和中等教育的发展进入一个新阶段。

## 二　近代新式中小学教育的发展

近代中国教育的转型是全方位的，涉及正规学校教育、社会教育和家庭教育等各个领域，以正规学校教育为主要领域。在大、中、小学各个层级的学校中，中小学校又成为典型代表。这是因为中小学教育所具有的基础性和普及性，使其在数量和分布方面都具有更广泛的社会影响和代表性。而且，近代中国教育转型是从"学而优则仕"的精英教育转向"开民智、强国家"的普及教育，从培养目标的转型来看，发展中小学教育是近代教育转型的基础和重点。

从清末洋务运动时期开办新式教育开始，到整个民国时期，新式中小学教育虽然在持续发展，但期间经历了曲折的发展历程。

1862 年成立的京师同文馆可以说是近代中国最早的新式学堂，它的建立标志着中国的教育制度开始迈向近代学制。戊戌变法到清末新政，政府的教育改革已经触及整个教育制度的转型，特别是 1904 年清廷颁布《奏定学堂章程》和 1905 年清廷颁布废科举、兴学堂的诏令之后，开始了从中央到地方政府的大规模兴学运动。具体来说，清末民初新式学校教育的发展情况可见表 1 – 1。

表 1 –1　　　　　　清末民初新学教育发展统计表[①]

| 年度 | 1902 | 1903 | 1904 | 1905 | 1906 |
|---|---|---|---|---|---|
| 学校数 | 222 | 627 | 1640 | 3433 | 11211 |
| 学生数 | 6804 | 21183 | 46867 | 100399 | 262423 |
| 年度 | 1907 | 1912 | 1913 | 1914 | 1915 |
| 学校数 | 16895 | 87272 | 108488 | 122286 | 129739 |
| 学生数 | 489005 | 2933387 | 3643206 | 4075338 | 4294251 |

① 转引自郝锦花《新旧之间——学制转轨与近代乡村社会》，博士学位论文，山西大学，2004 年。

民国建立以后，民主共和政体的确立打破了束缚新式教育发展的政治壁垒，新式中小学教育获得了更广阔的发展空间。北京政府时期不仅逐渐完善了学制，而且还出台了《小学校令》《中学校令》等一系列法令。南京国民政府建立后，随着政权不断向基层延伸，政府推动基础教育的力度也越来越大。一个重要表现就是国民政府十分重视教育改革，颁发了一系列政策法规，促进中小学教育的发展。以中学教育为例，1928年国民政府颁布《中学暂行条例》，1929年教育部颁布《高级中学暂行课程标准》，1932年国民政府公布《中学法》，1935年教育部颁布《中学规程》，逐步建立起一套系统、全面的中学教育法规制度，使得中学教育的发展与管理基本做到了有法可依，中学教育逐渐规范化、标准化。得益于相对稳定的政局和政策的有效实施，南京国民政府统治前十年算是民国中小学教育的重要发展期。

在小学教育方面，1912—1946年，学校数量、学生数量及投入经费总体呈增长态势（表1－2）。

表1－2　　　　　1912—1946年全国国民学校及小学概况[1]

| 学年度别 | 学校数 | 儿童数 | 经费数（元） |
|---|---|---|---|
| 元学年度（1912年） | 86，318 | 2，795，475 | 19，334，480 |
| 二学年度（1913年） | 107，286 | 3，485，807 | 23，531，124 |
| 三学年度（1914年） | 121，081 | 3，921，727 | 24，899，807 |
| 四学年度（1915年） | 128，525 | 4，140，066 | 23，881，730 |
| 五学年度（1916年） | 120，097 | 3，843，454 | 23，497，097 |
| 十一学年度（1922年） | 177，751 | 6，601，802 | 31，449，963 |
| 十八学年度（1929年） | 212，385 | 8，882，077 | 64，721，025 |
| 十九学年度（1930年） | 250，840 | 10，943，979 | 89，416，977 |
| 二十学年度（1931年） | 259，863 | 11，720，596 | 93，625，514 |
| 二十一学年度（1932年） | 263，432 | 12，223，066 | 105，631，808 |
| 二十二学年度（1933年） | 259，095 | 12，383，479 | 106，805，851 |

[1]　教育部教育年鉴编纂委员会编：《第二次中国教育年鉴》（第十四编教育统计），上海：商务印书馆1948年版，总第1455页。

| 学年度别 | 学校数 | 儿童数 | 经费数（元） |
|---|---|---|---|
| 二十三学年度（1934 年） | 260, 665 | 13, 188, 133 | 106, 594, 685 |
| 二十四学年度（1935 年） | 291, 452 | 15, 110, 199 | 111, 244, 207 |
| 二十五学年度（1936 年） | 320, 080 | 18, 364, 956 | 119, 725, 603 |
| 二十六学年度（1937 年） | 229, 911 | 12, 847, 924 | 73, 444, 593 |
| 二十七学年度（1938 年） | 217, 394 | 12, 281, 837 | 64, 932, 910 |
| 二十八学年度（1939 年） | 218, 758 | 12, 669, 976 | 65, 870, 491 |
| 二十九学年度（1940 年） | 220, 213 | 13, 545, 837 | 172, 746, 505 |
| 三十学年度（1941 年） | 224, 707 | 15, 058, 051 | 354, 654, 155 |
| 三十一学年度（1942 年） | 258, 283 | 17, 721, 103 | 567, 077, 733 |
| 三十二学年度（1943 年） | 273, 443 | 18, 602, 239 | 1, 264, 939, 346 |
| 三十三学年度（1944 年） | 254, 377 | 17, 221, 814 | 1, 833, 746, 306 |
| 三十四学年度（1945 年） | 269, 937 | 21, 831, 898 | 21, 863, 334, 281 |
| 三十五学年度（1946 年） | 290, 617 | 23, 813, 705 | 608, 821, 682, 759 |

中等教育方面，在中国现代教育史上，现代中学教育的萌芽可追溯到 1895 年盛宣怀创办的天津中学学堂内的"二等学堂"，在当时虽被认为是"外国的小学堂"，但从学生年龄和课程设置方面考察，它应是中国最早的中学。根据《第一次中国教育年鉴》所载"历年全国中学校数之统计"可知清末民初全国中等教育的概况（表 1－3）。

表 1－3　　　　　　　　历年全国中学校数之统计[①]

| 十九年（1930年） | 十八年（1929年） | 十七年（1928年） | 十四年（1925年） | 十一年（1922年） | 五年（1916年） | 四年（1915年） | 三年（1914年） | 二年（1913年） | 民国元年（1912年） | 宣统元年（1909年） | 光绪卅四年（1908年） | 光绪卅三年（1907年） | 年度 |
|---|---|---|---|---|---|---|---|---|---|---|---|---|---|
| 1874 | 1225 | 954 | 687 | 547 | 350 | 444 | 452 | 406 | 373 | 438 | 420 | 398 | 校数 |

南京国民政府建立后十年期间，全国中学教育稳步发展（表 1－4）。

---

① 教育部中国教育年鉴编审委员会编：《第一次中国教育年鉴》（丙编教育概况），上海：开明书店 1934 年版，第 193 页。

表 1-4　　　　　　1928—1937 年全国中学发展统计表

| 学年度 | 学校数 | | 学生数 | | 毕业生数 | | 教职员数 | | 岁出经费数（元） | |
|---|---|---|---|---|---|---|---|---|---|---|
| | 共计 | 中学 | 共计 | 中学 | 共计 | 中学 | 共计 | 中学 | 共计 | 中学 |
| 1928 年 | 1339 | 954 | 234811 | 188700 | / | / | / | / | 24602366 | 18916814 |
| 1929 年 | 2111 | 1225 | 341622 | 248668 | / | / | / | / | 35988173 | 24572379 |
| 1930 年 | 2992 | 1874 | 514609 | 396948 | / | / | / | / | 48713057 | 35331921 |
| 1931 年 | 3026 | 1893 | 536848 | 401772 | 106591 | 74865 | 60594 | 43666 | 540055942 | 39130482 |
| 1932 年 | 3043 | 1914 | 547207 | 409686 | 104620 | 73902 | 61322 | 44244 | 55318532 | 39656544 |
| 1933 年 | 3125 | 1920 | 559320 | 415948 | 102581 | 68028 | 61638 | 43486 | 56644838 | 39575546 |
| 1934 年 | 3140 | 1912 | 541479 | 401449 | 108135 | 73878 | 59260 | 41016 | 55479399 | 38488340 |
| 1935 年 | 3164 | 1894 | 573262 | 438113 | 108135 | 73878 | 60166 | 42235 | 58935508 | 40588601 |
| 1936 年 | 3264 | 1956 | 627246 | 482522 | 111320 | 76846 | 60047 | 41180 | 61035605 | 41453790 |
| 1937 年 | 1896 | 1240 | 389948 | 309563 | 64683 | 48246 | 33497 | 23505 | 30396758 | 20866634 |

（说明：本表根据南京国民政府教育部编"元年度至三十五学年度全国中等学校概况"[1]和"全国中等学校教职员数"[2]两表制成，表中"共计"指普通中学、师范和职业学校的数据之和，这里重点考察普通中学。）

1937 年后中国进入全面抗战阶段，中等教育的发展受战争影响处于非常时期。战后中等教育才有所恢复，战后中等教育的发展状况可以参考《第二次中国教育年鉴》中的统计——"元年度至三十五学年度全国中等学校概况"[3]做初步了解（表 1-5）。

表 1-5　　　　元年度（1912 年）至三十五学年度（1946 年）
全国中等学校概况（有删减）

| 学年度 | 学校数 | | | | 学生数 | | | | 岁出经费数（元） | | | |
|---|---|---|---|---|---|---|---|---|---|---|---|---|
| | 共计 | 中学 | 师范 | 职业 | 共计 | 中学 | 师范 | 职业 | 共计 | 中学 | 师范 | 职业 |
| 三十四年度（1945 年） | 5073 | 3727 | 770 | 576 | 1,566,392 | 1,262,199 | 202,163 | 102,030 | 26,873,629,795 | 20,822,735,908 | 3,534,229,572 | 2,516,664,315 |

---

① 教育部教育年鉴编纂委员会编：《第二次中国教育年鉴》（第十四编教育统计），上海：商务印书馆 1948 年版，总第 1428 页。

② 教育部教育年鉴编纂委员会编：《第二次中国教育年鉴》（第十四编教育统计），上海：商务印书馆 1948 年版，总第 1438 页。

③ 教育部教育年鉴编纂委员会编：《第二次中国教育年鉴》（第十四编教育统计），上海：商务印书馆 1948 年版，总第 1428 页。

续表

| 学年度 | 学校数 | | | | 学生数 | | | | 岁出经费数（元） | | | |
|---|---|---|---|---|---|---|---|---|---|---|---|---|
| | 共计 | 中学 | 师范 | 职业 | 共计 | 中学 | 师范 | 职业 | 共计 | 中学 | 师范 | 职业 |
| 三十五年度（1946 年） | 5，892 | 4，266 | 902 | 724 | 1，878，523 | 1，495，874 | 245，609 | 137，040 | — | — | — | — |

总之，从上述关于近代中小学教育的统计资料可以看出，近代新式中小学教育的发展除了在全面抗战时期有点停滞之外，在数量规模上整体呈上升趋势。

# 第二节 民国时期中小学教师的发展概况

经过清末民初几十年的初步发展，新式中小学教育已经初具规模。由于南京国民政府初期是民国时期政治和社会比较稳定、教育发展环境比较正常的时期，所以大体上可以用 20 世纪 30 年代为例，来反映民国中小学教师队伍的基本状况。

## 一 中小学教师制度的发展

到南京国民政府成立，新式教育已经经历了几十年的发展，再加上南京国民政府的权威逐渐建立，有关中小学教师从培养、聘任、管理，到待遇的各种政策法规也越来越完善，极大地推动了中小学教师队伍从量到质的全方位改进。

20 世纪 30 年代是民国中小学教师的重要发展期，国民政府在这一时期完善了相关法令法规。以小学教师为例，与小学教师直接相关的法令法规主要有：1932 年 12 月国民政府颁布的《小学法》；1933 年 3 月教育部依据《小学法》，制定颁行的《小学规程》；1936 年 7 月教育部颁发的《修正小学规程》。《修正小学规程》的第十一、第十二两章对于教职员之人数、资格、登记、检定、任用、服务、待遇、进修、辅导等方面均有具体规定，嗣后所颁布的有关教职员的法令及地方法令法规，大体都以此为依据而加以补充、拓展。总体来说，这一时期的法令法规主要在以下方面规范了中小学教师制度。

首先，在中小学教师的培养方面，师范教育逐渐形成比较成熟的体系。

自近代中国认识到发展新式教育的重要性以来，由于师资的匮乏，人们很早就意识到发展师范教育、培养合格师资的必要性和迫切性。而新式师范学校的真正开办始于19世纪末20世纪初，清末"癸卯学制"规定师范教育分优、初两级，标志着师范学堂从其他学堂中分离出来，形成独立的组织系统。民国初年"壬子癸丑学制"有关师范教育组织最大的改革是初级师范学堂改为师范学校，临时及单级两种小学教员养成所改为小学教员讲习所，后又改为师范讲习所。1922年北洋政府公布的"壬戌学制"对师范教育又做出一系列改革，高等师专改为师范大学，中等师范与普通中学合并采用开放式的师资培养模式，课程设置比以往有所完善，取消师范生的公费待遇。这种改革使师范学校多改为高级中学附设的师范科，无形中削弱了师范学校的独立性，使中等师范教育陷入低谷。南京国民政府成立后比较重视初等教育和推行义务教育，无形中也推动了中等师范教育的发展。1932年，国民政府正式颁布《师范学校法》，规定师范学校脱离中学而独立；中等师范教育机关分为简易师范学校和师范学校，均由政府办理；师范学校和师范大学概不收学费。由此确立了师范学校的独立地位。此后国民政府又公布了《师范学校规程》和《师范学校课程标准》，至此中等师范教育制度渐趋完备。从1928年第一次全国教育会议决议师范应独立之后到1934年，师范学校数、学生数、经费数都在逐年增长。据研究，"南京国民政府成立初十年的师范教育取得明显发展，1928年全国有师范学校236所，学生数29470人；1929年学校猛增至667所，学生数65695人；至1936年，学校数达814所，学生数87902人，比1928年分别增加245%和198%"①。全面抗战时期和战后，受时局影响，师范教育的正常发展势头被打断，

---

① 李华兴主编：《民国教育史》，上海教育出版社1997年版，第664页。

处于浮浮沉沉的发展状态中。

其次，在中小学教师的任用方面，中小学教师的身份也由职官向自由职业人转变。

中国自古就有官师合一的传统，各级官学的教师多是官吏的身份。清末教育改革仍然延续了这种传统，将学堂教员列为职官，各级学堂毕业生也奖励科举出身，以示优待，并任用为各级学堂的教员。清末《奏定各学堂奖励章程》规定：初级、优级师范毕业生按考核成绩分为五级，分别给奖。优级师范学堂毕业生考列最优等、优等、中等者，作为举人，分别以国子监博士、助教、学正"尽先选用"，最优等者加五品衔。令最优等、优等者"充中学堂及初级师范学堂教员"，中等者"充中学堂教员"。[1] 清末学部制定的优待教员章程规定："现充初级师范学堂中学堂教员者，地方官应待以职绅之礼……现充初级师范学堂中学堂教员，本无出身者，得比照举贡，准用顶戴"。[2] 因此，清末学堂教员有职官身份，等于由政府任命。

中华民国建立以后，教育制度进行了大幅度改革，中小学校管理实行校长负责制，教师则成为被聘任的自由人。如 1932 年国民政府公布的《小学法》，其第十二条规定："小学教员由校长聘请合格人员充任。如合格人员不敷时，得聘任具有相当资格者充任之。均应呈请主管教育行政机关备案。"[3] 各中小学的教师由校长负责聘任和解聘，而校长则由教育主管部门任命，属于政府委任。从形式上来说，校长聘用教师受上级教育主管部门监督，并有一定的程序来保障聘用的公平妥当，即校长或教务委员要通过考察的方式聘请教员。具体的考察方式主要有 8 种："实际考察""间接调查""审查介绍书""考核成绩书""口头查问""书面考试""体格检查""综合以上各种方法"，[4]

---

① 璩鑫圭、童富勇、张守智编：《中国近代教育史资料汇编》（实业教育　师范教育），上海教育出版社 1994 年版，第 590 页。

② 璩鑫圭、童富勇、张守智编：《中国近代教育史资料汇编》（实业教育　师范教育），上海教育出版社 1994 年版，第 619 页。

③ 《国民政府公布小学法》，载中国第二历史档案馆编《中华民国史档案资料汇编》第 5 辑第 1 编教育（一），江苏古籍出版社 1994 年版，第 539 页。

④ 杜佐周：《教育与学校行政原理》，上海：商务印书馆 1933 年版，第 175—176 页。

理论上是能够保证聘用过程公平公正的。而且 1936 年的《修正小学规程》对小学教师的聘任程序——聘任期、聘任后备案等，都进行了更详细的规定，其中第七十八条规定了小学教师不得随意解聘。可以说，国民政府加强了对小学教师聘任的制度化建设。但在事实上，民国时期这种校长聘任制存在的最大问题是校长权力过大，教师的聘用、聘期、聘任方式、解聘的条件等几乎完全由校长把控，解聘是悬在教师头上的一把利剑，是校长控制和惩戒教师的主要方式和有力手段，极易造成学校里"一朝天子一朝臣"的现象，教员往往会随着校长或教务长的更迭而进退，教师任职极不稳定。

再次，随着中小学教育的发展，中小学教师队伍的扩大，提高教师队伍的专业素质开始成为教育界关注的问题。除了加强师资培养、培训之外，严格教师资格检定也成为督促提高教师专业素质的一个重要举措。

民国时期的教育主管部门对于中小学教师的任职资格是有法定条件的。以 1936 年的《修正小学规程》为例，其中第六十二条规定：凡是具有下列资格之一者，得为小学级任教员或专科教员——师范学校毕业者、旧制师范学校本科或高级中学师范科或特别师范科毕业者、高等师范学校或专科师范学校毕业者、师范大学或大学教育学院教育科系毕业者。鉴于能够满足教育部要求的合格师资很缺乏，《修正小学规程》又规定了检定制度和代用教员制度予以变通。① 在中学教师方面，清末民初由于师范毕业生数量有限，合格的中学教师比较缺乏，教育部对于中学教师的任职资格也只有笼统地限定，具体执行起来是由各省根据地方情况具体规定的。随着高等教育及师范教育的发展，南京国民政府逐渐加强了对中学师资的管理。据教育部 1935 年公布的《中学规程》，关于中学教员资格，规定均须"品格健全，其所任教科为其所专习之学科"。以高中教师为例，高中教师须符合下列规定之一："（1）经高级中学教员考试或检定合格者；（2）国内外师范大学毕业者；（3）国内外大学本科、高等师范本科或专修科毕业后，有一

---

① 宋恩荣、章咸选编：《中华民国教育法规选编》，江苏教育出版社 2005 年版，第 269 页。

年以上之教学经验者；（4）国内外专科学校或专门学校本科毕业后有二年以上教学经验者；（5）有价值之专门著述发表者。"① 初中教师也有相应的规定。

推行中小学教师资格检定制度也是保证教师队伍质量的重要手段。民国初年，教育部曾推出过检定中小学教员的章程，但并未真正实行。国民政府于 20 世纪 30 年代又陆续颁布了有关中小学教师的检定规程。"教师检定"全称为"教师资格检定"，即教师资格的检核与认定，通常由教育行政部门主持办理，也可委办、自办或联合自办。教师资格检定的方式有两种：一为无试验检定，二为试验检定。无试验检定是通过对证书或证明文件的查验来对被检核者的学历和经历进行审核和确认，通常需要组织专门的检定委员会按期办理。试验检定也称考试或甄试，也需要组织考试委员会和襄试委员会按期办理；考试的科目另有专项规定；凡是考试成绩未达标者则不能获得任教资格；而且考试合格者每隔三年或五年，还须再次参加甄选考试，才能获得继续执业的资格；教师检定既可在入职前进行，也可在入职后实施。②

教育部颁布的教师检定办法只是原则，各地在实际检定过程中依照的是各地自行制定的办法，推行力度和效果也不一样。江西省在1936—1937 年对省内各公私立中学进行无试验检定，检定合格教员九百余人。③ 原定 1938 年度举办试验检定，以补充中学师资，因受抗战影响，只好暂停。山东省经过 1931 年和 1932 年两次检定试验，取得许可证的小学教员达到 18644 人，但其中 41% 的人属于考试不足 60 分的代用教员。在这些获得许可证的教员中，中等以上学历的人员仅占20%，而 80% 的人员来自师范讲习所、单级养成所或不具备教员资格却已工作了 2 年以上的人员。④ 从中可见，当时小学师资整体素质参

---

① 宋恩荣、章咸选编：《中华民国教育法规选编》，江苏教育出版社 2005 年版，第 381 页。

② 张汶军：《教师专业化的初步尝试：民国后期小学"教师检定"的定制与实践》，硕士学位论文，华中师范大学，2009 年。

③ 杜元载主编：《抗战前中等教育》，台北："中央"文物供应社 1971 年版，第 329 页。

④ 范星：《民国时期山东小学教员检定研究》，硕士学位论文，山东师范大学，2010 年。

差不齐。

最后，在保障中小学教师的福利待遇方面，南京国民政府也加强了制度建设，中小学教师的福利待遇也越来越法制化、正规化。

传统私塾教育多属于民间自主行为，塾师的报酬是根据私塾举办者的经济状况和塾师的教学水平由塾东与塾师双方商定的，官方并没有统一的规定。近代学校教育兴起以后，各级政府成为基础教育的主办方，政府也开始将教师待遇以法令的形式予以规范。以小学教师待遇为例，清末学部就公布有小学教员优待章程，民国北京政府也颁布过《小学教员俸给规程》，规定国民学校和高等小学校的校长及教员的最低和最高薪俸标准。南京国民政府时期关于小学教师薪资待遇也制定和颁布了许多重要法令，如1928年国民政府大学院公布了《小学教员薪水制度之原则》，明确了教员的最低薪俸，还重点强调了教员的学历和经验对加薪的重要性。1933年国民政府教育部公布的《小学规程》和1936年教育部公布的《修正小学规程》，都规定小学教职员之俸给，应根据其学历及经验而有所区别；但至少应以学校所在地个人生活费之两倍为标准。抗战全面爆发以后，由于政局动荡、经济崩溃，许多中小学难以为继，教师的薪资待遇也难以保障。为此，教育部陆续制定了有关小学教员待遇的一系列法规，主要内容涉及小学教员最低薪水（强调小学教员之最低薪给至少应以当地个人衣食住所需生活费的两倍为标准）、薪俸晋级制度、小学教师的假期、子女免费入学、教师养老金等福利规定。这些制度是保障战时教育并未因战争的破坏而萎缩衰败的原因之一。

总之，到南京国民政府时期，有关中小学教师的各项制度越来越正规和完善，中小学教师的从业环境也逐渐受法律保护。但是中小学教师的实际从业情况却不能仅凭法令制度来判断，事实上，由于民国社会总体动荡，教育管理腐败，尤其是各地教育经费支绌，所以上述法令制度在地方并没有被很好地落实，各地教师的实际工作和生活情况千差万别，与制度规定有一定差距。

## 二　中小学教师的数量与结构

经过清末民初几十年的发展，到南京国民政府时期，中小学教师队伍已然具备一定的规模，下面主要以 20 世纪 30 年代为例，来分析民国中小学教师群体发展概况和内部结构。

### 1. 中小学教师的数量和地域分布

关于初等教育界（包括幼稚园和小学）教职员情况，20 世纪 30 年代初有一个统计显示，教师数量共计 568484 人，其中男教师 529646 人，女教师 34139 人。[①] 在中学教师方面，由于政局相对稳定，全国中等教育有了较快发展，教职员数量也有较大增加，至 1931 年，全国中等学校数（包括中学、师范、职业学校三类）共 3043 所，共拥有教员数 44571 人，男教员计 40499 人，女教员计 4072 人。[②]

关于中小学教师大体的地域分布情况，可以从《第一次中国教育年鉴》所列 1930 年各省市中等学校教员数统计表中获得初步了解。

表 1 - 6　　　　1930 年各省市中等学校教员数统计[③]（有所删减）

| 数量 类别 省市 | 总计 | | |
|---|---|---|---|
| | 计 | 男 | 女 |
| 全国总计 | 41350 | 37676 | 3674 |
| 江苏 | 3270 | 2926 | 344 |
| 浙江 | 2023 | 1811 | 217 |
| 安徽 | 1310 | 1190 | 120 |
| 江西 | 1320 | 1229 | 91 |
| 湖北 | 1257 | 1134 | 123 |

---

① 教育部中国教育年鉴编审委员会编：《第一次中国教育年鉴》（丁编教育统计），上海：开明书店 1934 年版，第 162—163 页。

② 中华民国教育部编：《中华民国二十一年度全国中等教育统计》，上海：商务印书馆 1935 年版，第 3 页。

③ 教育部中国教育年鉴编审委员会编：《第一次中国教育年鉴》（丁编教育统计），上海：开明书店 1934 年版，第 114 页。

续表

| 数 \ 类 \ 量 \ 别 省 市 | 总计 | | |
|---|---|---|---|
| | 计 | 男 | 女 |
| 湖南 | 2878 | 2661 | 217 |
| 四川 | 5146 | 4840 | 306 |
| 福建 | 2224 | 1888 | 336 |
| 云南 | 843 | 835 | 8 |
| 贵州 | 514 | 484 | 30 |
| 广东 | 4154 | 3846 | 308 |
| 广西 | 1094 | 1068 | 26 |
| 陕西 | 496 | 475 | 21 |
| 山西 | 1194 | 1143 | 51 |
| 河南 | 1557 | 1503 | 51 |
| 河北 | 1995 | 1853 | 142 |
| 山东 | 1370 | 1276 | 91 |
| 甘肃 | 371 | 347 | 24 |
| 宁夏 | 38 | 30 | 8 |
| 青海 | 104 | 101 | 3 |
| 新疆 | 30 | 30 | 0 |
| 辽宁 | 1825 | 1706 | 119 |
| 吉林 | 391 | 374 | 17 |
| 黑龙江 | 186 | 173 | 8 |
| 绥远 | 148 | 140 | 8 |
| 热河 | 103 | 95 | 8 |
| 察哈尔 | 189 | 174 | 15 |
| 西康 | 11 | 10 | 1 |
| 东省特别区 | 176 | 160 | 16 |
| 南京 | 463 | 392 | 71 |
| 上海 | 2633 | 2060 | 573 |
| 北平 | 1882 | 1581 | 301 |
| 青岛 | 127 | 110 | 17 |

| 数量<br>类别<br>省市 | 总计 | | |
|---|---|---|---|
| | 计 | 男 | 女 |
| 威海卫 | 23 | 23 | 0 |

（说明：该统计所列各省市教员总数包括中学、初级中学、师范学校和职业学校等各类中等学校。）

初等教育教师的数量和地域分布情况可见表1－7。

表1－7　　1930年各省市初等教育各项总数一览表[①]（有所删减）

| 省市别 | 职教员数 | 省市别 | 职教员数 |
|---|---|---|---|
| 总计 | 598，484 | 河南 | 64，949 |
| 江苏 | 25，879 | 山东 | 43，957 |
| 浙江 | 28，648 | 山西 | 31，550 |
| 安徽 | 12，436 | 陕西 | 13，508 |
| 江西 | 16，316 | 甘肃 | 3055 |
| 福建 | 13，787 | 宁夏 | 433 |
| 广东 | 54，354 | 绥远 | 519 |
| 广西 | 22，630 | 察哈尔 | 4，664 |
| 湖南 | 53，926 | 热河 | 1，473 |
| 湖北 | 7，536 | 青海 | 996 |
| 四川 | 48，111 | 新疆 | 251 |
| 西康 | 176 | 南京 | 883 |
| 贵州 | 4，180 | 上海 | 5，671 |
| 云南 | 14，308 | 北平 | 1，196 |
| 辽宁 | 17，081 | 青岛 | 649 |
| 吉林 | 4，422 | 东省特别区 | 682 |
| 黑龙江 | 2，570 | 威海卫 | 368 |
| 河北 | 67，320 | | |

---

① 教育部中国教育年鉴编审委员会编：《第一次中国教育年鉴》（丁编教育统计），上海：开明书店1934年版，第165页。

## 2. 中小学教师的学历结构

中小学教师必须是具备一定学历层次和一定专业水平的人员才能充任，客观地说，民国时期中小学教师的总体学历水平是参差不齐的。

在小学教师方面，民国时期小学教师的来源比较复杂，教师学历资格不一，造成小学教师队伍素质不齐。以下是《第二次中国教育年鉴》所列1944—1945年度各省小学教师的学历出身统计。

表1-8　20世纪40年代中期各省市国民学校及小学教员资格统计①

| 地域别 | 总计（单位：人） | 百分比（%） |
| --- | --- | --- |
| 共计 | 30，981 | 100.00 |
| 师范大学大学师范学院大学教育学系及师范专科毕业者 | 33 | 0.11 |
| 大学专科学校或专门学校毕业者 | 445 | 1.43 |
| 师范学校或特别师范学校毕业者 | 4，977 | 16.06 |
| 幼稚师范小学毕业者 | 33 | 0.11 |
| 简易师范学校毕业者 | 2，177 | 7.03 |
| 短期师范学校或师范讲习所班毕业者 | 822 | 2.65 |
| 曾受师资训练毕业者 | 2，012 | 6.50 |
| 高级中学或高级职业学校毕业者 | 3，329 | 10.74 |
| 初级中学或初级职业学校毕业者 | 9，567 | 30.88 |
| 试验检定合格者 | 151 | 0.49 |
| 无试验检定合格者 | 75 | 0.24 |
| 小学毕业者 | 6，472 | 20.89 |
| 其他 | 888 | 2.87 |

可以看到，其中小学毕业充当小学教员的占20%以上，初中毕业充当小学教员的达到30%以上，低学历教师占比非常高。

具体到地方，以江苏省为例，在国民政府成立之初，江苏省教育厅即对全省61县的小学师资进行了调查，从调查数据可以概括出1928年度江苏省小学师资具有如下几个特征。第一，合格教师比例较

---

① 教育部教育年鉴编纂委员会编：《第二次中国教育年鉴》（第十四编教育统计），上海：商务印书馆1948年版，总第1469页。

少。全省 20600 名登记的小学教员中，合格的 8927 人，仅占总数的 43.33%；不合格的教师有 11673 人，约占总数的 56.67%。第二，地区发展不平衡。在交通相对便利、靠近沪宁线及南京的上海、嘉定、昆山、常熟、无锡、海门、镇江及南通、如皋等县的师资明显优于地处偏远的东海、赣榆、郑县、丰县等县。第三，师资普遍不敷。第四，小学教师队伍来源种类繁多，教师专业化水平低，教师素质不高。①

在中学教师方面，由于当时中学数量少，无论是公立中学还是教会中学，教师的学历几乎都是大学毕业，甚至很多有名望的中学可以吸引留学生，所以中学教师的学历层次比较高，但也存在参差不齐的问题。"我国中学校的教师，就其社会的境遇，普通的教育，和特殊的训练而言，都大相径庭。大多数是师范大学或大学的毕业生，也有许多还未曾毕业或只有'相当资格'的。"② 在中学里，国文教师的专业性尤其受忽视，有人说："先略查国文教师的人色：有法学士，教育学士，有冬烘秀才，失意政客，有做过县长科长的，有才子也有诗人，当然也有一班文学士；但也有校长兼授国文，教务主任训育主任兼授国文的。国文这样东西，好像是随便什么人看看就会上堂教的。"③

中学教师的学历状况可以《第一次中国教育年鉴》所载"十九年度各省市中等学校教员资格比较表"的统计为借鉴，据该表所统计全国 34 省区的中等学校的专任和兼任教员共计 41350 人，其中"留学外国得有博士学位者"占总数的 0.29%，"留学外国得有硕士学位者"占 0.85%，"留学外国得有工程师博士学位者"占 0.14%，"留学外国得有学士学位者"占 1.60%，"留学外国者"占 3.75%，"师范大学毕业者"占 4.39%，"大学毕业者"占 24.83%，"高等师范毕业者"占 11.42%，"专门学校毕业者"占 20.74%，"其他"占 31.99%。可见当

---

① 高海燕：《1927—1937 年间江苏小学教师研究》，硕士学位论文，南京师范大学，2008 年。
② 熊铭青：《中学校的教师》，《师大月刊》1933 年第 4 期。
③ 大岳：《国文教师眼里底国文教师》，《中学生》1935 年第 56 期。

时中学教师学历以国内大学、专门学校、高等师范学校的毕业生为主。[1] 另外，《教育杂志》1937 年 7 月所刊登的一项统计资料也可供参考，当时全国中学师资共有 31204 人，其中留学归国人员占 7.54%，师范大学毕业占 5.92%，各类大学毕业占 36.03%，高等师范毕业占 10.49%，专门学校毕业占 19.34%，其他占 20.68%。[2] 所谓"其他"类应该是指那些学历比较低、不符合任用条件的教师。可见，中学教师以国内各类大学毕业生、高师毕业生和专门学校毕业生为主，但不合格的师资仍然很多。

具体到地方，以教育素称发达的浙江为例，根据该省民国二十年度（1931 年）统计的全省中等学校教员资格显示，大学毕业的占 31.81%，留学国外的占 6.06%，专门学校毕业的占 25.05%，师大及高师毕业的合计只占 10.44%，"其他"一项则占 26.64%，与全国统计的情况基本类似。[3] 有人评价 20 世纪 30 年代末广东省中学教师的来源情况，也差不多。"据陈显光氏的调查，广东省约有百分之二十三不合资格的教师，由师范大学和大学教育系毕业的仅占百分之四，而由国内外大学及各种专门学校毕业的多至百分之七十六。"[4]

如果单看某些中心城市的中学师资情况，可以看到，中心城市里重点学校比较集中，所汇集的师资素质明显要好于全国的平均情况。有人选取 1933 年湖北省立高级中学、省立第一女子中学、汉口市立第一中学的全体教员做研究样本，分析他们的学历情况，调查显示，全体教员共计 89 人，其中"留学外国大学毕业者"占 10.1%，"师范大学毕业者"占 12.4%，"大学毕业者"占 49.4%，"高等师范毕业者"占 14.6%，"专门学校毕业者"占 11.3%，而"其他"类教师只占 2.2%。从中可以看出，武汉这几所重点中学的教师学历已经

---

① 教育部中国教育年鉴编审委员会编：《第一次中国教育年鉴》（丁编教育统计），上海：开明书店 1934 年版，第 126 页。
② 刘大佐：《教育文化史的新页·本国之部·各省市中等学校教员资格的分析（附表）》，《教育杂志》1937 年第 27 卷第 7 号。
③ 潘之庚：《浙江二十年度教育统计概述》，《浙江教育行政周刊》1933 年第 5 卷第 6 期。
④ 林锦成：《战时的中学教师》，《教育研究（广州）》1938 年第 83 期。

达到了比较高的水平，形成了以专门学校及以上学历为主的教师队伍，其中大学毕业者几乎接近一半，高等师范或师范大学毕业者共占 27.0%，属于中学师资学历出身比较好的情况，远超当时中学师资学历的平均水平。[①] 这可能也是当时教育发展中城乡不均衡的一个表现。

3. 中小学教师的年龄和性别结构

（1）年龄结构

在小学教师方面，据张钟元在 1934 年对苏、浙、皖、鲁、豫、闽、粤、冀、蜀等省小学教师的调查，被调查的 570 名教师的年龄结构如下："男教师服务年龄自 18 岁起至 64 岁止，但大部分人的服务在 20 岁至 36 岁之间，至 42 岁以后便很少有服务的了。女教师服务年龄自 16 岁起至 44 岁止，大部分的人在 18 岁至 26 岁之间，至 32 岁以后，便很少有服务的。于此，可见在最近社会实际情形上每造就一男教师在年龄上说其继续服务期限通常为 16 年，同时每造就一女教师，其继续服务期限为 8 年。又男教师已婚而服务者占 7%（原文如此，当为 70%），较未婚者为多。女教师已婚者仅占 28%，较未婚者为少。"[②] 从中可见，大部分小学教师的年龄为二三十岁，所以小学教师以青年人居多。男教师的职业生涯比较长，女教师的职业生涯则比较短，结婚生育之后能继续从教者比较少。另据林振镛在 20 世纪 20 年代末对覆盖 10 省 18 县（安庆、芜湖、九江、六合、滁县、沈阳、长沙、重庆、大兴、宛平、福州、绥远、苏州、铜山、镇江、蚌埠、临川、临清）的小学教员情况进行的调查，这 18 县的大部分小学教师的年龄也在 20—40 岁之间。[③]

在中学教师方面，据《教育杂志》上刊载的一个报告反映，1936

---

① 常静：《南京国民政府时期的武汉中学教师研究（1927—1937）》，硕士学位论文，华中师范大学，2009 年。

② 张钟元：《小学教师生活调查》，载李文海主编《民国时期社会调查丛编》（文教事业卷），福建教育出版社 2004 年版，第 154 页。

③ 林振镛：《小学教员之生计（调查）》，载李文海主编《民国时期社会调查丛编》（文教事业卷），福建教育出版社 2004 年版，第 144—146 页。

年全国 4558 名中学教师年龄分布情况如表 1 - 9。[1]

表 1 - 9              1936 年全国中学教师年龄分布情况

| 项目     类别 | 青年教师<br>（34 岁以下） | 中年教师<br>（35 岁至 44 岁） | 壮年教师<br>（45 岁至 54 岁） | 老年教师<br>（55 岁以上） | 合计 |
|---|---|---|---|---|---|
| 人数 | 2934 人 | 1166 人 | 383 人 | 75 人 | 4558 人 |
| 百分比 | 64.37% | 25.58% | 8.40% | 1.65% | 100% |

可见，中学教师也以二三十岁的青年人居多。具体到地方，有研究者对 1937 年长沙地区的明德中学、省立一中、雅礼中学的教师年龄进行过统计（表 1 - 10）。

表 1 - 10              1937 年长沙三校中学教员年龄统计[2]

| 年龄 | 人数 | 百分比 |
|---|---|---|
| 34 岁以下（青年） | 53 人 | 50.48% |
| 35—44 岁（中年） | 41 人 | 39.05% |
| 45—54 岁（壮年） | 9 人 | 8.57% |
| 55 岁以上（老年） | 2 人 | 1.90% |
| 总计 | 105 人 | 100% |

由上表可知，长沙中学教师的年龄结构与全国中学教师年龄结构基本吻合，也是以青年人为主。

（2）性别结构

在小学教师的性别结构方面，下表根据"民国二十六学年度全国初等教育概况总表"[3] 编制而来。

---

① 郑西谷：《中学师资训练问题之研究》，《教育杂志》1936 年第 26 卷第 7 号。

② 曾超群：《民国时期长沙中学教师群体研究（1927—1937）》，硕士学位论文，湖南师范大学，2015 年。

③ 中国第二历史档案馆编：《中华民国史档案资料汇编》第 5 辑 1 编教育（一），江苏古籍出版社 1994 年版，第 584 页。

表 1 - 11　　　　　　　1937 年全国小学教师中的男女数

| 学校 ＼ 性别 | | 教职员数 | | |
|---|---|---|---|---|
| | | 共计 | 男 | 女 |
| 总计 | | 482,160 | 448,229 | 33,931 |
| 小学 | 高级部 | 143,772 | 125,701 | 18,071 |
| | 初级部 | | | |
| 初级小学 | | 294,084 | 281,978 | 12,106 |
| 短期小学 | | 36,188 | 34,125 | 2,063 |
| 简易小学 | | 6,716 | 6,239 | 477 |
| 幼稚园 | | 1,400 | 186 | 1,214 |

　　由上述统计数字计算，男教师数量大约占教职员总数的 93%，女教师数量很少；男女教师之比大约为 13.21∶1。另据张钟元在 1934 年对苏、浙、皖、鲁、豫、闽、粤、冀、蜀等省小学教师的调查，其性别、年龄结构如下："570 名教师中男教师为 416 人占 77%，女教师为 124 人占 23%（有 30 人未填性别）。"[1] 虽然两项统计中男女教师占比有出入，但男教师占小学教师中的绝大多数是毋庸置疑的。

　　在中学教师的性别结构方面，男女教师数量可以参考表 1 - 12。

表 1 - 12　　　　1928—1933 年度全国中学教员性别结构统计[2]

| 年度 | 1928 年 | 1929 年 | 1930 年 | 1933 年 |
|---|---|---|---|---|
| 男教员 | 11435 | 18671 | 27350 | 28222 |
| 女教员 | 729 | 1331 | 2675 | 2982 |
| 总计 | 12230 | 20002 | 30025 | 31204 |
| 男∶女 | 14.43∶1 | 14.03∶1 | 10.22∶1 | 9.46∶1 |

　　从上表所列中学男女教师比例来说，与前述 1937 年全国小学教师

---

　　① 张钟元：《小学教师生活调查》，载李文海主编《民国时期社会调查丛编》（文教事业卷），福建教育出版社 2004 年版，第 154 页。

　　② 转引自曾超群《民国时期长沙中学教师群体研究（1927—1937）》，硕士学位论文，湖南师范大学，2015 年。

中男女比例——13.21：1 相差不大，可以推知，当时的中学校与小学校里男女教师占比相差不大。具体到各地方，据《第一次中国教育年鉴》所载"十九年度各省市中等学校教员数统计表"所列各省市中等学校男女教师数量计算：1930 年，湖南中等学校教员共有 2878 人，男教员 2661 人，而女教员只有 217 人，女教师仅占总数的 7.54%；四川中等学校教员共计 5146 人，男教师 4840 人，女教师 306 人，女教师占总数的 5.95%。而计算当时教育相对发达的大都市或沿海省市，女教师的占比还是比较高的，如上海、北平、江苏和浙江，据计算这四地的女教员所占教师总数的比例分别为 21.76%、16%、10.52%、10.70%，由此可见，在教育相对发达的地区，尤其是风气比较开放的沿海大都市，中学女教师相对比较多。[①] 可以推知，广大内地特别是乡村地区，中学女教师要少一些。

---

① 教育部中国教育年鉴编审委员会编：《第一次中国教育年鉴》（丁编教育统计），上海：开明书店 1934 年版，第 114 页。

# 第二章　中小学教师的职业生活

中小学教师的职业生活是指以校园、课堂及师生关系为中心的教育教学活动，能够体现教师这一职业角色的本质特征。民国中小学教师的职业生活，是在国家法定建构和近代教育文化传统的共同作用下形成的，既有规范性，又有灵活性。从教师主体角度来看，教育教学工作既是他们实现个人价值的途径，又是他们的谋生手段，是他们作为普通人的日常生活的一个组成部分。

## 第一节　现代职业教书匠

民国中小学教师是近代社会分工基础上新兴的一个职业人群，他们在课堂和校园中的职业行为越来越多地受到法律法规的规范和约束，呈现出日益现代化、规范化、专业化的发展趋势。对于教师个体来说，他们的日常教学生活是紧张繁忙的，压力比较大，与当时动荡转型而且发展不平衡的社会紧密相连。他们的职业生活还呈现出多元化和不稳定的特点。

### 一　繁忙的教学生活

在近代新式学校教育兴起之前，承担基础教育职能的是塾师，塾师行业虽然经过一千多年的发展，形成了一套稳定的教学程序、教学模式，但并没有统一的从业规范，教学中可供塾师自主发挥的空间比较大。而新式中小学教师则是在国家更严密的教育法律法规的框架下执业的，其职业活动表现出贴近现代社会、更加规范化的倾向。

清初文学家郑板桥曾写过一首《教馆诗》来描述塾师的生存状态："教馆本来是下流，傍人门户度春秋。半饥半饱清闲客，无锁无枷自在囚。课少父兄嫌懒惰，功多子弟结冤仇。而今幸得青云步，遮却当年一半羞。"当代研究者也以"清闲客"与"自在囚"① 作为对前现代社会塾师的代称。可见，清闲与自在是传统教育体制下基础教育从业者比较典型的状态。这是因为，在前现代社会，基础教育基本属于民间自为的状态，书塾的教育目标虽然大体上受科举选官制度的引导和调控，但塾师职业的政策空间还是比较大的，不仅塾师的选聘、待遇基本与政府无关，就单以教学来说，即使以教学内容已经比较稳定的初级蒙馆来说，其教学内容、教材、教学程序等，各个书塾的塾师也是可以灵活安排的。甚至据沈括记载，一本教人在诉讼中如何实施骗术的小册子都曾在乡间私塾中传授。② 在管理方面，则更是灵活，书塾学业没有固定年限，有入学而无升学和毕业之说，学生可以随时转学或停学。具体到课堂管理上，塾师则可以凭自己的好恶体罚学生。

这种弹性很大、灵活自主的从业状况到新式中小学教师那里发生了改变。自清末开始的教育现代化改革，总体呈现的特点是国家凭借硬性的法律法规，力争从根本上强制规范现代中小学教学。在越来越严格的政策环境下，中小学教师的教学活动总体上是越来越有标准。现代化和规范化是新式中小学教师职业行为的时代特征。特别是到南京国民政府时期又发展到了一个新阶段，国民政府愈来愈重视基础教育，而且随着国民政府权威的上升和政府权力下沉到基层，政府对于基础教育的许多制度和政策借助政权的力量得以有效地落实和执行。由此，到20世纪30年代中小学教育获得了前所未有的发展，不仅学校和教师数量越来越多，而且中小学教师的职业活动从教师的任职资格到对教师的监督管理，从课程设置到教学内容、教材选择、教学方

① 蒋纯焦：《一个阶层的消失——晚清以降塾师研究》，上海书店出版社 2007 年版，第 61 页。
② 沈括：《梦溪笔谈》卷二十五，文渊阁《四库全书》本，转引自蒋纯焦《一个阶层的消失——晚清以降塾师研究》，上海书店出版社 2007 年版，第 38 页。

式等也越来越规范。从世俗职业人的日常生活角度来看，在这种严格规范下的中小学教师不仅每日埋头于课堂、作业之间，还要随时接受教育行政部门和督导视学的检查与监督，又要时常面临督导和会考的检验，工作十分繁重、辛苦。

1. 繁重的日常工作

工作繁重是中小学教师工作的常态，也是民国中小学教师职业最显著的特征。

一般来说，中小学教师的工作量首先是指中小学教师的教学工作量。刘诚曾对当时 24 所中学教职员的服务时间、薪俸进行抽样调查，统计结果为，中学教师每周任课时数为 2—18 小时，其中专任教员每周授课 14、16、18 小时居多，其授课时数的中数为 16 小时，兼课教员每周兼课时数的中数则为 10 小时。① 小学教师工作量更大。而且中小学教师工作的一个重要特点就是课堂教学只是其工作的一部分，还有大量的辅助工作、学生管理工作是在课堂之外完成的，这些课外工作最耗人心力。"小学教师，除每周担任一千分左右的功课外，还得加上预备教材的时间，批阅课卷的时间。据宋×先生的统计：每日课务所需时间：二三一分。每日课后处理课卷时间：四〇〇分。每日其他工作时间：四五分。每日工作时间实计：六七六分，合十一小时一刻。此外预备功课，训练儿童，阅读书报，各种定期事项等，尚不在内。从这里就可以看出每个小学教师，每日的工作，至少在十二小时以上。一个人有几许精力？即使是牛马，也不能天天这般的去干；所以精神的疲乏，患肺病的增加；乃为必然的事实。"②

显然，从教师的主体体验来看，课堂教学只是基本的工作，课堂之外的时间更是繁忙。"其每周教学时间，虽逾千分钟以上，但这并不觉苦，苦在处理簿本。一种种，一堆堆，线订的，洋装的（按指练习簿言）；早上才发清，晚间又山积。今天午夜睡，明日三更眠；还要起个早，才能理得清。此外，还有开会忙，处理公文忙，举办识字

① 刘诚：《中学教职员服务状况之调查与研究》，《哲学与教育》1993 年第 2 卷第 1 期。
② 郑璞生：《小学教师合理的休闲生活》，《静安》1937 年第 4 期。

班忙，应付视导员忙。一旦没有米，缺少薪，又逢囊空如洗，更要火上加油忙！"① 学生管理工作更是琐碎，且随时随地，"一天到晚学生的偶发事项，件件都要替它调解"②。这种课外的工作是无定量、无定时的，是漫无边际地忙。所以很多小学教师抱怨，别的工作，如银行或邮局的职员、公务员，哪怕是工厂的工人，上班时间都是固定的，"唯有我们做小学教师的生活，是没有一定的"③。"一般的政府机关，都规定办公的时间，即每天工作时间至多不致超过八小时或十小时。若一个中学教师，每周任课的时数，表面上虽仅二十小时左右，但实际却远过此数。"为什么呢？因为中学教师在课堂讲授之外，还有备课，导师制下教师要指导若干学生（个别谈话、家访等），轮流值日，处理日常校务，参加学校各种会议，指导学生课外活动，答疑，等等，"所以总计起来，教师们每日的工作已超过十一小时，也就是说每天自七时起至晚九时止，中间除了吃三顿饭稍有休息的机会外，便几乎没有空暇的时间"。④

教师工作之繁重，几乎要把教师逼成了"神"，难怪小学教师们叫苦连天。"读者试想，其待遇的菲薄如彼，而工作的繁重又如此，小学教师也是'人'，并非真是'神圣'，怎得不连声喊'苦'？"⑤ 这些课堂之外的繁忙往往被外人所忽略，但它足以消磨一个青年教师的锐气和活力，使之变得因循苟且，得过且过。"像机械似的，中学教师们，每天在不断的，在无休息地工作着。精神疲累，志气也易消沉。他们没有自学的时间，因此上进的机会便也被剥夺了。所以有很多在大学时代成绩很优异的青年，一旦钻入了中学教师的圈子，便为这繁重的工作所×，得不着自学的机会，无由上进，终于变成一个纯粹的教书匠，当年的豪气，从此消灭殆尽，这实是中国学术界的一个莫大

---

① 罗子欣：《小学教师生活问题讨论六篇·小学教师生活的检讨》，《江苏省小学教师半月刊》1936 年第 3 卷第 18 期。

② 玉：《小学教师的滋味》，《益友》1938 年第 4 期。

③ 张乐：《教师生活写真（续）二十一》，《教师之友（上海）》1937 年第 3 卷第 7 期。

④ 邓人撰：《一个中学教师的话》，《民意（汉口）》1941 年第 172 期。

⑤ 罗子欣：《小学教师生活问题讨论六篇·小学教师生活的检讨》，《江苏省小学教师半月刊》1936 年第 3 卷第 18 期。

的损失。"①

　　一个普通教师的日常生活节奏如此紧张，每天属于自己的私人时间很少，就像一位教师说的那样，每天他只有短短的半个小时的时间陪自己的孩子，或者稍微休息一下。"我的生活，是纪律化的，换言之，是严守机械化的。平日我大部分的光阴是用在教室里面，尤其近年，因为要得到人生最低限度的物质需要，只得多消耗些精力，多担任些课程，因此白天忙得不亦乐乎，晚上在家中尚须阅书，批卷，休息，可是亦皆有定时，按表而行，晚饭后的半小时内，就是整天最逍遥的时候，常和我的孩子唱唱歌。"②

　　繁重的工作负担下，教师的日常形象是辛苦而狼狈的，很难保持读书人的从容和优雅。有人鉴于教师生活的"辛苦艰难"吐露了"几句同情的话"："你担任功课每周五十级罢？是的，还有更多的呢！这是我相信的，因为我以前是担任三十一小时的。何必说钟点，限定的功课钟点以外还要去管理辅导。早早的起来，趁学生未来，改削作文本，检查演算本。迟迟的睡眠，为的要预备第二天的功课。只有吃饭的时间好像是自己的，因为倘若你能够不吃，天然的有事务使你不能不上手的。真实的，到厕所的时间都不让你自由的。说什么，整天整夜忙碌着就是了。一个外行人或者不知道这种情形，但当你去接令郎或令爱的时候，在等候中，到他们狭小的教室或教员休息室去坐五分钟，你就知道他们忙乱到连自己也忘记了的情形。像现在天气之热，他们的土布长衫或厚布的学生装还是不能脱去，背上汩汩的汗只是向衣外流出，手上满沾白粉，有时连衣衫上也沾满，但他忘记了自己，无暇顾及衣服容貌这一类的事了。他见了生客的你，他就不忘记他深深的鞠躬，走近来与你招呼，问你是要找那一个学生。他的慌张将使你发笑，但他的憔悴将立刻抑住你的笑声。好的，一个小天使或者说新中国的柱石跑进来了，气喘得胸腔一高一低的说，'张三打我！'或者说，'李四在操场里跌了，他在哭呢！'于是这位先生背了汗又慌张

---

①　邓人撰：《一个中学教师的话》，《民意（汉口）》1941年第172期。
②　薛圣俞：《我的生活》，《江苏教育（苏州1940）》1942年第5卷第1期。

的出去了。"①

以下是一位小学教师每天的生活计划，从中可见教师日常生活节奏之紧张。

表 2-1 　　　　"一位小学级任教师生活表　26年2月订"②

| 生活时间 ＼ 来复 | | 日 | 月 | 火 | 水 | 木 | 金 | 土 |
|---|---|---|---|---|---|---|---|---|
| 上午 6：30—11：30 | 多睡一刻 | 锻炼身体：1. 拳和剑　2. 参加早操 | | | | | | |
| | X 里旁事 | 准备：1. 预习教材　2. 找参考资料　3. X 应带教具　4. 其他 | | | | | | |
| | | 上课：1. 热心指导　2. 多变方法　3. 尽量与各科联络　4. 其他 | | | | | | |
| 下午 12：00—5：30 | 饭后休息——午睡一刻钟 | | | | | | | |
| | 尽量游玩 | 批订：1. 学生互相批订　2. 训练优等人批订　3. 教师自己批订。总之今天的簿本今天批订完，切勿欠到明天再…… | | | | | | |
| | | 整理：1. 教室里面　2. 办公室的位置上　3. 自己寝室里面 4. 其他 | | | | | | |
| 晚上 6：00—9：30 | 进修：阅1. 杂志　2. 报章　3. 书画　4. 其他 | | | | | | | |
| | 写1. 书法　2. 图画　3. 书信　4. 文艺　5. 其他 | | | | | | | |
| 备注 | 自勉：以学校为家 以教育为生命 对中华尽孝 对国民尽忠 | | | | | | | |

2. 工作压力

常规的日常工作本就很繁重，而应付督导和会考更增加了教师的工作压力。

近代中小学教育教学受到教育主管部门越来越多的监督和考核，督学视导制度是保证中小学教育正规化的常规手段。某种意义上，督学视导与教学一线处于"对立"的位置上，所以，应付督学检查是需要全校总动员的一个大工程，对于教学一线的中小学教师来说，这更是一个重负。

当时的基层学校办学条件普遍简陋，师资水平不一，所以为了应付检查，基层学校往往不得不做许多形式主义的表面文章——搞搞卫

---

① 孙福熙：《教育评坛·致全国小学教师》，《教育杂志》1926年第18卷第9号。
② 张乐：《教师生活写真（续）二十一》，《教师之友（上海）》1937年第3卷第7期。

生、填表、造表。这一切对于身处紧张繁忙的工作一线的教职员来说，既辛苦又无奈。"记得在我刚到该校的第二月，教育厅派省督学到各县来视察，校长知道消息后，马上来一个全校总动员！学生临时赶制成绩，职员和教员担负绘制图表和填写学校行政上的一切规章。学校当局曾有这样的表示：'那怕就是暗中停几天课也无所谓，要是表面上的一切做得不好，上面指责下来，大家都有不是'！"① 一个礼拜的忙碌换来了督学的"随意看看"和"井然有得"的评语，换来了校长的"微笑"，终于"放下一个重担"的教职员们却报以"苦笑"。督学视导对于督促教学肯定是有作用的，但在民国时期新式中小学总体教学水平不高，特别是各地教学水平参差不齐的情况下，学校和教师应对督学检查的态度和手段经常有些糊弄和应付的成分，有些工作在教师们看来就是在做无用功。有老教师忏悔自己教学上的"罪恶"之一，就是为了应付教学检查而弄虚作假，甚至将已经讲过的授课内容再重新来一遍，以便使自己的课看起来顺畅熟练。"有时我们为了应付视察员或参观者，对于已经教学过的功课，再重新来一下：好显得个人教法娴熟，学生训练有素，程度整齐。甚或为了避免个人的出丑，令学生多多的活动，以取李代桃僵的办法。实则一元复始即是自欺欺人，贻害学童。"②

　　另外，从教师的角度看，有些教育管理部门或人员过于"衙门气"。他们对待一线教师的所谓督导或检查不仅脱离实际，而且颐指气使，缺乏对教师的基本尊重，这也加重了一线教师的心理负担。比如，当时乡村教师对教育行政机关的一个普遍感受就是"政府官气太大"。山东邹平一位乡村教师讲道："一个小学教员固然不能拒绝上层的指示与帮助，可是政府也不能随时在身上要起'政治力'的把戏来。在办公室内的，今日下令办壁报，明日下令办成年教育，有时竟一下几个通令。其实莫说办几桩事，就是办一件事，在今日的农村中也须些力，何况通令不绝。可是政府人员下乡视察时，更露出他是治

① 葛世雄：《一个青年教师的生活》，《青年生活（上海1935）》1935年第1卷第1期。
② 孙鉴如：《一个小学教师的忏悔录》，《教师之友（上海）》1937年第3卷第6期。

人的气度来，开了充满讪、讽、凌、辱的腔子来：'这个太坏，那个太糟，这个办的太差，那个不好。'说一大套，毫未说出指导人的话来，就飘然而去了。处在万难的农村中，上层反露出官气十足的样子来，做小学教员竟作何感想，请大家想想看。"①

国民政府督导中小学教育的另一项重要政策就是推行会考制度，通过中小学会考来检验各校的实际办学水平，以提高教学整体质量。1932年5月南京国民政府教育部公布《中小学学生毕业会考规程》，据此，各省市又推出了一些具体实施措施，如北平市社会局1933年2月制定的《中小学学生毕业会考暂行规程》规定：初中会考科目为党义、国文、算学、历史、地理、自然、体育、外国语（三年级不选修者免考）为主，高中会考科目为党义、国文、算学、物理、化学、历史、地理、生物学、外国语、体育。②

会考是对学校办学水平的一次货真价实的检验，对于办学水平参差不齐的各个学校来说既是一种鞭策，毫无疑问也是一种压力，全校师生都会毫不含糊地严肃对待。有人描述自己在江苏一个女子中学任教时，传说这届毕业生要会考，而且要囊括所有六个学期所学的科目，全校师生进入一种非常紧张的临战状态，他们采用了"临时抱佛脚"的应对策略。"在前几个学期中她们都马马虎虎地过去了，现在要拿来整个的复习。书本这样多，内容又极复杂，素无整理的训练的她们，真是走投无路，于是全体决定买各科问答与考试指南来死记。学校当局也很体贴她们，暗中把音乐、体操、家事等科停止了。"③

民国时期的会考制度也存在形式主义或急功近利的问题，使得作为当事人的教师们深以为苦。在他们看来，在如此繁重的工作压力下，花时间做一些形式主义、没有实质意义的表面文章是得不偿失的，还不如将时间用来进行一些康乐活动。"那些形式的表面文章（如有些无关要旨的表格之填写）似可节省。把小部份时间，从事康乐运动，

---

① 刘俊田：《不可忽视的几个小学教师的问题》，《基础教育》1936年第1卷第12期。
② 《中小学学生毕业会考暂行规程》，载北平市社会局教育科编《北平市教育法规汇编》，北平市社会局1933年版，第2—4页。
③ 葛世雄：《一个青年教师的生活》，《青年生活（上海1935）》1935年第1卷第1期。

那末，刻板的吃粉灰的生活上，必新添一些生趣。"①

另外，基础教育规范化是现代教育的趋势，但是，过度规范和检查会压抑教师的能动性，压抑教育的创造性。其实民国教育界就已经面临这方面的困惑，有些教师的认识是很敏锐、很深刻的。比如，当时无论是官方教育方针还是社会舆论，都认为普通教育（主要指中小学教育）的目标不仅仅在于普及知识，"而在于凭借着知识去对客观的自然现象和社会现象作系统的、透彻的了解。一句话，学习的目的，在于养成我们正确的人生观和世界观"。而在现实当中，在制度规范和行政监督下的中小学，学生和校长的目标却越来越短浅，只注重记忆和升学考试，而不顾及思想启发和能力培养。即便是在抗战时期，有些学校的师生还是狭隘地专注于考试升学、专注于个人前途，教育界的庸俗功利之风很浓。一位"老中学教师"鉴于自己"辗转流亡，在各地所见到的一般学校的情形"，尖锐地批评抗战期间的中小学教育"越来越不像样"："多数学生所希望于教师的，不是什么理论、理想，而是课文的浮面了解和记忆。他们修习何功课，很少想到，或者根本不曾想到培养什么基础，准备研究什么高深学术。他们所要求于老师的，是怎样把成篇的课文，做成条纹式的纲要，使他们便于记忆。记忆住了，可以去通过期考、会考和升学考试的难关。学生所要求于老师的如此，校长所要求于教师的也是如此。学校里平时留级的学生少，毕业生去应高中或大学入学考试，全数或多数被录取，这就表现了学校的'成绩优良'，也表现了校长的'办学有方'。因此，如果教师的力量不用在这一方面，而用在讲授理论，谈论思想上，那就不免被目为书生气，太迂阔，学生既不大喜欢听，校长知道了，也就不大欢迎。"② 总之，民国时期的中小学应付检查和考试成为教师工作中的首务，学生中片面追求分数和升学的风气也相当浓厚，这显然不是当时内忧外患中的中国社会所期待的理想的中小学教育，这个结果虽然

---

① 徐鸿宾：《小学教师生活问题讨论六篇·怎样补救小教生活问题》，《江苏省小学教师半月刊》1936 年第 3 卷第 18 期。

② 彬然：《听了一位老中学教师的话》，《中学生》1945 年第 86 期。

不完全是由教育规范化所造成的，但至少有其中一部分原因。

## 二　开放多元的课堂教学

民国中小学教学虽然总体上呈现出规范化的趋势，但毕竟民国时期是新式教育的起步阶段，受主客观条件的限制，中小学教师的教学还具有相当大的开放性和灵活性。那些给学生们留下深刻印象的好教师，无一例外都在教学上非常"有一手"。

民国教师的教学自由度高、教师自主发挥的空间大，首先与民国时期基层教育的大格局有关系，因为政府的基层教育政策就给教师教学保留了很多弹性空间。比如，鉴于民国时期合格的教师总体上是不足的，所以政策允许有些小学的科目设置可以通融。因此，民国时期许多中小学开设科目并不一致，科目的设置往往因人而异。尤其是在偏远乡村和边疆地区，如贵州六枝特区的文昌阁小学，1927 年恢复设立，"民国十九年，刘鸣隆任校长时，增设英语课，由他教授……民国二十年，陈映美（清镇人）任校长时，增设农业、商业课"①。像音乐、美术等课程在那些单级独教的乡村小学，甚至往往是不开设的，或者由别的教师兼任。在大量的非中心小学，小学教师身兼数门课程是非常普遍的现象，季羡林曾经回忆自己读书的济南新育小学说道："当时的小学教员，大概都是教多门课程的，什么国文、数学（当时好像是叫算术）、历史、地理等课程都一锅煮了。因为课程程度极浅，用不着有多么大的学问。"②再加上新式教育本来就提倡以启发、引导为主，反对传统教学一味灌输和死记硬背，更反对体罚学生，所以民国时期一些优秀教师的课堂教学个性十足，非常开放多元，富有特色，那种轻松、活泼、生动的形象，与传统塾师"老夫子"的呆板、枯燥、严厉的形象有很大的不同，给学生们留下了深刻印象。

许多教师在教学上有独到之处，并不拘泥于过去的成见、现成的

---

① 中国人民政治协商会议贵州省六枝特区委员会文史资料委员会编：《六枝文史资料选辑》第 4 辑（内部资料），1990 年版，第 159 页。

② 季羡林：《回忆新育小学》，载傅国涌编《过去的小学》，同心出版社 2012 年版，第 5 页。

模式、既有的制度，而是颇具创新性和包容精神。傅国涌编的《过去的中学》中曾以抗战前后重庆南开中学教师的教学作风为例，来赞誉当时一些中学教学水平之高，赞美教师教学之特色和创造性。"一位同学作文开头第一句写道：'远远的东方，太阳正在升起。'国文老师陶光在'的'字后面加了个逗号，变成了'远远的，东方，太阳正在升起。'这样的作文课堂讲评是能让学生终生获益的。"还有一位物理老师魏荣爵也是典型的例子，当时，一位富有文学才华、但数理化成绩不佳的学生，在毕业考试时物理交了白卷，而且"即兴在卷上填了一首词"。"魏荣爵评卷时也在卷上赋诗一首：'卷虽白卷，词却好词。人各有志，给分六十。'使这位学子顺利毕业，并考入西南联大法律专业，后来登上了北大讲坛。"由此傅国涌赞叹："这样的老师，这样的学校真的足以让后人开眼界。"[①]柏杨回忆自己在家乡河南辉县读县立小学的时候"遇到影响我最大的恩师"，这位老师名叫克非，有可能是犹太裔中国人，他在教授国文和作文方面非常有特点，居然在小学课堂上讲解现代小说。"记忆最深的一件事是，克非老师为我们讲解一本新文艺小说《渺茫的西南风》，事隔六十年，内容已经模糊，但仍记得他上课时的情形。有时坐在讲台上，有时坐在学生的课桌上，态度很自然、很和气，脸上一直挂着笑容，在说到哀伤的时候，一脸悲痛。在 20 世纪 30 年代，一个小学老师竟在课堂上讲解课本外的小说，实是一种创举。辉县是一个荒僻的县城，能请到这样的老师，是辉县人的福气。就因为他的讲解，引起了我内心潜在的阅读兴趣。"[②]

　　成功的教师不仅上面这一种，在学生回忆中令他们难忘的好老师，有的不修边幅，有的十分严厉，形象千差万别，有的甚至可以说个性古怪，但他们在教学上既尽职尽责，又各有所长，能够凭借自己独特而高超的教学能力来获得学生的认可，对学生的学业甚至是人生方向都产生了持久的影响。

　　有人回忆自己的中学数学老师，将本来枯燥的数学课也讲得幽默

---

① 傅国涌：《前言》，载傅国涌编《过去的中学》，同心出版社 2012 年版，第 11—12 页。
② 柏杨：《上小学的日子》，载傅国涌编《过去的小学》，同心出版社 2012 年版，第 130 页。

风趣，引人入胜。"有人以为，数学教师是搅不出什么花巧来的，可是，如果你上过桂先生的课的，那你的感觉一定要替你否认这种话。因为你可以在上课时很明白的看出，我们的桂先生如何用了极不费力的口吻，把我们说得哄堂大笑起来。而且这种笑十分之十没有勉强的成分。……还有一次也是解到了联列方程式，当他写出了答数以后，他说：'这哀克史减两划哀，不是他的（手指着题目中的一个方程式），也不是她的（又指着另一个方程式），而是他们两个人的！'于是全堂大笑，连那几位在平常装得十分正经的女生也都笑了起来。……真的，桂先生有了这样幽默的话，所以我们无形中更钦佩羡慕他。"① 有人则回忆自己的老师，其不修边幅的外在形象与其在学生心目中的形象形成强烈反差："朱先生因为是个胖子常常教得满面是汗，加上一刻不停的用粉笔，不免把粉笔灰擦到面孔上去汗和粉粘起来，往往把先生闹成了一个小花脸。等他从黑板方向转过来时我们禁不住哄堂一笑，可不把他怔住了。急得他抓头摸耳，越摸越糟越笑，直到他站在镜前一照，无不住自己也噗哧一笑，即时他的花脸变成红脸。但若有人以为这样就损丧了他即教师的尊严，那就错了。尊严的教师不一定令人爱，但令人爱的教师一定能在适当时机保持他的尊严的。朱先生对于我们功课上行为上的督责就是如此。"②

还有人这样回忆一位全校学生都很敬畏的"严师"："我们一年三百六十五天，很少看见他的笑容，这就是他独有的特性，也是他的绰号'老鬼'的来历。他又是我们的级任导师，他是全校教师中最严厉的一位。"但真正给学生留下持久影响的并不仅仅在于他的"严厉"，而是因为他在教学上是很有一套的。"他不是一位平凡的国文教师，他有他特殊的教授法，所以我们才会有特殊的进步。我们每读完一篇作品之后，要经过大家的一番讨论，发表我们个人的意见，批评作品的内容和技巧，最后他综合我们的意见作一个总的批判，这的确不是平常国文教师所采取的教学法。他更进一步训练我们的思想；使我们

① 子蓉：《人物素描·桂叔超先生》，《光华附中半月刊》1935年第3卷第9、10期。
② 樊星南：《我最敬爱的中学教师：记朱凤豪先生》，《今日青年》1940年第8期。

的思路更清楚，思想的组织有系统。他时常给予我们哲学思想上的人出观（原文如此）世界观的启示。他毫不厌烦地向我们阐明做人的道理和态度。他一而再再而三对我们说：'不断地吸收新的知识充实你们的生活内容，不但会使你们作品的内容丰富，并且会使你们的生命更有活力。'"老师的引导和鼓励激发了作者读书作文的兴趣，多年以后作者还将自己的进步归功于这位国文老师："现在自己对于文学发生兴趣，不能不归功于这位热心的教师的一番鼓励了。"①

　　好老师在教学风格上各有特色，并不是千篇一律。有人这样回忆自己遇到的两位优秀的中学教师，在教学特点上这两位教师可谓南辕北辙，一个是"点"的，一个是"线"的。"蔡先生的态度可以说是'线'的，洪先生的态度是'点'的。我所谓'线'，是象征蔡先生授书的态度，总是原原本本，弯弯曲曲，有头有绪，一丝不紊的这一点。无论讲山脉，讲河流（当然，那时地理课所最注重的就是山脉河流等类），都是如此。碰到名胜古迹，只是轻轻一提；即使是历史上最有名的古战场（例如潼关泚水）亦只是三言两语地带过，发一声'啊！这些都是你们熟习的吧！'于是再补一声很长的'啊！'永远不肯费稍多的时间，去叙述关于这地方的有趣的故事。虽然蔡先生关于这些故事，是和历史教授一样的熟悉，但因为深恐学生听了故事之后，注意力会被另外一种趣味所牵引，分散了他所预期的地理方面的功效。……我说洪先生的态度是'点'的，那就好像孤峰危立，高塔矗天，或是狂风骤发，怒涛触岸。洪先生喜在讲明课文以外，发一点中学生不大容易听到的伟论。（例如三皇五帝的有无，夏禹治水的是否可能，秦皇、汉武和凯撒、那破仑的比较，王莽、王安石的伟大，等等。）他喜欢佛学，因此对于宗教问题特别有兴味，以为历代农民革命，都和宗教有关系。对于满清政府中晚年以来的腐败情形，攻击得尤为厉害。我还记得他有一次骂西太后，用了极其龌龊的语词，这语词我不曾听到他第二次用过。他很能做文章，最欢喜在下课前十分或二十分之间，提起粉笔来，在黑板上写上短短一段他自己所最得意的

---

① 古天佑：《我们的一位国文教师》，《世风半月刊》1938 年第 2 期。

读史随笔之类的短评。"虽然两位教师的风格如此不同，但教学效果都能引人入胜，乃至对学生的学术兴趣和职业方向都会产生深刻影响。"虽然因为我离开中学以后，所喜欢的学科还是史地，这中间当然含有'学统'上的关系；可是我的学问趣味所以倾向于史地，其动机恐怕就在二先生身上。"①

教师教学越来越自由开放，相应地，学生们在课堂上也是越来越主动，而且受"五四"新文化运动的影响，当时的学生非常自信张扬，课堂气氛是前所未有的活泼有趣。比如，某新老师刚刚开始上课时，"我翻开点册的时候，恶作剧开始了。有的'到'一声，大声得使你发笑；有的'here'，轻声得使你听不见。A 女生站起来了，问道：先生，男子在热暑天气，为什么穿毛线袜？B 女生站起来问道：先生，不倒翁为什么会随倒随起？F 女生站起来了，问道：天上为什么会有虹？M 女生站起来问道：先生，打雷的时候，有没有雷神在哪里指挥呢？她们一共问了十三个问题。她们问了之后，非常得意；她们料想这一次先生一定被她们难倒了。可是当我一一解释给她们听的时候，这一班顽皮的学生，感到失望了"②！这样一番师生之间的问答交锋，显然在传统课堂是不可能出现的。这是一种新型的平等的师生关系和更加宽松的课堂秩序，显然是新式教育的发展成果。

好老师对于青年学生的影响是相当大的，小到学业好坏，大到学生的学术兴趣、职业选择，再大到学生的人生观，教师所产生的影响难以估量。

傅国涌编《过去的中学》前言中屡屡提到一些学生对自己中学时代的某位老师感恩不已，感谢他们对自己的学业，乃至人生观上的影响。"地理学家、冰川学开创者、中国科学院院士施雅风先生，回忆自己上中学时，遇到一个优秀的地理老师，他对地理的兴趣就被激发起来了。后来毅然选择地理专业。被誉为'中国律师界良心'的张思之先生，烽火连天的抗战岁月中在四川读的初中、高中都是国立的流

---

① 刘叔琴：《追怀二位中学教师》，《中学生活》1939 年第 1 卷第 4、5 期。
② 念远先生：《我的女学生们》，《女声》1933 年第 1 卷第 24 期。

亡中学，那里的课堂、老师的举止笑貌一直铭刻在他的记忆深处，他后来从事律师职业，却终生对宋词、元曲有着浓厚的兴趣，时时从中领悟汉语的美、感受生命的悲欢，这一切首先来自中学教育给他的熏陶。"① 徐开垒回忆："如果没有小学时代的三个老师：虞先生叫我背书，沈先生为我讲故事，张先生为我开书单，指引我读课外书，写日记，中学时代方先生为我海阔天空谈社会问题，我的写作起步恐怕就不会那么早了。对我来说，老师对我的引导，是多么重要啊！"② 毕业于北京师范大学附中的钱学森回忆自己在附中理工部授业的几位老师时，称赞他们对自己的人生观都产生了影响："我对师大附中很有感情，在附中六年所受的教育，对我的一生，对我的知识和人生观起了很大作用。"③

### 三　动荡转型中的教学困境

民国时期是中国教育由传统到现代转型的起步阶段，这一时期的中小学教学相应地也具有转型期的特点：半新半旧、半中半洋，离成熟的、适应中国社会的现代学校教育还差很远；而且由于发展的不平衡，不同地区、不同学校的教师，其教学工作形态也千差万别，甚至有点千奇百怪，教学质量参差不齐。加之民国时期又是一个政治动荡、经济落后、社会矛盾冲突激烈的时代，种种因素导致这一时期教师的教学活动呈现出许多混乱复杂的现象。

1. 教学内容的新旧混杂

民国时期虽然有国家法定的现代学制规范，但这些规范只对官立学校、城市中心学校具有比较强的约束力，一些私立学校和大量的乡村学校，在教学内容上就可能与现代学制规范有冲突，或者新旧杂糅、半新半旧，或者就是单纯的旧式经学教育。造成这种状况的首要原因还是民国教育大环境的问题。

---

① 傅国涌：《前言》，载傅国涌编《过去的中学》，同心出版社2012年版，第7页。
② 徐开垒：《在我起步的时候》，载傅国涌编《过去的小学》，同心出版社2012年版，第148页。
③ 傅国涌：《前言》，载傅国涌编《过去的中学》，同心出版社2012年版，第5页。

　　首先，民国时期办学主体很多元，教会学校、私立学校、公立学校等各类学校在办学宗旨、课程设置、教学方式等方面很多元。大量的教会学校以宗教课程和外文教学为主。而有些私立学校则与举办者的个人文化倾向有直接关系，比如徐世昌在五四运动之后，由于他认为当时的青年学生学风浮躁、喧嚣，所以自行设立四存学会和四存学校，号称崇尚实践力行，校训为"尚实学，尚实习，尚实行"。但整个20世纪二三十年代，四存学校的办学是十分保守的，"读经书、读颜李（颜元、李塨）著作以及文科时数较多"。外界批评他们："四存学生，死读书，读死书，读书死。外方讥教师为冬烘，称学生为老夫子。"①

　　其次，由于民国时期政府权威不足，政府权力下沉基层的力度不够，导致在基层社会，尤其是在乡村，旧式私塾大量存在。这是一个隐蔽但又客观存在的事实，有人根据民国时期的官方统计结合民间社会的调查得出这样一个结论："民国时期，基础教育领域始终是新旧教育并存的二元化格局。"②

　　民国时期，比较偏远的乡村很多名义上的新式学校暗地里也教一些四书五经之类的课程。在这种双重性质的学校里任教的教师，其实身兼教师与塾师的双重身份，其教学当然是变通性的，一般是半新半旧，当然，其中"冬烘"先生也不少。署名易巩的作者就在一篇小小说《乡校教师》里塑造了这样一个在"半私塾式乡校"里任教的双重教师形象——冯行之。在他的课堂里既教"国文教科书"，也教《孟子》，因为这"是他底（的）家长指定要读的"。当然，在国民政府要取缔私塾的大环境下，这样的学校显然不合法令，所以，一有督学来"查学"的风吹草动，冯行之就吓得不轻，连夜"走在阴暗的山径中"，去找乡长兼校长商量对策。"于是一个星期以后，乡公所就接到解散这间学校，另设符合学制的国民学校的命令。乡长遵命办了。但

---

　　① 张琦翔：《四存学会与四存学校》，载马玉田、舒乙主编《文史资料存稿选编》（教育），中国文史出版社2002年版，第423—525页。
　　② 姜朝晖、朱汉国：《1930年代中期新旧教育二元并存格局初探》，《齐鲁学刊》2013年第3期。

校址还在云林祖祠，学生还是从前的三十多个，教师也还是冯行之；不过换了名字——叫冯铁夫。"① 相信新学校里的"冯铁夫"老师仍然是换汤不换药的双重教师。

民国时期很多私塾就这样以新式小学的旗号做掩护，改头换面地存在着，在这样的双面学校里，一些很落后的传统习惯，比如体罚学生，竟然肆意重复着。"乡建呼声正浓的时候，一般中学生甚至高小毕业生被生活的鞭子卷到乡村中从事教小孩子的工作，虽不是私塾，但与私塾相异了什么？把学生整天关在炭酸充室的教室里，尤其是在夏季里，卫生设备丝毫谈不到，三间屋装着四十个人，臭汗，坏墨，灰尘，杂拌了这小范围的空气。教师（多数的教师）有时烦恼得厉害，找不到发泄的对象，揍一顿学生来发泄。"② 一直到1941年，国民政府的教育视察员在基层社会还发现很多这种双面学校，以及名为新式教师、实为"冬烘"的双重教师，培养着"双重学生"。"这一次，参加集中视察泰和、吉安两县普遍教育的设施情形，在那崇山峻岭，穷乡僻壤，发现着许多平时不易看到的病症，最使人惊心触目的，即是蒙馆的健在。在这青天白日之下，冬烘先生仍然强迫着可怜的学童，在那监狱般的馆舍里，读三字经、幼学、鉴略、四言杂字、百家姓、教儿经、东莱博议、四书。明目张胆，不尊法令规定，擅设私塾的固有，即少数学校，除了教室之外，还有自习室。在教室里，当然上战时小学课本，在那带着神秘性质的自习室，则点读不合儿童心理的杂书，养成了'双重学生'。"③

所以，总体来说，新式教育起步阶段教师教学的灵活度高，具有复杂的面相。一方面，允许教师个性化教学的存在，使得一些优秀教师可以凭借自己的独特才能启迪、引导学生；另一方面，这也给了许多不合格、不称职的教师滥竽充数的机会，造成教师队伍的总体素质和教学质量参差不齐。

---

① 易巩：《乡校教师》，《现代文艺（永安）》1942年第6卷第1期。
② 李宇鲁：《初次做教师》，《小学与社会》1936年第2卷第29、30期。
③ 梅焕涑：《闲话私塾》，《江西地方教育》1941年第215、216期合刊。

2. 教学手段和教学方法的不成熟

民国时期毕竟是中国教育向现代转型的起步阶段，中小学教学必然面临很多前所未有的新问题，具体如何解决这些问题则必须依赖教师在教学实践中的探索创新，所以在教师教学中出现一些探索性、尝试性的行为也是正常的。这类探索性行为在教学手段、教学方法方面表现比较明显。

徐伯璞曾经借山东潍县全体短期小学教师发薪的机会，调查乡村小学教师面临的工作困难，从调查结果可以看出，当时乡村教师面临的困难很多都属于这个教育转型时代的特有问题，比如，"没有体育场，或是太小""设备简单，教具不足应用""学生的年龄大小不齐，因此程度上相差悬殊，教学时发生困难""人数过多，管理上不易顾全周到""学生在家庭里养成的习惯不同，一时难趋一致""家里还须要学生作工作，常常发生时来时去的毛病""废除体罚，学生秩序不易维持""给村民相处实在困难"①。这些问题无非是新式教育起步阶段经常会出现的问题，客观物质条件和社会文化环境暂时还跟不上新式教育的发展速度，身处教育转型时代的直接当事人——中小学教师，在教学中必然要面对这些前所未有，且没有现成答案的新问题。诸如此类的问题可谓比比皆是，教师的教学经历自然也是新奇不断。

民国时期新式教育的标准化和规范化，使新式教师在不同地区的不同学校之间流动得更加频繁，但随之而来的各地语言不通的问题在新式学校教学中突显出来。有教师回忆自己作为外省人在福建教书的经历："在先前的几个礼拜中，讲书随时都感受困难，十分之七八不能用口讲，只能用粉笔写在黑板上解释，有时仅能意会而已！同时因为彼此的言语不通，他们不来和我接近，有时不得已而来找我，也只能用笔来代答。这种现象不但是我个人，就是在福建教书的一般外省的教师，也有同样的困难。虽然福建教育厅曾经明令过：全省的小学，由五年级起，概用国语教授，但多数的小学教员连他们自身的国语都

①　徐伯璞：《第十三区短期小学视导感谢》，《基础教育》1936年第1卷第2期。

成问题，怎能教授他人呢?"①

出现问题，自然就要解决问题，这对教学一线的教师来说是无法回避又责无旁贷的工作。当时，中小学教师面临的一个比较普遍的新问题就是国家明令废除体罚学生之后的课堂管理问题。教育界的主流舆论虽然认为使用体罚不符合新式教育的特性，但是，许多一线老师也老老实实地承认，"自从体罚禁绝后，没有经验的未及专心研究过儿童管理的教师们，时常感到没有办法维持秩序"②。是使用传统的严厉式教学，还是使用新式教育所提倡的朋友式教学，其实很多教师都在探索中，有时也感到无所适从。比如，有位教师遇到这样一件事，他的班上有一位有偷窃习惯的女学生，屡教不改，这位教师要求该学生归还所偷窃的物品，并表示如不归还将斥退该生。但最终的结果是该生的亲友以"先生用恐吓是有些违背教育原理的"理由来反驳教师，迫使学校将此偷窃事件当作"悬案"不了了之。此时，该教师无奈地发出疑问："体罚废除后，恐吓法未知可用否?"③

对体罚学生这个比较敏感、典型的问题，教育界展开过讨论，当时有很多人探索维护课堂秩序和教师权威、提高教学效率的新方法。有人提倡应该结合学生的年龄特点和心理特点，调动学生自觉遵守纪律的主动性，对于低年级的学生，"教师的三寸不烂之舌是代替打的工具"，教师要利用"孩子欢喜好话"的特点，以开导和鼓励褒奖为主要手段；对于中年级的学生，"级会是代替打的工具"，将班级应立的规矩、应守的纪律及处置办法都交班级会议，由学生讨论决定，学生相互监督，这样也能督促学生自觉守规。④ 这些建议虽然未必符合实际，也未必能被教学一线的教师所接受和应用，但在新式教育自身不够完善的大前提下，教师基于自身的实践，发挥自己的主观能动性，开拓创新，终归是有益的。

当然，除了教育转型这一客观原因之外，民国时期教师队伍的整

---

① 葛世雄：《一个青年教师的生活》，《青年生活（上海 1935）》1935 年第 1 卷第 1 期。

② 王炳亮：《在乡村小学我所感到的三个难题》，《基础教育》1936 年第 1 卷第 11 期。

③ 张乐：《教师生活写真（续）二十》，《教师之友（上海）》1937 年第 3 卷第 6 期。

④ 蒋予洁：《谈"打"的问题》，《教师之友（上海）》1936 年第 2 卷第 1 期。

体教学素养跟不上现代教育发展的需要，是教师教学出问题的关键原因。某些教师教学观念落后、知识薄弱、教法陈旧也是当时一些中小学教师身上客观存在的现象。

有人这样描述民国时期中学国文教学质量之低：首先，中学国文教师来源复杂，"好像是随便什么人看看就会上堂教的"，导致"多数国文教师本身就是'瘦的鸟'"，所以学生就困于"狭的笼"。其次，这些国文教师的教学生活是围绕着吃饭问题的，无所谓认认真真自修，其专业素质、教学方式也很不理想。"钟点多，报酬少，预备忙，改卷忙，代一班不够吃饭，代两班以至三班亦无不可，反正一个人整卖。钟点不够，史地来凑；上堂念书，学生瞌睡。……看报：略阅要闻，不明线索，再看看春秋、新园、都会风光之类。看杂志：东方、教育，论文太多，尾巴上白话小说，没意思；论语倒很新奇而有趣，但也不常看到底。……老实说：想要正正经经地看报，看新杂志，看有关本业的书籍，那里有这许多逍遥的时间呢？这不是精神粮食的饥荒吗？"① 像国语这样的主科教学都存在问题，其他像劳作、美术、体育等课程的教学问题就更多了。因为这些课程普遍受忽视，要么干脆不开设，要么就因陋就简，由其他科目的教师或学校行政人员兼任，实际教学上是各种搪塞应付，胡乱处置。有位中学刚毕业的教师就有过这样赶鸭子上架的经历："我的本性虽好音乐，但对于学习音乐的特殊才能，自问可说绝对没有。然而在小学教书时代，因为学校的专任音乐教员，半途他就，同事无人能够担任，即有此能力，亦不肯额外地来教这门功课，后来竟推到我的肩上来。这真是逼上梁山，我既无法推辞，也只好大胆的承诺了。"② 还有人批评，连训育课这种以培养学生思想品德为目标的课程，由于方法手段不得当，甚至都可能沦为戕害儿童精神的工具，严重偏离课程目标。"关于训育方面：除最少数之导师，能用诱导、替代、制造环境、与以身作则外，大都是判官的口吻，禁卒的态度，高压的方法，其于儿童之幸福，教育之本质，

---

① 大岳：《国文教师眼里底国文教师》，《中学生》1935 年第 56 期。
② 炎：《教师生活的回忆》，《教育通讯》1940 年第 3 卷第 32 期。

从未想到；谓教师为销毁儿童精神的刽子手，亦不为过！设有良好方法，亦可稍补人事之不足！"①

多数不称职的教师存在的最大问题是不明白现代教育原理，不熟悉教育心理和教育方法，教学上还是沿袭传统"依书念读，逐句讲解"的方法，形成许多让人无奈的现象。当时有人以"教员课诵图"予以讽刺："教师讲解，学生听讲，大好光阴尽在此中消磨；究竟一天教师能够讲得多少书，学生听得多少书；言者谆谆，听者藐藐，这是指热忱的教师之讲堂中气象而讲的，言者敷衍……那一排一排坐着听讲的学生，有打睡眠的，有看闲书的，有写信的，有与人闲谈的，亦有抛纸团，打灯谜做各种恶作剧的，这岂能全怪学生吗？实在是他们一天坐得太久，听得太倦了。再看讲台上的教师，口讲指画，舌敝唇焦，唾沫满桌，粉屑塞鼻，他们受的苦真不少。正讲得高兴的时候，铃声既响，就不得不中断。课文讲完了，铃声未响，就得故意挨过时间，这是何等没趣的事情……一篇《桃花源记》竟费了四次的讲解，结果还是大部学生不能明了。"②

乡村学校的教学问题更多一些，有很多观念落后、教法陈旧的教师掺杂其间、滥竽充数。有的乡村学校教学之随意，甚至连基本的教学课时都无保障。"我亲见许多小学校教师连普通表格都不会制，上课时间表很多不会拟定，上课的时间更没有定准，高兴时在堂上多混几分钟，烦恼时也许一天中不上一堂，有时为应付客情，也就停止授课，及至客走了，精疲力乏，再去对付小孩子。"③

好教师能够让学生形成持久的良性影响，不称职的教师也会让学生久久难忘。有人就结合自己的经历将"不称职"教师分为两类："有的好像以为只要把课本讲完，就算是责任已尽；有的则简直是搪塞敷衍，藉此向学校赚取一份薪水而已。"作者举例自己就"幸运"地遇到这样两位老师，一位化学老师，上课时就是一味照着课本讲下

---

① 《一封值得公开的私信：一位内地小学教师的呼声》，《教育杂志》1934 年第 24 卷第 4 号。
② 熊寿文：《中学教师态度应有的改进》，《教师节特刊》1937 年特刊。
③ 李宇鲁：《初次做教师》，《小学与社会》1936 年第 2 卷第 29、30 期。

去，一点发问的机会都不给学生留；另一位教外国史的老师，他的教法"简明"至极，上课就是把他从课本中摘抄出来的句子作为"大纲"抄录在黑板上，然后让学生抄录，并无讲解。这两位教师都置学生的疑问于不顾，可以说连作为教师最低限度的责任也没有完成。总之，民国时期的中小学教师队伍是良莠不齐的，就像有人说的："学校里优良教师固然很多，不能称职的似乎也不在少数。"①

3. 教学工作的动荡无序

民国中小学教师的教学生涯还深受战乱频仍、政局动荡、经济衰退的社会大环境的不利影响，其中最突出的表现就是由于教育经费投入不足，各校经费困难，从而使教师的教学处于非正常的、无秩序的状态中。

首先，由于教育经费投入不足，中小学教师经常处于欠薪状态中，陷入生活困境中的教师对付学校欠薪的办法之一就是罢教索薪。学校欠薪最严重的时期是在 20 世纪 20 年代，北京政府出于对教育界发起五四运动的报复，以及自身的财政困难等原因，从 20 世纪 20 年代初就经常性地拖欠教育经费，致使北京国立各校经常拖欠教师工资。1921—1927 年这 5 年多时间里，每年至少欠 3—4 个月经费，在最困难的 1926 年和 1927 年，欠薪有时长达 20 个月。② 欠薪严重影响了教师的基本生活。1921 年 6 月，罢教索薪的北京国立八校教职员甚至与北洋政府爆发暴力冲突，北大教授马叙伦等教职员甚至在冲突中受伤，形成所谓"六三事件"。南京国民政府成立后，拖欠教育经费问题仍未得到彻底解决，所以由学校欠薪而导致的教职员索薪事件仍然时有发生。作为社会知识分子的教师竟然为了索薪而罢工，成为民国中小学教师职业生涯中特有的一幕。

罢教索薪毕竟不能解决燃眉之急，为了维持生计，四处兼课成为当时中小学教师解决生计问题的一个经常性办法，甚至大学教授也不得不在各校兼课以谋生。据蒋廷黻、李宗侗回忆，在北京教育界欠薪

---

① 中其：《从两位教师说起》，《中学生》1947 年总第 186 期。
② 召：《京师的国立各校》，《现代评论》1926 年第 4 卷第 101 期。

的情况下，因为兼课按照钟点计薪，致使兼课之风大盛，兼课多的教师还能被冠以名号。据胡适言，温源宁曾被流言冠以"有身兼三主任，五教授"的名号。① 李建勋回忆，这一时期教职员常常采用罢教、兼课、压缩正常教学课时等办法来应付工作和生活危机："为解决饥饿问题，平津各院校，有些教员采用了多兼课少上班的办法。（1930—1932 年尤甚）一个人在三四所学校，甚至五六所学校兼课，每周上课时数少者 20—30 节，多者 50—60 节。他们应付的办法，是请假与上班交运用。课表虽然是每周数十小时，实际上班的还不及四分之一或三分之一。这种不负责任的态度，不仅损害了学生的学业，也影响了学生的品质。当然，也有实事求是从来没有缺过一小时课的人。不过是极少数而已。"② 显然，过多兼课是迫不得已，已然不符合正常的教学规律，教学上自然是敷衍应付。

忙于各校兼课的教师其实非常辛苦，他们的应付手段也五花八门。一位许姓教师因同时在三个学校兼课，所以他一天的生活节奏极其紧张。清晨他乘电车去第一个中学，常常迟到，第一节课就在他的迟到"一刻钟"和点名花去"两刻钟"之中结束了。上午他还要在 20 分钟之内奔往一个女中上课。一到课堂，就遇到学生们的"责询"："先生！上星期我们的文卷，现在难道还没有批好吗？我们都要……"对此他只能抱歉诉苦，期望得到学生的谅解。12 点下课，下午 1 点到第三个中学上课，"所以他通常的午膳是没有下肚的机会，他反而利用趁坐电车的时间，一边买些糕饼充饥，一边还侧着头，脑子还在思索，有时竟拿着笔在车上批改课卷或出拟考题之类"③。如此状态下的教师其实已经达到体力和脑力劳动的双重极限，教学效果可想而知。

欠薪导致的教师罢教和四处兼课不仅在北京等大城市发生，地方也不鲜见。有人这样描述陕西教育经费枯竭的情况下教师辛苦疲劳的生活状态："教师薪水之低落，及薪金之成数或甚至停止发给，不得

---

① 胡适：《丁文江传》，东方出版社 2009 年版，第 155 页。

② 李建勋：《北洋军阀和国民党统治时期的教育经费》，载马玉田、舒乙主编《文史资料存稿选编》（教育），中国文史出版社 2002 年版，第 1045 页。

③ 钱一鸣：《兼课教师》，《中美周刊》1941 年第 2 卷第 21 期。

不使教员们出于：（一）多方兼课，（二）另谋生活出路。关于第一的，听说此间教师有兼课至每周三十余小时者。虽有牛马精神，也难长期支持。而影响于其工作，也就无待多说。关于第二者，听说此间向来从事于教育者，莫不因'粉笔生活'之太无保障而投身宦途此两种趋势，皆非陕西教育前途之福。"①

即使没有欠薪，民国时期教育经费不足也是普遍性、经常性的问题，一个穷学校，为节省开支，往往尽量压缩人员开支，尽量少地聘用教员，有数的教师往往要身兼多职，有时甚至要身兼杂役。当然这时的教师们非常繁忙，但却并不是把精力都用在了教学上，反而教学上可能很马虎。有人这样描述他自己任职的学校的日常节奏和状态：在一个"学生人数有一百四五十左右"的、规模并不算小的小学里，教职员只有 3 个，而这三人几乎都是身兼多职，尤其是学校负责人——校长和他的太太，几乎忙得不可开交。"校长担任了高级级任兼教导主任，又打杂差，校长太太负责了低年级又兼校役厨子，更兼小商店账房，余下来中级级任就是我。"这个学校的日常教学情况是这样的：8 点钟校长下楼来，先吩咐学生去泡热水、买早点，直到 9 点钟校长才摇铃上课；而兼任低年级教员的校长太太这才抱着孩子下楼洗脸，接着她还要买菜、淘米预备中饭，兼着应付小商店的生意；她所兼任的低年级学生只能在她的吩咐下抄书、读书，有时候高年级的孩子还得帮她带孩子，甚至帮她给低年级孩子代课。②

总之，因陋就简是当时教育经费短缺状况下中小学校办学的常态，教学敷衍、疲于奔命则是教育经费不足的条件下教职员职业生活的常态。

## 第二节　中小学教师的职业伦理

职业伦理是指职业活动中的伦理关系及其调节原则，包括用以指

---

① 西安日报：《最近本省重要言论·教育经费之确定与独立》，《新陕西月刊》1931 年第 1 卷第 1 期。

② 萧蕴玉：《学校风光·如此学校》，《教师生活》1946 年第 3 期。

导职业活动的价值理念，职业活动中的职业精神、职业道德等，这些原则主要调节教师作为公民与国家的关系、教师与学生的关系和教师与学校集体的关系。教师的职业伦理与职业道德可以约束教师的从教行为，保证教师顺利地履行自己的职责，提高教师的服务质量。

民国时期中小学教师的职业伦理不同于旧式塾师，他们对国家民族的责任感是与近代中国内忧外患、国弱民穷的时代特点紧密联系在一起的，他们与学生的关系则是以尊重学生为前提的新型师生关系。但是，与这个教育转型的时代相应的是，民国时期中小学教师的职业伦理还有很多过渡性和落后性，现代教师的职业伦理还在形成当中。

### 一　新的职业伦理形成

现代教育制度下的教师职业是社会大分工的产物。作为现代工商业社会中的一种特定的社会角色，教师承担着特定的义务与责任。与传统意义上的教师职业不同，更加专业化是教师适应社会分工更加细化这一潮流而出现的新特征，同时，在近代中国内忧外患的特殊历史条件下，作为基层社会稀有的知识分子，教师又不可避免地背负着国家和民族赋予的责任。

1. 时代赋予的重大责任——教师的公共性

在国弱民穷、民族危机加剧的时代，教师扮演什么角色？承担什么责任？对于上述问题最具代表性的回答，属民国时期报刊文章中经常使用的标题——"大时代的教师"最为典型。在这个标题下，文章把教师的公共责任无限地放大了，教师的责任非常崇高、神圣。"大时代的教师，负有选择并传递民族文化给儿童的责任，而使每个儿童发其天秉，人尽其才，教师是生产者的生产者，应该在集体的生活中以求适应，应该在生活的各方面以谋完满，在民主的精神之下负起复兴民族的重任。今日的教师，应该自认冲坚折锐的前线战士，移风易俗的社会导师以筚路蓝缕的开国先驱，继绝存亡以圣贤英杰。"[①] "小学教师是小国民灵魂的匠手；是基层文化的工程师；对于一个国家民

---

① 陈藻芬：《教师组织与教师生活》，《民族教师》1941 年第 1 卷第 7 期。

族前途的命运，实操有无比的决定作用。"① 当时，无论是教师本人还是社会舆论，在谈到教师的使命、责任、功能的时候都不仅止于专业、课堂和学生，而是从国家、民族、社会等宏观意义上来立论。

强调教师的社会责任这一点，对于民国教师来说并不突兀。虽然新式教师是近代新兴的职业群体，但他们身上先天承载着从传统"士大夫"身上继承而来的知识分子的公共性。因为在当时那个文化不普及的时代，教师仍然是中国基层社会中稀有的知识分子，特别是在民族危亡的特殊时刻，人们对教师的期待必然是很高的，社会期待教师能够对国家富强、民族振兴、社会进步发挥重要作用。近代流行的教育救国思潮就认为救国不仅是政治家、军事家的事，要救中国，必须先从教育入手，从振兴中华民族的国民性入手。而发展中国教育的重心显然在基层，在乡村，所以救国的关键就在于发展基础教育和乡村教育，在于改变普通民众的贫、弱、愚。"照平常想来，乡村教育与中国改造，不会发生关系，改造中国是政治家、经济家、社会家的事，不是教育家的事，更不是乡村教育的事。但实际上，乡村教育在人类事业中，占极重大的位置，负极重大的责任。不要说改造中国是乡村教育的事，就是改造世界，也是乡村教育的事。"② 在当时，提到遍布城市乡村的小学教师时，都不仅只把教师看作一个面对儿童的专业教育教学工作者，而是认为教师可以取代旧式塾师在乡村的位置，在乡村风俗文化改良、政治经济建设等方面都发挥引领作用，成为一个乡村领袖。在乡村教育运动中设立的乡村师范，对于培养怎样的乡村教师是这样定位的："农村师范所要养成的小学教师是要能作领袖。"③

民国时期提到中小学教师的社会责任的时候，有这样一个例子反复被舆论提及，这就是普法战争中普鲁士战胜法国，毛奇将军把普鲁士的胜利归功于小学教师的例子。当时的中国社会几乎将这个故事传奇化，反复炒作。有人将德国在普法战争中的胜利、日本在日俄战争

---

① 季同：《小学教师诸问题》，《民族教师》1941 年第 1 卷第 8、9 期。
② 周尚：《二年来之晓庄乡村教育运动》，《河南教育》1929 年第 2 卷第 4 期。
③ 顾克彬：《农村师范应养成何种小学教师》，《中华教育界》1924 年第 6 期。

中的胜利都归功于小学教师，将士的奋勇杀敌、为国牺牲精神是"小学教师诱导之功"，所以得出结论："教育是国家百年大计……负有教育使命的教师责任之重，可以想见。"① 中华儿童教育社在 1936 年第 6 届年会上发起"良师兴国运动"，也在其宣言中宣称："观于普人胜法和日人胜俄，皆归功于小学教师，已足证明良师可以兴国。……所以任何国家的小学教师，果能誓作良师，努力爱国，国家的复兴，必成事实。"② 在谈到中学教师问题时，这个例子也常被提及。"一八七〇年普法战争，普胜于法，毛奇归功于小学教师；一八一五年滑铁卢之役，惠灵吞大败拿破仑，他说：'是在英国猗顿学校的球场上战胜的。'这些都是欧洲史上民族战争中教师所受的礼赞。现在我国民族正遇着千钧一发，危急存亡之秋，我们要救亡图存，必须举国的青年成为健全优良的国民才好。但是这种工作，便是我们教师的责任了。"③ 此类舆论比比皆是，成为民族危机状态下中国教育界特有的舆论现象，它在理论上已经将中小学教师的角色给拔高了。

中小学教师的社会功能如此受重视是有道理的：中小学教师对人生观、价值观正在形成期的青少年的影响力就不用说了，他们影响着中国未来的国民素质；另一个原因则在于中小学教师分布的广泛性，尤其乡村教师是深入基层的知识分子，是基层社会稀缺的智力资源，又深得乡村民众信任，所以，只有借助他们的力量，国家和政权的意志、意识形态的影响才能下沉到基层社会中去。"我以为小学教师是居社会领导者的地位，任何社会不能没有儿童，虽至穷乡僻壤山间海滨，只要是人的社会里，都有儿童的存在，那么也不能没有小学教师。所以小学教师的踪迹，无远弗届，无处没有了。可是他的思想，他的言论，他的举动，他的行为，到处足以影响所在的社会。"④

这些赋予教育和教师的使命与责任并不仅止于社会舆论，而且已经在某种程度上内化为中小学教师自觉的理想和信念了。

① 白水：《谈教师（生活漫谈）》，《共信》1937 年第 1 卷第 14 期。
② 孙廷莹：《国家兴衰与小学教师》，《师大月刊》1936 年第 7 卷第 29 期。
③ 熊寿文：《中学教师态度应有的改进》，《教师节特刊》1937 年特刊。
④ 沈屏周：《理想中的小学教师》，《江苏省小学教师半月刊》1937 年第 4 卷第 22 期。

对一个有社会责任感的教师个体来说，成为园丁，承担培育祖国的未来的责任并不是一句空话，而是一个能够从日常工作中、孩子们身上得到回馈的信念。一位小学教师回顾自己的教师生涯是苦中有乐，这种乐趣就在于对祖国未来的培育。"伴着三十多个小孩子，为一个团体的孩子王，倒是怪有意思的事。'三间屋的小朝廷'，才不是假话啦！你到东，他们跟你到东，你到西，他们跟你到西，教师的一举一动，都能影响并决定他们以后的行径的，那么做为将来国家主人翁的小孩子，小学教育的重要性就可想而知了。"① 献身教育、改造社会是当时很多青年教师入职之初的动机和远大理想。一位小学校长这样回忆自己做教师的初衷："我来本乡教书，到今年二月一日，刚好是五年半头。我犹忆踏着苍石桥边的石板路，初跨进这个学校的大门的时候，是满怀着'你不好，打倒你，我来做'的革命精神。仅凭着这点幼稚的但是纯洁的热情，我曾不顾利害，不顾一切的打击与非难，明枪与暗箭，牵制与挑剔，望着前面出发了。"②

从事实上看，那个时代的中小学教师也做到了不辜负时代与国民的高期待、高标榜。那一代的中小学教师对于青年学子的民族意识的启迪、爱国主义的培养，是取得实实在在成绩的。金庸在20世纪30年代初于家乡浙江海宁的袁花龙山小学堂读书，他回忆自己的小学历史老师所讲的历史课所给予他的民族主义的启蒙，是永志不忘的。"记得我在小学念书时，历史老师讲述帝国主义欺压中国的凶暴。讲到鸦片战争，中国当局中如何糊涂无能，无数兵将英勇抗敌，但枪炮、军舰不及英国以致惨遭杀害，他情绪激动，突然掩面痛哭。我和小同学们大家跟着他哭泣。这件事在我心中永远不忘。我们这一代的中国人（长期在香港居住的人例外）对于'收回香港'，自然反应是'天经地义'，'即使要我牺牲性命，也在所不惜，绝对不需要考虑'。"③ 傅国涌在研究了民国时期的小学之后，曾引用1919年6

---

① 李宇鲁：《初次做教师》，《小学与社会》1936年第2卷第29、30期。
② 从宜：《随笔·教师生活·校长》，《中学生》1934年第42期。
③ 傅国涌：《金庸主编级刊〈喔喔啼〉》，载傅国涌编《过去的小学》，同心出版社2012年版，第153页。

月 11 日叶圣陶等小学教师因五四运动而发出的《绸直高小国民学校宣言》，并就此高度赞扬那个时代小学教师们的社会责任感、勇气和胆量，指出这样的教师对学生才是有益的："'溯自政象混沌，外交屈辱，爰有"五四运动"。政府横肆摧残，务拂民情，吾三校感此潮流，五中愤结。初以群众既为正当之表示，当局或有悔祸之良心，果肯改图，宁非国利？顾倒行逆施，曾不少悛，吾三校忍无可忍，于六月十一日一致罢课，非特为对付日本之表示，作释放学生之要求，根本解决乃在满足民众之希望。标的既悬，誓必践之！'这是那个时代小学和小学教师的底气，虽然从一九一九年到一九四七年，二十八年来风云变幻，政治上屡经变故，还经历过外敌侵略，但没有从根本上摧毁中国普通人的精气神，包括小学教师这个群体，随这样的老师求学，无疑学生是有幸的。"①

总之，无论是国家社会，还是教师自身，在理论上都基本认可中小学教师的角色是神圣与崇高的。中小学教师的责任绝不仅限于校园和课堂，而是负有通过培育合格国民来拯救整个国家民族的使命，教师绝不仅仅是凭借知识传授而挣钱养家的世俗职业人。"教师最重要的使命，不特在传授一切知识技能，最重要的，是怎样教育儿童或青年做人，尤其做一个国家的人。"②

2. 自我提高的教学水平——教师的专业性

现代教师与传统塾师职业伦理规范的不同之一，在于现代社会对于教师的专业能力提出越来越高的要求，这当然是近代以来知识爆炸和社会分工细化的必然产物。为适应教师专业化的角色要求，"终身学习"成为这个时代对教师的要求，也必然转化为教师的自我要求。而对于民国时期现代教育刚刚起步阶段的中小学教师来说，由于现代教育发展的日新月异，以及他们自己早期所受的现代教育比较薄弱，所以，他们自我提高的需求就更为强烈。在工作上要怎样进修，"要怎样使工作和学习打成一片"是一些青年教师的自觉意识。一位刚刚

---

① 傅国涌：《过去的小学》，载傅国涌编《过去的小学》，同心出版社 2012 年版，第 249 页。
② 白水：《谈教师（生活漫谈）》，《共信》1937 年第 1 卷第 14 期。

入职的青年教师就为自己制定了明确的学习目标，为了督促自己，他甚至"用一张很大的纸写下'工作不忘学习'六个大字，贴在自己住室内的墙壁上，以作警惕"①。

但是，受主客观条件的限制，民国时期中小学教师缺乏正规的进修机会和进修条件，这几乎是当时中小学教师对自己的生活感到不满的问题中除了待遇低微之外、居第二位的问题。"各地小学教师，地处偏僻，生活清苦，经济时间人力均感不足，对于进修问题处处感觉困难。故虽有进修之志愿，而无进修之可能，自不得不自甘暴弃，任凭落伍。"② 这是当时大多数乡村小学教师的真实遭遇和心理活动。一位小学教师经过调查，对于小学教师缺乏进修机会的原因概括为两点："（一）没有时间进修：每周担任一千二百分钟课，课后又要去处理很多的课卷，儿童活动也要去指导，那里有功夫去进修？（二）经济困难：因为待遇菲薄，有时还要欠薪，简直生活都不能维持，那有钱购买书籍去进修呢？"总之，忙和穷，概括了小学教师缺乏进修机会的客观原因。

限于客观条件，当时教育界鼓励和提倡教师们靠自己创造条件进行自修。方法大同小异，都是鼓励教师们自己组织小型互助研修团体，如读书会之类。比如一位乡村小学教师就建议由教师同人组织"读书互助会"，大家分担购书，轮流阅读。"每人每季至少以一元作购书费用"，积少成多，"每人花费不多，收效很大"。这显然是个无奈之举，他的出发点无非是不想坐以待毙，只能自己主动想办法。"在这农村破产，经济恐慌的时候，大家的进修问题，更非我们这般孩子王，自己努力挣扎不成。"③ 这种教师互助性质的学术研修团体在城市里更加容易组织，因为城市里学校、教师和学术资源比较集中，有时甚至能联合多校教师加以组织。如张乐所记的"三校读书会"，是三校二十几个教师自发组织的研修团体，每周二晚上轮流在各校开读书会，会

---

① 励文：《一个小学教师的自白》，《青年生活（桂林）》1943 年第 4 卷第 4 期。
② 左绍儒：《乡村小学教师的进修问题》，《基础教育》1936 年第 1 卷第 7 期。
③ 张建勋：《怎样解决小学教师的进修问题》，《基础教育》1936 年第 1 卷第 7 期。

上抽签确定 5 名教师报告自己的读书心得，大家济济一堂，共同进修。① 乡村教师居住得更加分散，而且经济条件更差，所以有乡村教师建议，由附近各村的教师共同集资组织"读书会""研究会"之类，甚至也不建议到都市或江浙之类地方参观，而是在附近各小学互相参观，也可以从中获得取长补短的效果。其中原因，一方面是先进地区的小学一般是单式学级，不一定适合乡村小学单级或复式学级的需要；另一方面也是"可节省时间与旅费"，"是多么经济的一件事呢"。②

面临自我提高压力下的中小学教师是非常勤勉的，以下是一位小学教师的课外生活计划，从中可见教师的课余时间都特别勤于自修（表 2 - 2）。

表 2 - 2　　"一个勤快的小学教师的课外生活"（专任教师课外生活）③

| 生活时间\来复活间 | | 日 | 月 | 火 | 水 | 木 | 金 | 土 |
|---|---|---|---|---|---|---|---|---|
| 上午六时至九时 | | 1. 拳和剑 6：00—6：30 | | | | | | |
| | | 2. 阅和写 7：00—8：00 | | | | | | |
| | 其他 | 3. 准备功课 8：00—9：00 | | | | | | |
| 下午四时半至九时半 | 游玩 | 1. 戏和乐 4：30—5：30 | | | | | | |
| | | 2. 阅和写 6：30—9：30 | | | | | | |
| | | 3. 九时三十分睡觉 | | | | | | |

其实，一个中小学教师并不一定非得参加正式的进修组织才可以获得提高，只要有上进心，工作和生活中有所留意，勤勉学习，几乎处处都可以有收获。有人就赞扬自己身边的一位有心人，称其为"三录先生"。这位三录先生是一位教师的别称，其由来是"他平日摆在案头常用的三本册子"——"任意录""备忘录""偶想录"。三本册子各有用途，其中的"任意录"就是致力于业务提高的，一方面，随

---

① 张乐：《教师生活写真（续）十附表》，《教师之友（上海）》1937 年第 3 卷第 1 期。
② 左绍儒：《乡村小学教师的进修问题》，《基础教育》1936 年第 1 卷第 7 期。
③ 张乐：《教师生活写真（续）十附表》，《教师之友（上海）》1937 年第 3 卷第 1 期。

时记录自己日常的读书心得之类；另一方面，随时记录自己日常教学中的得失，总结经验教训。"第一是任意录，也就是随意录，比方我在什么地方，或各种书本、杂志、报章上看到了一点值得记载的事物，那就可拿着笔随便把它抄录，或写画，作日后的参考。有时候心里有了一点感想，也可随便写点；或吟几首诗，编几只歌，都记在任意录上。进一步说，比方我们做教师的人，今天上了一班什么功课，上得非常高兴得意，那得意在什么地方，也可把优点写出来。如说上得非常懊恼失意，那失意在什么地方，也把缺点写出来。做教师能如此，一方面可鼓励自己精益求精，一方面可继续研究，以求改进。"①

在教学中勤于钻研，努力改进教学方法，提高教学技能，也是当时一些青年教师的自我要求。就以每周的作文课来说，出题目和批改作文都是让教师头疼的时刻，批改作文相对来说还只是工作"烦重"的问题；但怎样拟出一个题材合适的作文题目，却需要教师搜肠刮肚，用心设计。有人这样描述自己和同事们为寻得一个合适的作文题目而纠结的场景："今天又要叫学生做作文了。这是我们每周最怕过的一天。上课前，有关的教师大家聚在一块，商量出什么题目？能否合儿童需要吗？和各科联络吗？儿童会感得枯燥吗？合时令、环境吗？还有一个重要的条件，就是易于批订吗？真不容易，可以找到一个面面俱到的题材。有时在题材枯窘的时候，有的踱着方步，背着手，低着头，好像在地板缝里去寻找什么东西，有的随手翻书本，以图题材可以触机而出，有的拼命的抽着纸烟，好像题材就在这纸烟之中，但不知睡着在那一部份，最多抽完总可以跳出来了的样子。要是找到了真像在沙漠中找到了金刚石一般的欢喜。"②

成功的教师都是从日常的勤勉好学中磨砺出来的，一位青年教师吴先生的成长经历就比较典型。师范毕业的吴先生初任教员时担任的功课有"高级的体操""四年级国文兼级任""一二年级的图画、手

---

① 张乐：《教师生活写真（续）六》，《教师之友（上海）》1936年第2卷第12期。
② 雅亭：《一个小学教师的日记》，《江苏教育（苏州1940）》1942年第5卷第2期。

工""三年级以上的唱歌"。每天至少上 5 个小时的课，"放学后还要带着寄宿生到在校外的大操场上去运动"，"可是他始终没有提起过功课太多，时间不够的话"。对于他这个刚入职的小学教师来说，学问比较浅，教学当中必然遭遇很多困难，也免不了犯错，比如写错字。为了督促激励自己，吴先生开始"读字典"，后来"索性再彻底研究说文"，最后甚至"学会了写篆字，还连带学会了刻图章"。后来吴先生到了"某都市的大规模小学里去服务"，据说"吴先生在那个小学校里什么课都担任过，除掉幼稚园和音乐课。职务方面低年级到高年级的级任也都做过，连看护妇也代理过"，被人们赞为"万能教师"。显然吴先生的成绩是通过工作中不断地自我提高而得来的，虽然吴先生自己很少主动要求待遇，但人们都认识到"这才是吴先生真正的待遇"。①

3. 以学生为本的教育理念——教师的现代性

新旧教育理念的本质不同，就在于新式教育以学生为本，讲尊重学生、启发学生。这是现代教育的基本理念，一个合格的现代教师，首先必须是理解、认同并遵循这个教育理念的。

教育家刘百川指出，教师必须如母亲般爱学生："我们平时常常有这样一个比喻，就是做教师的要像母亲，就是做教师的，要有慈母的心肠，去照应儿童，去宠爱儿童，对于大的小的，男的女的，穷的富的，美的丑的，都是一样的看待，做一个不偏心不溺爱的母亲。"②陈鹤琴讲，一个合格的现代教师必须具备几个标准，其中最重要的两个条件是："第一，认识学生；第二，爱学生。"在以学生为本、爱学生、尊重学生的教育理念下，教师需要建立一套全新的行为规范，涉及教师日常行为中从外表到语言的方方面面。具体说来，在外貌方面，教师应该有"微笑的脸孔""整洁的服装""勇敢敏捷的动作"。教师满面春风自然带给整个教室一股"自然安静的空气"，"他带着的儿童必较温柔活泼"；教师的服装如果过于城市化，就会使学生与其疏远；

① 沈铸：《吴先生》，《教师之友（上海）》1935 年第 1 卷第 8 期。
② 刘百川：《母亲与教师》，《民众教育通讯》1934 年第 4 卷第 7 期。

教师行为应该有活力，不应像塾师一样"役使"学生。在语言方面，教师应该用"和谐的声音"和"暗示式"的语气，而不应"急呼直叫"或用"命令式的语声"；对学生多用"请"字，少用"不"字，体现对学生的尊重。仪容和手势方面，应该不用"拍案""跺脚""指点"等做法，而"应当与微笑的脸、和蔼的话、活泼的动作相联系起来"。

以尊重学生为核心的新教育精神，使得新式教育体制下的师生关系，相比于传统私塾来说显得更加平等和亲密。陈鹤琴指出，传统的师生关系是犹如"猫与鼠式的师生关系"，具有对抗性。这种关系是不符合现代教育理念的，因为"教育不是拿威严的命令所能生效的，乃是要善导的去教，好好的教学生去学，教与学合起来，才能收到教育的效果"。他认为，"最好的"师生关系"就是朋友的关系"。这种关系是"师生共同研究，共同生活的方式"，其结果就是："这种自动的教育方式，是非常有生气。教师与学生的关系处处既很好，学生又容易有长进，对于读书也就会感到兴趣。"[①] 由于现代教育理念的传入，大部分的新式学校教师已开始注重改善师生关系，促进师生关系平等和谐。1931年河南省立第五小学就标榜这样的教育理念："师生共甘苦。可说是现代教育上一个最重要的原则。我们对于天真烂漫的儿童：就应该和他们在一块儿玩笑；不应该拿出以前私塾先生们师严道尊的态度，呆板式的面孔，儿童见了老师，好像老鼠见猫了一样，根本说不上什么师生联欢。……我们主张师生要打成一片，一点没有隔阂，相处恰如好朋友一样；或者和共同处在一个和蔼的家庭一样。"[②]

民国时期的中小学教师在日常的工作实践中，已然在践行这种新教育理念，自由平等、相互尊重的现代师生关系在形成中。许多学生回忆自己求学时代一些留有深刻印象的教师都是那种尊重学生、爱学生、与学生关系和谐融洽的老师。

---

① 陈鹤琴讲，汪一士记录：《现代的教师》，《上海青年（上海1902）》1936年第36卷第40期。

② 黄秉宸：《二十年的河南省立第五小学》，《河南教育》1932年第2卷第4期。

张维回忆自己在北京师范大学附属中学上学时有"三位印象最深"的老师，这三位常被学生们"津津乐道的恩师"的共同特点除了学识渊博，都是教学能手之外，另一个共同点就是他们对待学生都很平等亲切，不摆架子，与学生们能打成一片。第一位赵海天老师虽然对学生要求严格，但"上课总是一张笑脸"。第二位程廷熙先生因为鼻子大，所以有学生开他的玩笑，故意在黑板上画了一个大鼻子的头部侧影，"我们全担心程先生看了要大发雷霆。谁知，程先生走进教室，站到讲台前，端详了黑板好一会儿，笑了笑，操着他那皖南口音评论说：'嘴太小，鼻子太弯。'同学们哄堂大笑，紧张的气氛一下子松了下来"。第三位董鲁安先生上课有个特点，就是喜欢"讲述一些轶事甚至离题好远的趣闻"，有次他"讲着讲着又走了题"，被旁边的林津同学悄悄议论"又神聊啰！""谁知董先生耳朵很灵，这话被他听见了。他笑了笑，没有说什么，就回到课文正题。过了些天，董先生讲课又走了题。这回大约是条件反射在起作用，董先生想起了林津的话，于是就问他：'林津，我是不是又神聊啦？'全班哄堂大笑，弄得林津红了脸，很不好意思。以后董先生不只一次开林津的玩笑。就是在这样和谐的气氛中耳濡目染，使我们非常爱上董先生的语文课。"①

樊星南回忆自己最敬爱的中学老师朱凤豪时，充满感情地讲道，自己读夏丏尊所翻译的《爱的教育》时，总是忍不住热泪盈眶，其中的原因就在于他想到了朱先生。他说："我们不要以为这本书完全是作者的向壁虚造，这里面有许多是活生生的生活经验。就我个人而论，朱先生之对于我已像该书中描写的许多先生对待他们的学生一样。爱的教育不去天国里去找去，我们生活周围就有着。"作者把自己与朱先生之间的关系总结为"爱"。"先生是最关心同学的，无论什么时候，找他，他立刻停止他工作。写信，批卷，看书都马上停止，满脸笑容招呼你坐，问你有什么事。从衣食运动到学业出路，他都替你考

① 张维：《追忆恩师，恍如昨日》，载傅国涌编《过去的中学》，同心出版社 2012 年版，第 245—247 页。

虑到。"朱先生是教数学的，但他能够理解和宽容地看待学生的兴趣和特长，并非常鼓励和帮助学生们按照自己的兴趣和特长选择职业方向。正是在朱老师这种宽容和鼓励为主的教育态度下，作者虽然自认并没有特别的数学天赋和兴趣，但他的数学课学得也并不差。朱先生对学生的"爱"不止于学业上的用心，他关注的是学生完整人格的形成，乃至学生日常的生活细节、习惯等。作者回忆，朱先生曾经"丝毫不客气"地批评作者的"名士风流式的不拘小节"："他丝毫不客气指我那名士风流式的不拘小节是绝对要不得的，他以极严厉的声音提醒我'作人的节操，原无大小之分，原是一个发展的过程，决非绝然不同的两个东西。大概历史上的罪人，私生活没有不浪漫的，历史上的伟人私生活没有不严肃的。……'这几句话始终在我的耳鼓里盘旋着我一刻也不曾忘记过，这因为我在行为上，至今没有改掉这个坏习惯，所以良心常用朱先生的一段话，不断的来提醒我。"正因为有这样一个爱学生的朱老师做"无形中的核心"，这个班的学生在毕业后虽然分散在各地，但仍然凭借通讯来维系，学生们由衷地赞美朱先生："他是我们的老师，他更是我们的大哥！"[①] 如此的师生关系显然是现代教育理念的结果。

以学生为本的教育理念，也使得教师的许多管理工作变得更人性化。比如学生们对于训育工作本来是有抵触情绪的，因为有些训育教员的管理方法比较生硬；而有些训育教员的方法就很体贴。有人这样回忆自己中学时代的训育教员："以前我常常注意到，每在晚上，当王先生点名还没有进来的时候，一种并不想吐痰的咳嗽声，传达到我们同学们的耳鼓里。一次两次，每次是如此，好像有了这种声音，先警告了我们一下，然后再叫我们注意王先生的步伐，而好使我们在和他见面的时候，一点不会破坏他的训育。起初我是觉得这种声音很不自然，但后来我却越听越爱听，越想听，越懂得这种声音的意思了。而甚至我现在崇拜王先生的训育，就在这种声音上。"[②] 无形之中，学

① 樊星南：《我最敬爱的中学教师：记朱凤豪先生》，《今日青年》1940 年第 8 期。
② 子蓉：《教师素描：王宾时先生》，《光华附中半月刊》1935 年第 3 卷第 9、10 期。

生与训育教员之间的关系改善了。

总之，民国时期的中小学教师中，一种以学生为本，既注重专业能力又强调教师的社会责任的新型教师伦理正在形成当中。

**二　转型期的职业伦理冲突**

由于民国时期新式教育尚处于起步阶段，新旧教育文化的冲撞是不可避免的，在教师伦理方面难免有不成熟的地方；而且，民国时期的政治动荡、经济衰退、教育发展不平衡也增加了中小学教师伦理的矛盾冲突和不确定性。

那么，民国时期中小学教师的职业精神到底是怎样的呢？这里有一个对当时小学教师的工作态度的观察："现下小学教师，服务的情形，大概是这样：初出茅庐的，经验虽然少些，但是努力的居多；做了多年的，总不免有些懈怠。不合格的，因怕淘汰，大都战战兢兢地干着！合格的则视其位置为无足轻重。说到男女的差异，是男子的能力比较好些，可是没有她们努力。至于未经学过小学教育的大学毕业生，现在竟有因为没事找，而跑到我们小学教育界里来的。他们对于教育，大多莫名其妙，可是他们恃着资格老，想当领袖，弄到结果，只是胡混了事。"① 年轻的努力，资历老的倦息；不合格的认真，合格的松懈；女教师努力，男教师有能力；干小学教师的大学生自负甚高；等等。这种情况算是业内的正常状态，真正体现民国时期教师伦理冲突的，一个是教育界吃饭主义、功利主义盛行，存在教师庸俗化倾向；另一个是教师伦理的不确定性。

1. 功利主义盛行

在现代社会社会分工更加细化的前提下，教师走向专门化、职业化是一个大趋势，教师变得越来越贴近一个依赖自己的知识和技能谋生的世俗职业人，其职业权利意识在增强；加上民国时期中小学教师职业生存现状艰难这一特殊情况，结果造成中小学教师中出现一定的庸俗化倾向。具体表现就是吃饭主义、功利主义盛行，以挣钱吃饭为

---

① 王思中：《小学教师生活写真》，《教师之友（上海）》1937 年第 3 卷第 6 期。

唯一目标，缺乏对教育工作的热爱和信仰，工作态度敷衍苟且。这对于民国教师伦理来说，确实是一种消极现象。

民国时期有很多对教师队伍的现实观察反映出，教师队伍的职业伦理、道德素质存在问题。

有人通过自己"观察到的"和"体验到的"情况，总结和分析当时小学教师的从业动机分为以下几类："（一）纯粹教育派——这派人是受过师范专业训练的，他们很愿学以致用，所以他们是教界中惟一的柱石，可是这派人竟如晨星般的寥寥。（二）傲世派——这派人以为教界比其他各界清高些，并且他的对象，又是天真活泼的儿童，所以甘愿投身教界。（三）机会派——这派人抱着候差的态度，一有了好位置，立即解职赴任，这种现象，在屈居乡小的教师，是屡见不鲜的。（四）改业派——这派人大概是初入教界的居多，他们过惯了公子哥儿的生活，一旦吃这苦头，颇不高兴，便想改业，以冀生活的优裕。（五）失意派——这派人因在其他各界，混得落伍，便向比较安定些的教界里厮混，以求苟安。（六）保守派——这派人大概是中年人居多，他们服务的成绩，平庸得很，主要饭碗不抛，便心满意足，再也没有其他的奢望。（七）生活费派——这派人家境很穷，必得靠事啖饭。要谋好一些的事吧，既没后台，又没多大的特殊才能，只好将就在教界里来苟延他的残喘。（八）消遣派——这派人的家境，并不怎样坏，但是一味地坐在家里，觉得无聊，便出来教导儿童，来消磨他悠悠的岁月。"① 显然，作者通过对小学教师日常工作状态的观察认为，除了"纯粹教育派"和"傲世派"真心献身教育事业之外，其他多数教师只是将教师作为一个谋生之道而已，而且是一个并不太合心意的谋生之道，要么时刻准备离开，要么持敷衍苟且的工作态度。

当时确实有一些教师是仅仅将从教视为一份赚钱吃饭的职业的，拜金主义是他们的生活哲学，混日子是他们的日常状态。有人讽刺："现在的教师，从讲坛上望下来所见到的不是学生们的脸庞而是一块

---

① 王思中：《小学教师生活写真》，《教师之友（上海）》1937 年第 3 卷第 6 期。

块的大洋钱。"① 因为没有更高的职业理想和职业精神，这类教师只满足于"教书""混钟点"，与学生的关系非常生疏；一直到 20 世纪 30 年代末还有人在批评以前教育界有"不良的癖性"之一就是，"教师只尽上课时的责任，所谓'混钟点'上课以外的事不管。对学生过于隔阂，形成师生两个对立的阶级"②。虽然与小学教师相比，中学教师队伍稍微稳定一些，但是有些中学教师的工作态度也是仅满足于拿薪混日子的。比如有人谈到各校中学毕业会考成绩不理想的问题时就指出，学生成绩不理想是教师工作态度的问题，而不光是学生的问题。"通常一般的中学教师，大都是'做一日和尚撞一日钟'，视学校为商店，以学业为商店，得过且过，满不在乎，他们教书的动机在拿薪，在吃饭，至于他们对学生有无影响，学生所受益于他们者何在？他们是顾不了这么多，而且无暇顾到这么多，此今日中学教师中之一类也。"③

功利主义哲学主导下的教师，其对待工作的态度是非常油滑而不负责任的，被人批评为"老油子"。有人这样描述他们的疲沓心态和油滑作风："有一部分服务年代久远的老教师，面皮之它（原文如此），经验之富，是不用讲了的，最紧要的他们能把握住学生的心里，很灵活取巧的应付着。本来长期的刻板式的生活往往会使人们感到厌倦，厌倦而犹不肯抛弃，于是匠心独运，匠气十足，敷衍泄沓是免不了的。上课便等于照样单调的又开一遍留声机，没精打采的随口流出，批阅国文卷子便会迎合学生好胜的心理加上许多圈圈，末了再奉送一个瞎恭维的尾批，但别字讹字也许还没注意到，批改数学演草便会一目十行的滑过去，迅速在卷尾加上一个'OK'的记号，但数字和符号的错误也许就一直不去麻烦；核阅考试卷批上一个分数就得了，内容可以不必管，反正老学生的成绩高低，他心里早就安着一个衡量的尺度了；至于把一切应处理的课内作业请同事请朋友甚至议学生代庖的，那也是无所谓的事，根本就不必引以为怪。这一类'老油子'的教书

---

① 季文：《从改称"老师"说到师生的关系——教师随笔之一》，《中学生战时半月刊》1939 第 13 期。

② 李清悚：《教师的精神动员》，《教育通讯（汉口）》1938 年第 14 期。

③ 唐突：《中学毕业会考与中学教师》，《汗血周刊》1934 年第 3 卷第 10 期。

匠，过去有的，目前以及以后我们希望从此绝迹。"①

有些教师的极端利己主义已经发展到极端程度。据说当时上海的教员当中存在所谓"四不主义"和"五马虎主义"。"所谓'四不主义'就是：（1）学校待遇不好不教；（2）学生程度不好不教；（3）学生纪律不好不教；（4）就算学校待遇好，学生程度和纪律都好，然而自己不高兴教还是不教。所谓'五马虎主义'就是：（1）对于学校待遇不好可以马马虎虎；（2）对于学生程度不好，可以马马虎虎；（3）对于学生纪律不好，可以马马虎虎；（4）讲起书本，马马虎虎；（5）考起课本，马马虎虎。"② 总之，这些教师的行为都围绕着吃饭这个中心，以待遇好、职务清闲为职业目标，教学工作中能应付就应付，什么教育的使命、教师的责任都不在考虑之中。

其实，当时盛行的教师兼课现象，也并不完全是生活所迫，其中也有吃饭主义、拜金主义风气作祟的因素。像天津新学书院这种教会学校，本不存在经费短缺问题，教员薪水没有问题，但教员还是普遍教家馆，连负责平常学生管理工作的级任教员也是这样。教会学校的学生本来多出自官、商家庭，本就不好管理，这些本该在学生面前最有威信的级任教员竟然也难以维持学校秩序，"这就因为他们都有几个家馆，不免投鼠忌器"。甚至每到期考的时候，这些教员还为要保自己的家馆学生过关，而不得不与科任教员攀交情、做疏通。③ 显然，拜金风气已经致使这些教师把职业道德、学校的规章制度都抛之脑后了。

功利主义价值观主导下，某些教师自身的境界势必变得越来越狭隘浅薄。拍马逢迎、趋炎附势、拉帮结派成为他们的生存根基。当时有人指出中小学教师的生存哲学就是实用主义，庸俗势力的"三拍"是必备的生存技能，而讲气节则成了"发呆气"。"校长位置的得失，

---

① 朱伯孚：《教师生活杂谈》，《江苏教育（苏州1940）》1942年第4卷第5期。

② 杨效春：《中学教师生活——生活教育实施报告之一》，《中华教育界》1932年第19卷第7期。

③ 涂培元：《天津新学书院的形形色色》，载马玉田、舒乙主编《文史资料存稿选编》（教育），第485页。

在中国是随着政潮的起伏而定去留的。'一朝天子一朝臣'，很少以品学作为进退教师的标准的。校长不懂教育的很多，走的是政治路线，袋袋里有的是人，一上抬（原文如此）就得另组一个班子，平时拿校长当官做，一喜一怒，可以决定你的生死，教师也拿校长当官看，尽量逢迎，名为聘任，实等雇员。本来在这种情形之下，要大发呆气，谈什么尊严威信，只有白白等死吧了。有人说：中国教师要擅长'三拍'才能备员全身。所谓'三拍'，就是指的一拍校长，二拍学生，三拍督学。这实在是经验之谈。"[1] 有人评价江西中学教师当中存在的不良风气之一就是"派系之见"，拉帮结派、相互倾轧成了教师的生存之道，教师职业的尊严也随之衰落了。"查今日教育界派别之分歧，实为教育破产之一绝大原因，此种风气，尤以江西特盛，如某校之校长为某派，则某校之教员，殆非某派分子不可，就即使某人一无所长，但一转念有某派别之关系，也就顾不了那么多，为了巩固自己一派之壁垒起见，也得拉拢拉拢，所谓'清高''神圣'者，我真不知清高何在？神圣何在？"[2]

在当时面临民族危机的形势下，有一些教师的狭隘自私表现也确实让人极其失望，他们只盯着眼前的个人利益，不关心国计民生，甚至耽于享乐，被社会批评为糊涂的"老迷羊"。"那些高自位置的教师们，除了上课时不得不看在'生活费'面上随便敷衍一阵外，对于国事的成败，只是抱着一种不关痛痒的态度；以为这些事，比了跳舞，打牌，抽烟，看戏要不值得多了，反正这是政府的责任；所以高兴时，便喝上几声彩，没兴时，不妨冷嘲热讽，或是'即小见大''苍蝇宇宙'的用幽默的口吻来发泄自己的牢骚，这种'隔岸观火'和袖着手站在云端里看厮杀的态度，适足以暴露教师们根本没有认识人生的意义和本身的使命的重大，只是一只只的'老迷羊'而已！"[3]

教师中这些庸俗化表现背后反映出的更深层次的问题是，他们缺

---

① 朱伯孚：《教师生活杂谈》，《江苏教育（苏州 1940）》1942 年第 4 卷第 5 期。
② 唐突：《中学毕业会考与中学教师》，《汗血周刊》1934 年第 3 卷第 10 期。
③ 张溪愚：《教师的总检阅》，《人言周刊》1934 年第 1 卷第 25 期。

乏更高远的理想和对教育事业的信仰。有人批评当时小学教师中普遍存在的烦闷低迷的状态，其中一个重要原因就是"中心观念的缺乏"。"小学教师精神生活中，往往缺乏一种中心观念，根本上由于无正确之人生观，无适当之教育理想，所以随波逐流，与俗浮沉，对于事业不肯努力，甚至消极颓废，悲观自放。"① 也就是说，如果教师眼界狭小、无职业理想追求的话，其结果往往是随波逐流，走向颓废。

当然，当时的教师职业道德下降也并不单纯是教师自身的思想境界的问题，而是一个社会问题，是由许多外部环境因素、制度因素造成的，特别是教师任用制度不规范成为人们批评的焦点。有人就指出："教师任用的漫无标准"和"升迁亦不以教学优劣为标准"这种不规范的制度环境，必然导致教师不把精力用在改进教学上，而是用于"拍马钻营"，"专门学些骗人本领，东西奔走，连结党羽，抢夺地盘"。其结果必然是劣币逐良币，教育界充斥着"混事"的人，"教育界变了失业份子的逋逃所，真正研究教育的人，有时因为没有'脚路'，在教育界倒难插足"②。再具体来说，在教师任用上的校长聘任制也对教师风气的庸俗化负有一定责任。有人指出，虽然校长聘任制或许有助于校长贯彻其教育思想、校长教师易于合作等，但综合考量，其对教师队伍素质的消极影响更大，因为校长聘任制容易造成"一朝天子一朝臣"的局面，这种局面助长了教师内部的投机钻营之风。"有些教师，只知有校长，不知有教育行政机关或人员，只管自己钻营，忽略了自己岗位径与民族复兴的关联，他们的作用，似仅能向他人出卖智识，拿自己的气力，供给他人的役使，奉承，谄谀，欺诈……等在所难免，这些现象都很可以影响教师的情绪。"③ 而且，当时的教师聘任期都不长，往往一年一聘。过短的任期也影响了教师对待工作的心态，容易使其苟且、浮躁。"正如房客不会对临时的住所加以恒远性的改善一样。一个教师，当他的远景被年终到期的聘约所切断时，他

---

① 束荣松：《小学教师生活烦闷之原因及其解决方法》，《江苏省小学教师半月刊》1936 年第 3 卷第 18 期。
② 白水：《谈教师（生活漫谈）》，《共信》1937 年第 1 卷第 14 期。
③ 陈藻芬：《教师组织与教师生活》，《民族教师》1941 年第 1 卷第 7 期。

很可能的不尽心尽力于学校工作上。"总之，这种制度上的缺陷，再加上待遇微薄、生活清苦的生活现状，往往会导致教师工作态度是敷衍应付、得过且过。"教师在困厄的生活情形之下，欲得着心理的安宁或精神的健全是不可能的事，因此，易趋于变态的心理。'做一日和尚敲一日钟''五日京兆''对事业无兴趣''不负责任'等，便成为这个结果所产生的应付方式。"①

总之，受主客观条件的限制，民国时期的教师伦理确实存在庸俗短视的一面，吃饭主义是很多教师的现实生存哲学。

2. 教师伦理的不确定性

过渡转型期的教育总会面临一些转型期特有的困难，老一套被批评，新理念一时又站不住脚；新时代的教师到底应该具备什么样的职业伦理，这个问题实际上是在探索中，暂时还未能成型。在此期间，教师难免会发生伦理冲突，他们在面临不同的，甚至相互矛盾的伦理价值时，可能会无所适从，经常面临道德选择困境或道德责任冲突。选择了其中任何一种价值，都会影响甚至损害到其他价值的实现；即便是审思后所做的选择，也难以避免内心的道德愧疚。

从表面上看，一个比较有资历的教师经常会发生职业倦怠，这好像是一个正常现象，但民国时期教师的这种倦怠中往往蕴含着教师内心的伦理冲突。对一个青年教师来说，其教学理念和技能自然会有一个探索、成熟的过程，但其职业信念却不一定随着知识技能的成熟而变得更加明确和坚定。一个教师对待工作的态度往往会从入职之初充满坚定的理想和信念，转变为因实践中遭遇挫折而产生迷惑和动摇，发生自我怀疑和自我否定，加上资历和经验的累积，这时候很可能会陷入职业倦怠。

民国时期一个从事中等教育 14 年的教师这样描述自己从教的心路历程：

在第一个阶段中，以为教育就是创造，从事教育的人，就是

---

① 陈藻芬：《教师组织与教师生活》，《民族教师》1941 年第 1 卷第 7 期。

理想生活的创造者。他负有创造善良环境的重大使命。他所创造出来的善良环境，就是青年们的乐园。青年们每日每日地生活在里面，只会感到快乐甜蜜，于无形中潜移默化，自然长成一个健全的人物——这是梦想，不久我就觉到了。教育虽不是交易，但卖主和买主的关系是在教者和受教者当中存在着的。

于是，我转到第二个阶段中，认定需要来讲求供给。怎样可使别人懂，怎样可使别人兴味浓厚，早上想，晚上也想，甚而至于睡梦间也在想。在这个时期中，似乎得到一点"成功"，因为已有人说我是"好教师"，不像在第一阶段中，只是和学生们淘气，只是碰钉子。然而不久便支持不下去了。别人的需要虽不奢，在我却做不来那样的行当，我大半的工夫是费在中学校教数学上。在这阶段的临末，曾和几个学生打过这样的麻烦：

"先生，这本书里面，那些要紧？那些不要紧？"

"全要紧，没有不要紧的。"

"毕业的时候，考那些地方？"

"教过的都要考。"

"升学的时候考那些地方？"

"我怎能知道呢？"

"比如是你出题目，我们升学要紧，你只要把升学要考的题目教给我们就好了！"

"但是，我不知道。"

现在，我招供，说"我不知道"是一句谎话。但是我宁愿说谎，因为，除了说谎我已不知道还有什么话可说，这一来，第二阶段就告终了。——供给得合需要也不容易。

进到第三个阶段，好比是人的由壮而老，我只是感到疲乏和倦怠。这个阶段正好和市面上的闹不景气相伴；而情况更加凄惨。货色大减价就有人买，不减价就没人过问；我于是想，教师是卖主，学生是顾客，既不景气，何妨也来一次大减价。然而怎样减价法却想不通。……我找不到出路，在这第三阶段中。我认为站在讲台上，只是在替青年男女维持读言情小说，谈情话，写情书的场面；然而我不愿也不能做大世界中的白云鹏！因此我已久处于倦怠之中，静候特赦。①

　　显然，在入职之前，作者对教育工作是有坚定的信念和热情的，他坚定地信仰教育可以改造社会；但入职后很快就遭遇幻灭，作者对教育教学工作的认识变得现实、功利，教育变成师生之间的一场供求交易。从如此短浅的目标中，作者似乎获得了一点点成就感。但是从他们师生之间那几句极不融洽的对话中，可以明显感觉到这位教师对教育功利化的心理抵触，显然将教育视为交易并不能真正为他提供终极的职业成就感和价值感，所以他很快就再次陷入失落和迷茫之中。从他的经历中可以看出，教师们表面上的职业倦怠背后其实蕴含着内在的职业伦理冲突。

　　现代教育理念的成熟不是一朝一夕的事，它是一个全方位的综合社会工程，不只是教师个人的事。比如，新式教育主张以尊重学生的主体性，启发学生的学习主动性为主流教育理念，但这种教育理念在实践中面临的困难不仅是教师的思想素质跟不上这一个原因，还有各种环境方面的原因，政府、办教育的人，以及学生等各方都需要一起努力。有教师就指出：流行的"道尔顿制"在教师的教学实践中就遭到挫折，教师陷入两难的境地，其中其实也有学生方面的原因。对于这种以学生为主、以学生的主观能动性为动力的教学方式，学生的反应容易进入两个极端：一方面，受传统私塾学风影响下的学生过于被动，根本不能适应这种新式教法；另一方面，有些学生则片面理解了"道尔顿制"的意思，陷入散漫。"'道尔顿制'的原理是学生自动研究，自动发问，教师只站在'帮闲''打杂'的地位上。中国的学生（恕我笼统说一次罢）一部分还没有脱离私塾中要'老师'敲着板子硬逼着读'子程子曰'的习气，一部分是带着这种习气而又要闹'维新'，所以教师宽松一点，学生就不理睬他，教师严格一点，学生就

――――――――――

　　① 晞如：《随笔·教师生活：在倦怠中》，《中学生》1934 年第 42 期。

骂他，甚至于联盟驱逐他。"①"道尔顿制"的遭遇就反映出，在新旧转型时期，老办法的淘汰不可能一蹴而就，新办法也需要教师在日常的反复试错中才能成型。

教师伦理以调节教师职业中的关系为核心，师生关系是教师伦理转型过程中的一个关键而且典型的问题。从传统师生关系到朋友式的新型师生关系转型，期间也面临很多波折与困惑。

首先，毋庸否认，民国时期的中小学教学还具有很多传统性，落后的"猫与鼠的师生关系"还普遍存在，许多新式教师其实是在扮演着旧式塾师的严厉角色。"现代的中国学校里，仍存在着私塾里的教师与学生的传统关系，那就是猫与鼠的关系。旧式私塾里的教师，完全是拿凶狠面孔威吓学生，使学生见到老师，就像老鼠见到猫一样的怕，这样他才能镇压得住学生，终日的把学生关在牢笼式的课室内。这种现象到现在，还有一些子在所谓新式的学校里，不要说私塾了。教师要小学生读书总是强迫式的，并且动不动就是打，就是跪，严声厉色的责骂更是家常便饭。"② 这说明，对于很多所谓新式教师来说，他并没有真正从内心深处到外在行为上转变角色，并没有把自己从一个高高在上的管理者和训导者转变为学生的朋友。

其次，从新式学校里的师生关系的现实来看，出现的一个新问题就是师生关系过于冷漠和功利，离期待中的朋友式的师生关系差得太远。

余家菊曾对民国时期的师生关系的现状很失望——教员对学生很隔膜，学生对教师也很冷淡，师生之间的关系只是短暂的知识交易。"教员教了半年，还记不清学生的姓名，认不清学生的面孔，比门房和学生的关系还不如。学生混了几个月，还探不清教员的历史，辨不清职员的性情。学生教员间的关系，只是五十分钟的关系。学生职员间，没有大故，更会长年不交一句言，甚且长年不见一面。哈！这是什么样的关系？有人说，'学校即是市场'。我觉得这话太刻薄了，但

---

① 秋子：《做了教师所感得的》，《中学生》1932 年第 25 期。
② 陈鹤琴讲，汪一士记录：《现代的教师》，《上海青年（上海 1902）》1936 年第 36 卷第 40 期。

是我又无法驳倒他。教员呢，两块钱一点钟，钟点到了，钱得了，坐上洋车回公馆。学生呢，三十元一年，期满了，卷起行李，回家去。你你我我，两不相管，'萍水相逢，尽是他乡之客'。"① 对于民国时期师生关系的利益化、庸俗化，有人极尽讽刺道："记得笔者中学时代曾有一位老师常常感叹说：'现在的教师，从讲坛上望下来所见到的不是学生们的脸庞而是一块块的大洋钱，学生从座位所见往来于讲台上的不是教师而是一张张的文凭。'真把现代一般师生关系刻画尽致了。"② 话虽难听，但也真实揭露了现代商业社会师生之间关系转型的某个侧面——师生之间有学生购买服务、教师贩卖知识谋生的一面。但显然，将师生之间的关系完全变成这种纯粹的交易关系，是不符合中国社会的需求和期待的。

师生之间关系的隔膜发展到极端甚至会造成师生关系的破裂。对于那些不关心学生，只是注重自己的老师，学生不仅不欢迎、不尊重，有时甚至公开表示出蔑视。有人记述，一位既不合格又极不自重的教师甚至被学生当众奚落。"这种只管自己、不为学生着想的教授们，一直到今天，可能还是有相当大的比例。沪东某中学自然科教员，原籍浙江省舟山人，这次春假里他是回家乡去的，别的教授大多数是讲到他在春假期内游玩过的新春鲜艳，而只有那位自然教授像煞有介事的讲吹其故乡……水产最丰富的地方……可是他这么的讲了过去，似乎讲吹不绝的样子。忽然站起来前排某同学接着他说：'先生的故乡是整个乌龟出产有名望的地方啦！'这一说，大吹其故乡的教授，马上落台，全级同学乘机大胆鼓掌！在此一来，上自然科的乌龟先生名誉就此高朗。"③ 所谓师道尊严荡然无存。

有观点认为师生关系的冷漠疏远，主要得归咎于教师方面的职业道德衰落。"现在一般中学师生感情的不融洽，已成不能隐蔽的事实，最大的原因，是教员误认了贩卖知识技能是教师唯一的职责！所以有

① 余家菊：《教师和学生间的交际问题》，《少年中国》1920 年第 2 卷第 3 期。
② 季文：《从改称"老师"说到师生的关系——教师随笔之一》，《中学生战时半月刊》1939年第 13 期。
③ 奋：《乌龟先生》，《中国学生》1937 年第 12 期。

的教员，在某班上了几个月的课，出了教室遇见该班的学生，还要请问他的姓名；学生病了好几天了，还说他无故旷课。至于教员的能说不能行，那更是常事！狂嫖浪赌的人做级任教师，也不觉得什么稀奇了！"① 但除了指责教师之外，季文也从时代变迁的角度比较客观地探究新式师生关系变得冷漠的历史原因。他认为，在奴隶社会和封建社会，政教合一，官师不分，"教育的方法偏于命令与注入，做教师的，不用说是具有崇高的身份与地位的"。而且"有道之士"不同流合污，研究学问，提倡气节，"他们就成为一代儒宗而受人崇敬"。这就是"一日为师，终身为父"观念的社会背景。而到了资本主义社会，时代变了，社会关系结构也随之改变，师生关系也变成了金钱利害关系。"资产者在其得到统治权的地方，把一切封建的家庭制度的淳朴关系破坏了。它无情地撕碎了那些把人们与其'天然尊长'联系起来的复杂的封建关系，它使人与人的关系除了赤裸裸的利害关系与没有感觉的'现金交易'以外，再没有别的什么了。……把从来可敬的被诚惶诚恐地崇拜的一切行为之威严揭穿了。师生关系到了这时候，自然也无例外，难得再保持从前那样的'人情味'了。"② 以上这些论述多少触及了师生关系转型的真相，传统教师是官师一体的，身上享有政权附加的身份权利，所以师生关系中特别倾向于师道尊严；而且封建宗法社会又为这种关系披上了一层温情面纱，所谓"师生如父子"就此产生。而现代工商业社会，人与人之间的关系，包括师生关系在内确实变得更加赤裸裸的利益化，师生之间难以再现如父子那样的亲密关系。可以看出，作者的分析比较客观地揭示了社会转型过程中师生关系转向疏远的部分历史动因，有助于人们更历史地、理性地看待师生关系。

再次，民国师生关系中还有一个值得注意之处就是，受制于近代中国文化冲突交融的复杂环境，师生关系呈现出极其复杂多样的

---

① 吕绍槐：《中学教师应有的修养》，《浙江教育行政周刊》1934年第6卷第9期。
② 季文：《从改称"老师"说到师生的关系——教师随笔之一》，《中学生战时半月刊》1939年第13期。

形态。

这一时期最特殊的现象是，教师出于私利或有意笼络学生，拉帮结派，或有意压制防范学生；而学生受到教师的鼓动唆使，经常卷入逐校长、赶教师等纠纷，造成师生关系上怪象连连。

有人这样描述当时师生之间的怪现象："师生关系，在我们这半封建殖民地的社会，更呈见出离奇怪异的形态来。教师们为维持其个人或其所属某种集团的特殊势力，往往不惜笼络学生，收买学生欺骗学生，导学生于不义——破坏'民族道德'，莫此为甚，言之实可痛心。或则不从理论上去引导学生，只一味沿用封建权威去钳制学生的思想，防范学生的行动，其结果学生性柔弱的被陶铸成为只能受人支配愚弄，毫无创造能力的顺民，强者敢怒而不敢言，内心日趋于偏激，结果只驱使他们去做'叛徒'，与教育上所豫期的目标适得其反。在这种情况之下，师生之间，根本就没有情感可言，那里还谈得到什么敬爱呢？这种现象的存在，显然是教育上失败，也就是国家社会的严重损失，我们用什么方法来使师生关系得有合理的发展呢？"[1] 教师对学生或笼络，或钳制，养成的学生要么懦弱，要么偏激。如此师生关系，何来健康？如此教育，何谈成功？

学生不再敬畏老师，频频发动反抗教师的"运动"。"偶不称意，逐校长，打教员，散发传单，谩骂栽诬，久已成为家常便饭，不是奇闻异谈了！"[2] 这样的师生关系显然很不正常，极大地伤害了教育的健康性。柔石的小说《二月》中就对教师"运动"学生有一个直观鲜活的例子。当时中学校长陶慕侃因自己的妹妹陶岚与主人公萧剑秋恋爱搞得满城风雨，遭到来自当地土豪钱正兴的压力，所以便动员陶岚辞职回家，当时陶岚、萧剑秋、钱正兴都在这所中学里教书，陶岚这样向萧剑秋描述自己利用学生对哥哥进行的反击："到第二天，我在教室内对学生说了几句暗示的话，学生们当夜就向我底哥哥说，他们万

————————

① 季文：《从改称"老师"说到师生的关系——教师随笔之一》，《中学生战时半月刊》1939年第13期。

② 仝菊圃：《归田教学去》，《河南教育》1934年第4卷第3期。

不肯放'女陶先生'走，否则，他们就驱逐钱某。现在，侃哥已经悔悟了，再三讨我宽恕。并对你十二分敬佩。"① 在这里，做教师的陶岚显然是利用了学生们对自己的喜爱，为自己的个人目的服务了。当然，可以看到，当时的青年学生也活跃得很，动不动就驱逐教师。比如《二月》中就描写，钱正兴因为上课不好好讲课，总讲恋爱的话题，引起一些学生不满，有些学生就对萧剑秋表示："他以后若再在讲台上讲恋爱，我和几个朋友一定要起来驱逐他！"②

就是在这样的曲折纠结中，师生关系总体上由传统的依附性很强的封建伦理关系逐渐演变为近代的边界日渐清晰的人际关系，由一方对另一方的无条件服从到师生之间各干各的，甚至学生可以挑战教师的权威。曾经在传统封建社会被奉为圭臬的师道尊严逐步走向瓦解，教师开始走下学术和思想权威的圣坛。

民国时期的教师伦理处在过渡转型当中，其中有一些现代因素初步形成，比如教师的现代性、专业化，以及他们强烈的社会责任感，这些都是与近代中国教育发展的大方向相符的；但是这种过渡转型显然并没有完成，民国中小学教师的职业价值观、教育理念、职业关系等方面，都还有很多不确定的地方，比如师生关系的冷漠和异化等。甚至还有一些师德堕落的极端例子，比如叶圣陶曾提到有教师嫖娼、纳妾的现象："在我的家乡，我所认识的知道的如某某等，不是教师而兼嫖客吗？又如某某，他现任女子中学的教师，他们不是都纳了妾？"③ 陶钝也曾提到自己在诸城县城上高小时，就发现自己学校里的国文兼英文教师——于老师和校长都是吸食鸦片的，而这位于姓教师本人还有两个儿子也就读于这所高小。④ 这些表现都说明，转型期的民国教师总体的职业生活是半新半旧的，有时理念与行为相悖。

---

① 柔石：《二月》，载刘会军、林乐齐等编《现代中篇小说选（1921—1949）》第1辑，宝文堂书店1984年版，第476页。
② 柔石：《二月》，载刘会军、林乐齐等编《现代中篇小说选（1921—1949）》第1辑，宝文堂书店1984年版，第487页。
③ 叶圣陶：《教师的修养》，《努力周报》1923年8月19日第3版。
④ 陶钝：《一个知识分子的自述》，山东人民出版社1998年版，第64—68页。

# 第三章　中小学教师的收入和消费

　　学界一般把日常生活划分为物质生活与精神生活两大类，物质生活是人维持和延续生命必不可少的活动，所以物质生活是精神生活的基础，是普通人日常生活中最基本的内容。

　　物质生活主要指日常物质产品如衣食住行、日用品等的获取与消费。民国中小学教师的收入主要来自微薄的薪资，其日常消费水平维持在基本的温饱线上，物质生活可谓清贫。

## 第一节　经济收入

　　收入是每个人日常物质生活和精神生活的基础，一般来说，有什么水平的收入，就有什么样的物质和精神生活。民国时期中小学教师的薪资待遇呈现越来越规范化的倾向，但受经济发展水平和动荡的社会环境的影响，中小学教师的薪资仍然存在复杂性和不平衡性，而且总体收入不高。

### 一　薪资待遇

　　民国时期中小学教师的收入主要来自薪水，而民国时期是中国新式教育的起步阶段，包括教师待遇在内的教师制度在逐渐建立和完善中。

　　传统私塾由于其举办权在民间，关于私塾的开设，政府并没有统一的规定，只有当地社会约定俗成的一些做法在起作用，塾师的报酬是由私塾举办者根据自身的经济状况和塾师的教学水平与塾师双方商定的。近代学校教育兴起以后，基础教育改变了过去完全由社会自为的方式，而成为政府的责任，政府不仅对官立学校进行严格管理和监督，对一些半官立半私立、纯私立的学校，也逐渐加强管理和监督。在教师的聘任、管理、待遇等各个方面，政府的管理力度都在加强，自然，政府也开始关注教师待遇，并以法令的形式予以规范。特别是南京国民政府时期，随着国家权威的强化和国家权力下沉基层，基础教育和义务教育受到越来越多的重视，中小学教师的薪资待遇也越来越受到制度保障，变得日益规范化。

1. 小学教师的薪资待遇

清末教育改革中就开始关注小学教师的待遇问题，1909 年成立的学部公布了小学教员优待章程。1917 年北京政府教育部颁布的《小学教员俸给规程》规定了国民学校和高等小学校的校长和教员的最低及最高薪俸标准。但由于北京政府财政困难和教育管理腐败，政府经常拖欠学校的教育经费，甚至引发了以北京教育界为首的、扰攘整个 20 世纪 20 年代的教职员罢教索薪运动。南京国民政府建立后，在 1927 年召开了第一次全国教育会议，会上通过了增加小学教员薪水和优待小学教员的决议。1928 年 7 月，国民政府大学院依据第一次全国教育会议的决议，公布了《小学教员薪水制度之原则》，该法令一方面明确了教师的最低薪俸，另一方面重点强调了教师的学历和经验对加薪的重要性。[①] 此后国民政府陆续出台了一系列制度来规范教师的薪资待遇。以 1933 年国民政府教育部公布的《小学规程》为例，其中第二十一条与第八十四条明确规定："小学经常费支配，教职员俸金约 70%……小学教职员之俸给，应根据其学历及经验而为差别。但至少应以学校所在地个人生活费之两倍为标准。"[②] 此后的各个历史时期，教师待遇制度也随着时局变迁而经常补充调整。

---

① 教育部编：《教育法令汇编》第 1 辑，上海：商务印书馆 1936 年版，第 293 页。
② 教育部中国教育年鉴审委员会编：《第一次中国教育年鉴》（乙编教育法规），上海：开明书店 1934 年版，第 28—31 页。

比如抗战时期，由于战争影响，经济崩溃，通货膨胀很厉害，教师的薪资待遇大受影响，教育部随之制定了一系列保障小学教员待遇的法规——《小学教员待遇规程》《小学教员薪给支配及实施办法》《儿童家庭供给小学教员食宿办法》《地方津贴小学教员米谷暂行办法》《小学教员子女入学免费办法》《小学教员年功加薪办法》等，内容涉及小学教员最低薪水、薪俸晋级制度、奖励、给假、实行供给食宿和津贴谷米制度、子女免费入学、小学教员养老金及抚恤金等各个方面的待遇。① 这些法规有效保障了战时小学教育并没有因战争的破坏而面临严重的萎缩衰败。战后，教育部又颁布了《国民学校教职员任用待遇进修保障办法》《提高小学教员待遇实施办法》等制度。总之，从清末到南京国民政府，小学教师薪资待遇方面的制度规定越来越完善。

上述国家层面的法令规程还都只是原则，实际执行起来，各省市县可以依照学校所在地个人生活费之确切数制定更详细的标准，所以各地方小学教师具体的薪资标准是各地方根据当地的实际情况自行划定的。比如，1936 年 7 月江苏省教育厅制定的《小学校长、教员待遇办法》规定：小校长、教员资格分为五等。小学教员最低月俸：甲等为 20 元，乙等为 18 元，丙等为 16 元，丁等 14 元，戊等为 12 元。② 省里虽然划定了标准，但具体到基层各个小学校，在实际执行时则又是一番景象。实际上，待遇过低一直是民国时期小学教师发展中最突出的问题。尤其是小学教师中的主体——乡村教师，是收入最低、生活最苦的。

国联教育考察团 1931 年到华实地考察后，撰写了一部报告书，其中谈及城乡小学教师待遇："中国一乡村初级小学教师有时固有每月得华币 30—40 元者，但一般而论，每月仅得华币 10—15 元。薪水较高者实非常之例外。至若城市初级小学教师通常每月可得华币 20—30

---

① 教育部教育年鉴编纂委员会编：《第二次中国教育年鉴》（第三编初等教育第一章概述），上海：商务印书馆 1948 年版，第 225—227 页。

② 编者：《一月来之江苏教育》，《江苏教育》1936 年第 5 卷第 4 期。

元，罕有超过此数者。"① 张钟元在 20 世纪 30 年代对江、浙、鲁、闽、冀、豫、粤、皖等省小学教师生活状况进行了调查，而且教育界公认，"张先生的资料大部是来自乡村小学的"，其调查结果为：其年俸中数，只有 195 元，而每年支出中数，却有 280.3 元，亏空达 85 元。因为入不敷出，所以许多教师在靠借贷生活。小学教师年薪最高的每年仅 560 元，最低的竟只 40 元；城乡男女教师混合计算，教师平均年俸为 195 元，平均月薪为 16.25 元。② 这比国联调查团的结论还低一些。

20 世纪 30 年代对山西省乡村教员的薪俸情况调查显示：教员年薪 50—100 元者，占 29%；100—200 元者，几占 50%。按总平均数为 128 元弱（以月薪计，每月只 10 元），教员年薪在此总平均数下者 54 人，占 52.4%；超过此数者仅 49 人，占 48.6%。小学教员中还有每年薪金在 50 元下者。③ 以月薪计，也就是每月只有不足 5 元的收入，不仅有家室的教师的生活难以为继，即使是个人的生活恐怕也难以维持。经济状况较为发达的苏南无锡一带的乡村教师，其薪俸状况也不乐观。1934 年前后，县府规定每年薪俸最高额是 150 元，最低亦不得低过 100 元，这种定额当然不高，但是据调查显示，无锡小学教师平均月薪为 14.53 元；月薪 16 元的人数最多，为 103 人；月薪在 10—20 元区间的人数最多，据计算为 633 人，占总人数的 88.16%。④ 情况比山西小学教员的平均月薪 10 元，52.4% 的人还不足 10 元的情况要稍好一些。

民国时期乡村小学教师待遇低微是当时社会公认的事实。与乡村小学教师相比，城市里的小学教师待遇似乎好一些，这与城市里的小学多数是当地的中心小学，政府的教育财政投入相对集中有关。尤其是那些少数经济比较发达的大都市里的重点小学，教师待遇明显要比乡村教师好。

---

① 国联教育考察团著，国立编译馆译：《中国教育之改进》，南京：全国经济委员会筹备处 1932 年版，第 46 页。
② 张钟元：《小学教师生活调查》，载李文海主编《民国时期社会调查丛编》（文教事业卷），福建教育出版社 2004 年版，第 164 页。
③ 宋震寰：《山西乡村教育概况之调查》，《新农村》1934 年第 13、14 期合刊。
④ 古楳：《乡村教育新论》，民智书局 1933 年版，第 340 页。

据后人回忆，民国时期北京小学教员的待遇如下："民国初年，市立小学教员的月薪数目，教初级的是 24 元，教高级的是 34 元。……1928 年起，初高级级任教员的月薪有的提高到 40 元，科任教员有的加到 35 元，事务员 20 元，工友 9 元。"① 陶孟和曾对 1926 年北平小学教员生活进行调查，结论为："每月薪俸四十元，如管理学校行政事务，薪俸稍多，但每星期授课时数不足二十四小时者，酌量减薪。"② 所以陶孟和计算的北平小学教师月俸四十应是平均数。据上海市教育局的统计，1933 年上海市市立初等学校（包括幼稚园、小学）教师月薪从 5 元到 100 元不等；以月薪在 20—60 元最多，占 83%。③ 大约同一时期，另一项对 628 位上海小学教师的薪金情况的调查显示：薪金在 31—60 元的教师占被调查教师总数的 53%，薪金在 30 元以下者只占 13%。④ 据 1935 年的统计，南京市小学教师月薪为 40 元的占被统计小学教师总数的 73.664%。⑤ 另据广州市教育局统计，1930 年全市小学教师的平均月薪为 49.33 元，1933 年大约为 50 元左右。而陈振名在差不多同一时期所做的不完全统计显示，广州市小学教师月薪平均数为 64 元。⑥ 显然，北京、上海、南京、广州的小学教师的平均月薪，都远远超出张钟元所统计的乡村小学教师的月薪。

正由于民国小学教师待遇存在城乡差别，尤其是大都市里的教师待遇明显好于内地的乡村教师，所以民国时期的教师都想往城市里跑。有人回忆抗战前上海小学教师的收入情况时说："过去上海小学教师的薪水，本来还可以勉强维持，所以一般乡村小学，和内地学校中待遇微薄而能力较为优秀的教师，便都纷纷的投奔到上海来。"⑦ 当然，薪金高，不一定代表城市小学教师的生活水平就高于乡

① 赵孟超：《解放前我所从事的小学教育工作》，载马玉田、舒乙主编《文史资料存稿选编》（教育），中国文史出版社 2002 年版，第 638 页。

② 陶孟和：《北平生活费之分析》，上海：商务印书馆 1933 年版，第 82 页。

③ 上海市教育局编：《上海市教育统计（1933 年)》，上海教育局 1933 年版，第 52 页。

④ 陆庄：《上海市小学教师课馀生活之研究》，《大夏》1934 年第 1 卷第 3 期。

⑤ 纪新青：《南京市小学教师服务状况研究（续)》，《新青海》1935 年第 3 卷第 12 期。

⑥ 陈振名：《广州市小学教师生活之研究》，《教育研究》1936 年第 69 期。

⑦ 卢冠六：《上海小学教师的生活》，《小学教师》1940 年第 1 卷第 10 期。

村教师，考虑到城市生活的成本之高，所以城市小学教师的经济生活仍然是清苦的，但综合来看，城市小学教师的待遇相对来说还是比乡村教师有吸引力。乡村教育家杨效春说："现在的小学教师不论他是在都市或是乡村，要想过比较适意些的生活，以仅有的收入，当然均不能补其出的。不过都市的稍比乡村的可以支撑一些。人做的教师，既和其他的人一样，不能断绝物质的需求而生活，大家一个一个都像工人般由乡而市，而大都市的跑来，又何足怪?"① 也有人说："小学教师服务的地点，是乡区多而城市少，不过愿到城区的多，愿到乡区的少，这因为城区的学校规模大些，待遇高些，所以大家都高兴向城区里跑。"②

总体来说，无论如何，民国时期中小学教师都比较穷，但相对来说，乡村小学教师格外穷是公认的事实。"在教育专业中，小学教师的数量比较最多，而生活方面，则以小学教师的生活为最苦，这是一件很明显的事实。固然小学教师中也有生活情形比较好一点的，如在都市中规模较大待遇较高的小学校，但终究是少数；大多数的小学教师们都生活在艰难困苦的状态中。"③

2. 中学教师的薪资待遇

首先，民国初期至抗战前，政府对中学教师的薪金没有像小学教师那样按全国统一规定的薪金标准发放，而是各地都依照惯例自行发放。南京国民政府成立后，中学教师的薪金制度也发展起来。1935 年 6 月教育部公布的《中学规程》规定："省、市、县立中学教员俸给等级表，年功加俸办法，由各主管教育行政机关规定，径呈或转呈教育部核准施行；私立中学参照各省、市公立中学情形，于其校章中规定之。前项教员俸给等级表之最低级，应参照地方情形，以确能维持适当生活为标准。"④ 显然，这时仍然是由各省自行制定中学教师的薪资

① 杨效春：《论著·乡村小学教师问题》，《教育汇刊（南京 1921）》1921 年第 2 期。

② 王思中：《小学教师生活写真》，《教师之友（上海）》1937 年第 3 卷第 6 期。

③ 束荣松：《小学教师生活烦闷之原因及其解决方法》，《江苏省小学教师半月刊》1936 年第 3 卷第 18 期。

④ 宋恩荣、章咸编：《中华民国教育法规选编》，江苏教育出版社 2005 年版，第 400 页。

标准，只是对最低标准做了一个笼统的规定——"能维持适当生活"。所以当时一些省份虽然制定了中学教师的薪金标准，但各地中学教师工资差异仍然很大。1938 年 3 月，针对那些由中央举办的国立中学教职员的薪俸问题，教育部颁发了《国立中学教职员俸给及出差旅费支给暂行办法》，规定国立中学教职员月俸等级为 1—8 级，分别对应的俸给数为 30、35、40、45、50、60、70、80 元。[1] 1941 年，国民政府教育部又颁行《国立中学师范职教员支薪标准》，规定：校长月俸 280—320 元，处主任 220—260 元，高中专任教员 140—200 元，初中专任教员 120—160 元，高中兼任教员每小时月支 8—10 元，初中兼任教员每小时月支 6—8 元。1943 年 10 月颁布的《国立中等学校教职员薪给表》规定，中等学校教职员薪俸分为 22 级，薪额从 60—400 元不等，同时还要求全国各省市教育厅局参照该项薪给表，酌订各省市适用的中等学校教职员薪给标准。

其次，民国初期中学教师薪俸一般采取时薪制，即按授课钟点计算报酬；实践中，有由时薪制向时薪制与月薪制并行的趋势。在 1922 年新学制颁布前，一般每小时自 5 角（以私立中学为多）至 2 元（如高等师范附属中学）不等。实行新学制后，省立初级中学普遍每小时 1 元 2 角 5 分（如江苏省立初级中学）或 1 元 5 角（如浙江省立初级中学），高级中学普遍每小时 1 元 7 角 5 分（如江苏省立高级中学）或 2 元（如浙江省立高级中学）。[2] 据《第一次中国教育年鉴》相关资料可知，1930 年前后，全国采用月薪制的中学专任教师工资一般情况大致如下：省立高中为 82.5 元（云南）至 240 元（辽宁）不等；省立初中在 52.5 元（云南）至 160 元（浙江）之间；县立中学为 15 元（江西）至 160 元（浙江）。[3] 由上可见，在中学教师的工资待遇上，省立高中明显优于省立初中，省立初中又比县立中学好一点；在

---

[1]　国民政府教育部编：《教育法令特辑》，正中书局 1938 年版，第 98 页。

[2]　教育部教育年鉴编纂委员会编：《第二次中国教育年鉴》，上海：开明书店 1934 年版，总第 370 页。

[3]　教育部中国教育年鉴编审委员会编：《第一次中国教育年鉴》（丙编教育概况），上海：开明书店 1934 年版，第 199—304、203—204 页。

1930 年前后，省立中学教师的工资在 52.2 元至 240 元之间。这种时薪制与月薪制并行的工资形式一直延续到 1932 年 11 月国民政府教育部颁布《中等学校教职员服务及待遇办法大纲》才开始更加制度化。该大纲规定：中等学校废除钟点计薪制，教职员月薪应分等级依次递进，兼任教员依时计薪，统一由各省市厅局按地方生活水平比照原有标准分别规定。① 即专任教师实行月薪制，兼任教师实行时薪制。据统计，全面抗战爆发前中学教员采取月薪制者，最高月俸260 元（如安徽），最低月薪 15 元（如江西县立联立中学）；实行时薪制者，高中每小时最高月计 8 元（如河南），最低月计 2 元（如江西），初中每小时最高月计 5 元 2 角（如湖南），最低月计 2 元（如江西）。②

再次，教育部的规定只是原则，只能反映宏观情况，具体到各地区，各省教育厅都参照当地的情况，制定了各地方的中学教师薪资标准。这些标准更具体一些，虽然与各校实际情况仍有差距，但因民国时期公立中学比较少，且多为省立、市立或县立，所以各省所规定的薪资标准大体还能反映当时中学教师的实际薪资情况（表 3-1、表 3-2、表 3-3）。

表 3-1 　　　　　　1928 年河北省中学校教职员待遇标准③ 　　　（单位：元）

| 级别 | 第一级 | 第二级 | 第三级 | 第四级 | 第五级 |
|---|---|---|---|---|---|
| 完全中学 | 200 | 180 | 160 | 140 | 120 |
| 高级中学 | 180 | 160 | 140 | 120 | 100 |
| 初级中学 | 140 | 120 | 100 | 80 | 60 |

① 教育部中国教育年鉴编审委员会编：《第一次中国教育年鉴》（乙编教育法规），上海：开明书店 1934 年版，第 44 页。
② 教育部教育年鉴编纂委员会编：《第二次中国教育年鉴》，上海：商务印书馆 1948 年版，总第 370 页。
③ 资料来源：《河北省中小学校教职员待遇暂行规程 1928 年 12 月 28 日省政府委员会第五十二次会议通过》，载河北省政府秘书处编辑《河北省政府公报》1929 年第 164 期。

表 3 - 2　　　　　1930 年广东省中等学校教职员每月薪俸等级①

（单位：元）

| 职务 \ 月薪等级 | 14 | 13 | 112 | 11 | 10 | 9 | 8 | 7 | 6 | 5 | 4 | 3 | 2 | 1 |
|---|---|---|---|---|---|---|---|---|---|---|---|---|---|---|
| 校长 | 80 | 100 | 120 | 140 | 160 | 180 | 200 | 220 | 240 | 260 | 280 | 300 | 320 | 340 |
| 专任教员 | 75 | 85 | 96 | 105 | 115 | 130 | 145 | 160 | 175 | 190 | 210 | 230 | 250 | 260 |

表 3 - 3　　　　　湖南省教育厅于 1933 年制定了中等学校教职员

薪俸标准②　　　　（单位：元）

| 级别 | | 高中及同等学校 | | | | 初中及同等学校 | | | |
|---|---|---|---|---|---|---|---|---|---|
| | | 第一级 | 第二级 | 第三极 | 第四级 | 第一级 | 第二级 | 第三级 | 第四级 |
| 薪俸数目 | 校长 | 320 | 300 | 280 | 260 | 240 | 230 | 220 | 210 |
| | 教员 | 240 | 230 | 220 | 210 | 200 | / | / | / |
| | 职员 | 80—180 | | | | 80—180 | | | |

由上述三表可见，20 世纪 20 年代末至 30 年代初，河北省中学教职员的工资在 60 元至 200 元之间，广东省中等学校教职员的工资在 75 元至 340 元之间，湖南省中等学校教职员的工资在 80 元至 320 元之间；地处北方的河北省的中学教师工资稍低一些。

另外，除了公立中学以外，民国时期还有大量的私立中学，一般普通私立中学的薪金比公立中学的薪金稍低一些。

总体来说，中学教师的薪俸待遇基本保持在社会中等水平，这可以从与其他人群的对比中看出。

首先，中学教师的薪俸待遇水平大约位于大学教师或公务员的最低端，总体远低于大学教师和公务员。有研究者将河北中学教师的薪

---

① 广东省地方史志编纂委员会编：《广东省志·教育志》，广东人民出版社 1995 年版，第 85 页。

② 湖南省教育委员会教育志办公室编：《湖南教育史志资料》，湖南省教育委员会 1986 年版，第 44 页。

资情况与同一时期大学教师的薪俸进行了对比，结论为："可以看出，河北省中学教师月收入在60—200元之间，与1927年颁行的大学教师月俸标准比较，完全中学校、高级中学校教师大体与大学教师中助教的月俸匹敌，初级中学校第一级教师与助教最低月俸相当，其余则比之助教不足。"[①] 1927年，浙江省中等以上各学校职教员联合会提出改良职教员待遇案办法案时，曾根据实际情况提出了该省大、中、小学教师的最低月俸标准："高等教育专任教师每月薪金最低限度为120元，中等教师60元，小学教师22元。"[②] 该法案可为考察当时大、中、小学教师的薪资差别提供另一个参照。按照上述教联会的建议，浙江省的各级教员薪俸最低额度，大学教师最低薪俸为中学教师的2倍，是小学教师的6倍；中学教师的最低薪俸是小学教师的2.7倍。从中可见，与大学教师相比，中学教师的收入还是比较低的。另外，与政府公务员相比，中学教师工资水平与文官最低档的委任文官大体相当，总体上则比公务员低。根据1929年国民政府颁布的文官官等官俸表，其薪俸标准为40—800元，其中特任文官为800元，简任文官为400—600元，分为六级；荐任文官为220—370元，分为六级；委任文官为40—200元，分为十二级。[③] 民国时期有人在评价公教人员的物质生活水平的时候说："近十余年来，战祸频仍，国家财力枯竭，故公教人员生活，最为清苦，而尤以中小学教员为甚。"[④] 可以看出，公务员与公立学校教师在当时都是吃政府财政饭的，但中小学教师与底层公务员大体处于同一层次。

其次，与小学教师相比，中学教师的薪俸比较高，有人认为中学教师的收入大体位于社会中层。当时中学教师的薪俸比小学教师具体高多少？浙江省中等以上各学校职教员联合会提出的高2.7倍这个估

---

① 李艳莉：《崇高与平凡——民国时期大学教师日常生活研究（1912—1937）》，博士学位论文，华中师范大学，2015年。

② 《浙省职教员待遇改良之提案》，《教育杂志》1927年第19卷第4期。

③ 慈鸿飞：《二三十年代教师、公务员工资及生活状况考》，《近代史研究》1994年第3期。

④ 喻血轮：《绮情楼杂记》，载沈云龙主编《近代中国史料丛刊续编》第96辑，台北：文海出版社1983年影印本，第61页。

算大体是符合当地的实际情况的，因为当时有人描述杭州的中小学教师收入时说："中学教师底薪水比小学教师底要多一倍到两三倍，物质的报酬好像优胜得很。"① 中学教师薪俸不仅比小学教师高不少，与社会上其他职业人群相比，中学教师的收入也远高于其他体力劳动者。陶钝提到，他在 30 年代中期在济南私立正谊中学任教时有一位同样做中学教师的隋姓同乡，月薪每月 60 元，但因为生活异常节俭，"四年里，他在银行里存了 2000 元"②。而当时的物价是"白面两元一袋，猪肉二角一斤，白布八分一尺。看守一月的薪水是八元，可以养四口人"③。由此可见在当时的基层社会，与底层民众相比，中学教师的收入水平并不低。所以有现代研究者得出这个结论："可以说，一个中学教师的工资在维持家庭基本生活后，还有富余，平均生活水平大致在社会中层以上。这也与中学教师知识分子群体的社会地位及职业声望是一致的。"④ 当然，也有不同的观点，民国时期有人认为虽然比起小学教师来，中学教师薪水确实比较多，但是中学教师的生活却不一定富裕，就像有人说的那样，中学教师"所感到的不满足和饥荒，却也不少于小学教师的"⑤。生活清贫是中小学教师面临的共同问题。

## 二　实际收入

虽然民国时期总体上越来越重视中小学教师薪资待遇的制度建设，但由于国民政府的制度化水平有限，受政治动荡、经济低迷等客观因素影响，各地对制度的执行落实情况不一，教师的实际薪资收入并不像制度规定的那样整齐划一，实际收入情况比较复杂。经常是他们应得的薪水拿不到，不得不依赖薪水之外的收入维持生计。

---

① 尚由：《中学教师》，《教育界（杭州）》1932 年第 2 期。
② 陶钝：《一个知识分子的自述》，山东人民出版社 1998 年版，第 333 页。
③ 陶钝：《一个知识分子的自述》，山东人民出版社 1998 年版，第 285 页。
④ 杨云兰：《民国时期中学教师生活状态之变迁与反思》，《吕梁学院学报》2012 年第 3 期。
⑤ 尚由：《中学教师》，《教育界（杭州）》1932 年第 2 期。

  首先，当时影响中小学教师薪俸开支的最大因素主要是政府教育管理不规范，经常拖欠教育经费，从而导致学校欠薪现象严重。

  民国时期广大中小学校在经费来源上主要依靠地方财政或其他地方自筹经费，而且在教育管理体制上教育是附属于政府普通行政的，因而教育经费的拨付经常受到政府普通行政的控制和干预，教育经费被侵占挪用的现象很严重，直接后果就是学校经费被拖欠，教师的薪水很难按规定准时、足额发放。特别是 20 世纪 20 年代初，北京政府对教育界欠薪严重，引发了以北京国立八校为首的、波及全国很多省份的教职员索薪运动。面对当时普遍的教育经费困境，《教育杂志》曾做过如此描述："你不看八校去年一年，完全闹的是经费；武昌高师，今日也赴北京请愿，明日也赴北京请愿，弄到一个七零八落，何尝不是为教育经费？湖南各校常开代表会议，何尝不是为教育经费？江西中等以上九校职教员迭开联席会议，何尝不是为教育经费，安徽各校联合会选举代表，向政府交涉，何尝不是为教育经费？成都各校之罢课运动，何尝不是为教育经费？"[1] 整个 20 世纪 20 年代，北京各国立学校拖欠教职员薪金现象是持续不断地发生，少则一两个月，在最困难的 1926—1927 年，有时欠薪竟长达二十个月。[2]

  有人回忆 20 世纪 20 年代北京小学教职员的待遇时，曾指出这样一个现实：规定的薪水多少是一回事，实际上能发多少却是另一回事；甚至有时欠薪还会被当局以各种借口赖掉。"上述教工的月薪多少姑且不论，不合理的是虽然规定每月 25 日发工资，但实际根本不能兑现。经常延迟到下月多少天才发，即使发，不是八成，就是五成，要不就是二三成，甚至有时连一成也不到。因此，每月一欠就是几成，日子多了积欠竟达几个月之多。这时局面变了，局长也随着换了，所有前欠，往往就一笔勾销了。"[3] 20 世纪 30 年代南京国民政府统治下，教育管理方面越来越制度化，但教育经费不足、教育界欠薪的现象仍

① 知白：《教育评坛·教育经费独立》，《教育杂志》1922 年第 14 卷第 1 号。
② 召：《京师的国立各校》，《现代评论》1926 年第 4 卷第 101 期。
③ 赵孟超：《解放前我所从事的小学教育工作》，载马玉田、舒乙主编《文史资料存稿选编》（教育），中国文史出版社 2002 年版，第 638 页。

然经常出现，教师的薪俸开支仍然很不确定。"现在教育者的待遇，是由停止进级，而欠薪，而减薪；并且每个月薪水，都要求乞几次，才能清发。而数口之家，已嗷嗷待哺了唉唉！呜呼！"① 可以说整个民国时期学校欠薪现象始终是存在的，本来是教师的合法收入，却还得教师"求乞"或斗争才能得到。

由于学校欠薪，为解决生计困难，许多教师不得不在各校兼课，兼课成为教师对付薪资收入不足问题的一个常态。但兼课之路既艰辛，收入也不稳定。

一位同时在三个学校兼课的中学教师，月底的实际收入是这样的："许教师一身兼着三个学校的教课，××中学教薪是二十元，本月份除了扣去迟到时间的教薪以外，实数得到的仅有十三元。××女校教薪是三十二元本月份除了扣去庆祝校庆纪念的礼物费五元以外，还存二十七元，××中学功课也多，教薪也要算最多，是四十五元，本月份为了教职员集体庆祝校长寿辰，合资送一笔较重的礼物应派出十元，已由学校代垫，在教薪中照扣以外，所得到的，只有三十五元，他虽然兼有三个学校的教课，经济的收入，除去许多无形的东扣西折以外，实在得到的，总共已只有七十五元，再除去按月他自己往来的车费，所余的已可想见，还要来应付这一家四口一月间的日常开支，那么自然未免要感有捉襟见肘之苦了，而且有时候他妻子还不常要发些牢骚，说他教书匠的没出息呢！"这位许老师同时在三个学校兼课，他的收入仍然捉襟见肘；而他自己则已经处于疲于奔命的极限状态了。"他为了被生活鞭子的驱策，在整整每一个月三十天的当中，每天除了无法蠲免的每夜四小时睡眠以外，可以说没有一刻空余的时间，为了教师待遇的菲薄，他虽然在这样日以继夜不断地工作着，可是他一家四口的衣食，还不能勉强维持得来。"② 更尴尬的是，虽然各处兼课，但由于各校普遍欠薪，兼课教师年终还是有可能面临欠薪。冯友兰曾谈到 20 世纪 20 年代初北京教育界普遍欠薪状况下兼课教师的窘境："有

① 慎修：《闲话教师》，《教育生活》1936 年第 4 卷第 1、2 期。
② 钱一鸣：《兼课教师》，《中美周刊》1941 年第 2 卷第 21 期。

一个教授，同时在四个大学里教课，到了年节，四个大学都发不出工资，当时称为‘四大皆空’。"①

其次，民国时期各地教育文化发展水平极不平衡，再加上教育制度本就不完善、学校管理不到位，这就加剧了各个学校在教师薪资待遇方面的随意性，学校经常以各种名目任意克扣教师薪水。

具体到每个学校，其教员的薪俸开支也有很大差异。比如有的学校规定，"教员生病不能上课时，要自己找人代课；自己找不着由学校代找时，代课金由月薪扣除。如果这个月的月薪只发五成，其余五成代课金就必须由生病的教员自己掏腰包，如果这个月没发薪，则需自筹十成交给代课人。"② 而有些学校，教师薪水干脆按日发放，假期里教师就没有薪水，一年只发 10 个月的薪水。甚至在经济比较发达的上海，也存在这种现象。"暑假就在眼前了。在饥饿线上挣扎着的小学教师，又要愁眉苦脸地盘算着一个严重的问题：'放暑假了，我们的生活问题怎样解决呢？下学期的饭碗，有没有着落呢？'我们知道在上海许多小学教师的薪水是按上课的日数计算的，'放假就是失业'似乎已经被一般人公认了。"③

乡村教师薪资制度尤其不规范，开支特别不稳定，这是由民国时期教育经费的分配制度所导致的。当时，县级财政主要负担少数县立小学和中学的经费，大量的乡村小学，除了所谓县立小学能够从县财政得到少量补贴之外，大量的所谓区立、村立小学则主要依靠乡村自筹的经费和学生缴纳的学费来支撑。乡村教师的收入也来自这些乡村自筹的经费和学费，再加上少量的县财政补贴。既然主要依靠乡村地方自筹的资金，那么在乡村经济凋敝、乡村社会办学热情不高的大环境下，教师的薪资就存在很大的不确定性。他们的工资能不能按时足额拿到手，那要看乡村办学的权势人物，如校董、校长、村长等乡绅

---

① 冯友兰：《三松堂自序》，载冯友兰著《三松堂全集》第 1 卷，河南人民出版社 1985 年版，第 69 页。

② 赵孟超：《解放前我所从事的小学教育工作》，载马玉田、舒乙主编《文史资料存稿选编》（教育），中国文史出版社 2002 年版，第 638 页。

③ 马精武：《教师生活·小学教师如何利用暑假》，《小学教师月刊》1940 年第 2 卷第 3 期。

的意愿及筹款能力了。如果乡绅开明，办学热情高，他对于乡村公产的管理公平严谨，或对于学费的收缴督促得比较紧，那么乡村学校的经费，包括教师的薪资就有保障；如果乡绅思想落伍，对校产的管理腐败，那么乡村教师的薪水开支就完全要看乡绅的脸色了。事实是乡村学校扣薪欠薪现象严重，乡村教师的薪水发放不仅不定时，有的乡村学校甚至连教师的薪水多少都没有定额。所以有教师抱怨："至于我的薪水，到现在两个多月，才发我九块钱，钱数虽不多，要的次数却不少，若果问他一定数目，他却无正确答复。"①

另外，受政治动荡、兵乱频繁等客观因素影响，教师薪资待遇也经常发生问题。

比如，20 世纪 20 年代初广州的小学教师闹"加薪"运动，理由是广州受兵祸影响通货膨胀严重，从而使小学教师微薄的薪水不足以维持生计。对于当时广州小学教师们的生活困境，《教育杂志》曾为之辩解："数遍全世界各种各类的人，最难维持他们的生活的，要算中国大都市中的小学教员为第一了！一个北京，一个上海，一个广州，在这三个地方过活的人，谁不作'长安不易居'之叹？而广州那一处，连年受两广媾兵的战祸，消耗繁，生产少，那里的生活程度便越见增高；在那种地方，当一个小学教员，每月拿一二十元的薪水，还挂着一个上流社会的招牌，一身一家都要顾存外间的场面，除了家有余资的以外，谁还能安居乐业的过去呢？"② 1924 年后期的江浙战争和第二次直奉战争，给许多地方的教育带来了厄运。江浙战争期间，江苏、浙江、安徽等省沦为战区，教育经费没有了，学生因路途不宁也不能到校，许多学校只能停课放假，教师的薪俸自然受影响。

大环境的动荡对于普通民众生活的影响是巨大的，因为小民百姓在大潮流的裹挟中根本无力抗拒。陶钝提到，他在济南私立正谊中学任教时有一位同样做中学教师的隋姓同乡，生活异常节俭。陶钝认为当时教育界的生活不过养家糊口的水平，而他的隋姓同乡却可以有盈

① 姚斐然：《我的小学教师生活写实》，《基础教育》1936 年第 1 卷第 7 期。

② 既澄：《教育评坛·广州教师的加薪运动》，《教育杂志》1922 年第 14 卷第 2 号。

余。"隋兄在齐鲁中学每月 60 元，和我的人口一样多，房费也是五间的。我家里不够，幸而教授一师的一班国文有 40 元补贴，从容一些了。可是隋家，每月可以节约 20 元，存入银行。在我打官司的四年里，他在银行里存了 2000 元，说：'以后不怕失业了。'"① 可是随着抗战爆发，这位隋姓同乡存在银行里的钱却提不出来了，"存折成了废纸"②。按当时的物价看，"白面两元一袋，猪肉二角一斤，白布八分一尺。看守一月的薪水是八元，可以养四口人"③。这位隋姓教师的损失之巨大可想而知。

中小学教师薪资待遇这么低，应拿的薪水经常拿不到，他们是如何在如此没有职业保障的情况下维持自己的正常生活的呢？事实上，民国时期多数中小学教师并不是脱离大家庭独立生活的，他们一般家里都有田亩、房屋等不动产，所以他们并不只依赖薪资谋生。

杨懋春提到山东台头村的情况时，曾这样描述："除基督教堂的传教士和基督学校的教师外，该村没有一个手艺人是完全靠手艺谋生的。所以泥瓦匠、木匠、织布匠、小铸造厂工人、村学校教师、庄稼看守人和几个村官员，在播种好收获季节或者偶尔不从事专业工作时，都与他们的家人一起在田间劳动，所有手艺人的工资中只有部分是现钱，其余包括吃饭，偶尔还包括住宿。"④ 正因为有家庭农业收入的补助，所以台头村学校教师的生活水平并不低。"一些穷村民谈起基督教牧师、学校教师或集镇上的商人时，就会说：'他是一年四季吃小麦粉的人，他的脸怎么会不光滑呢！'"⑤

另有一项 1924 年对江宁县十学区的 96 家小学教师的家庭财产情况的调查更能反映问题。据对"最近两年"江宁县小学教师薪水收入的调查统计，他们每月薪水为二十五六元，这样微薄的薪水显然是难以养家的，"惟此 25 元之数，能否敷教师生活所需之用，为一极堪

---

① 陶钝：《一个知识分子的自述》，山东人民出版社 1998 年版，第 285 页。
② 陶钝：《一个知识分子的自述》，山东人民出版社 1998 年版，第 333 页。
③ 陶钝：《一个知识分子的自述》，山东人民出版社 1998 年版，第 285 页。
④ 杨懋春：《一个中国村庄：山东台头》，张雄等译，江苏人民出版社 2001 年版，第 30 页。
⑤ 杨懋春：《一个中国村庄：山东台头》，张雄等译，江苏人民出版社 2001 年版，第 36 页。

注意之问题"。作者通过调查发现，教师家庭的总收入中包括薪水、其他收入、财产（不动产）三项，特别是"大部分教师家庭中均有若干相当之不动产，以田亩为最多，至其价值之估计，平均每家为2105.63元"。作者结合小学教师的消费情况，得出结论："大多数教师家庭中皆有相当不动产，半数以上为田亩。教师家庭之所以能维持者赖此。"① 具体来说，这96家小学教师的家庭财产情况如下：有田产的教师家庭占96家小学教师中的57.34%；有房屋者居次，占17.69%。"大部分教师家庭中均有若干相当之不动产，无者只16人。所有财产中以田亩之百分比为最高，盖教师月薪之收入既甚微薄，欲赖廿五六元之数，维持全家，势所不能，而乡村家庭本赖农事，使乡村教师之产业亦以田亩为最多。普通乡村家庭房屋均依自建，表中所填者大概亦指自住房屋而言，非出租生产者。"而这些教师家庭的所有财产估值情况如下：除了无财产者17家（占17.71%）和财产不明者8家（占8.83%）之外，其中财产价值在500元以下者，为15家，占16.63%；财产价值在501—1000元者21家，占21.88%；在1001—1500元者9家，占9.38%；在1501—2000元者8家，占8.83%；在2001—2500元者5家，占5.21%。这是教师家庭财产占比比较大的几个区间，可见教师家庭多在温饱或小康水平，财产价值在2500—20000元的真正富有的家庭也不多，只13家。②

如果家里有一定的不动产作为生活补助的话，一位中小学教师的生活应该还是比较安稳的。事实上，这也是很多中小学教师心中的理想状态。如一位热爱教育的老教师曾经这样憧憬自己的理想生活："使一个人有几十亩田，家庭开支，不一定全靠学校，那就在一支附近家村的小学里终身，做一世太平的'众小猴之王'，我以为也无所不可。"③

① 龚启昌：《江宁自治实验县小学教师家庭生活概况》，《江苏省小学教师半月刊》1935年第2卷第14期。
② 龚启昌：《江宁自治实验县教师家庭生活初步调查》，载李文海主编《民国时期社会调查丛编·文教事业卷》，福建教育出版社2004年版，第238页。
③ 南容：《教师生活的回忆》，《江苏教育》1942年第4卷第5期。

总之，在薪资待遇过低、开支不稳定的情况下，中小学教师很难单纯依赖薪水实现财务独立。来自祖产，特别是田产的收入，是中小学教师必不可少的生活补助。相应地，教师也会把自己的薪水上交大家庭，而不会将薪水视为自己私有，所以，传统的大家庭同居共产是相当一部分中小学教师的物质生活模式。

# 第二节　基础消费

民国时期中小学教师的基本消费结构，可以从 1924 年龚启昌对江宁县小学教师的家庭生活调查中得到反映。被调查的十学区 96 家小学教师的家庭消费项目主要包括：一、"食品消费"——粮食、菜蔬、茶水煤柴；二、"衣住情形"——被褥衣服、房租或修理费、灯火费；三、"清洁装饰及消耗娱乐用费"——个人和家人所需要的装饰、烟酒消耗、娱乐；四、"杂项费用"——家具、应酬交际、婚丧庆贺、教育费、书报文具邮件费、医药费、交通费、慈善费、事奉费、宗教费、杂支费。① 上述调查结果基本反映了当时中小学教师基本的消费内容和消费结构。如果再概括归纳一下，民国中小学教师的消费内容大体可以分为两类：一是衣食住行类基础消费，二是基础项之上的生活消费，其总体消费倾向是以维持基本生活需求为中心的。

衣食住行是人们维系和延续生命的基本要素，在日常生活中具有基础性地位。而据龚启昌等人所做的各种关于教师生活的调查，衣食住行等基本消费在中小学教师日常生活消费中占比最大。

## 一　衣

衣着附着于人的身体，不仅起遮蔽之用，也经常与时代背景发生互动关系。民国中小学教师的衣着打扮与那个时代的政治、经济、文化教育变迁密切相关，所以不是一件无足轻重的个人私事。

---

① 龚启昌：《江宁自治实验县小学教师家庭生活概况》，《江苏省小学教师半月刊》1935 年第 2 卷第 14 期。

1. 长衫阶级

几乎可以说衣着是标识人的社会身份的最直观、最物化的符号。民国时期教育并不普及，教师是基层社会中稀有的知识分子，衣着对于表征其社会身份的重要性自然不言而喻。所以当时有人谈到教师的"完美的人格"时，提出的第一个必备条件就是"仪容和口辞"，因为"大凡我们碰到一个人，最初使我们注意的就是他的仪容和口辞"①。一位小学校长这样这样描述乡民与教师之间的关系："他们（乡民）是养活我们这些衣履整好的教员们的。"② 可见"衣履整好"是教师与普通乡民最直接、最直观的不同。

衣着穿戴对于教师阶层的重要性，在中国还有特定的历史文化原因。在民国时期一般社会观念中，教师还带有传统"士大夫"阶级的身份遗风。比如，有人指出，上海的小学教师低微的薪水几乎不能负担生活的必需品，而着装方面他们却还是不得不讲究，必须要符合特定的社会习俗，因为当时"尚有一种封建遗毒，留在现社会里，给予小教们一个无形的桎梏，就是'士'的阶级。码头小工，他们可以把千补百补的衣服，穿在身上，他们可以不去睬无谓的应酬，小教们是'为人师表'的'士'的阶级，在伦理上，这阶级已消减，在一般的意识里，仍旧是牢不可破的保留。最低限度，粗衣布服，都要穿得过去，要是穿着破衣，那是万万不可能的。至于无谓的应酬，更是谁都逃避不了的"③。可见，即使小学教师生活很艰苦，但他们还是受到"士"身份的限制，着装不可随便。

也正是因为有这样的传统，所以民国时期的乡村教师即使在待遇极其低微的状况下，对自己的衣着还是不敢马虎。虽然他们时常抱怨自己收入堪比苦力工人，但在生活消费模式上却不得不尽力与底层劳动者划清界线。"现今，把小学教师所得的物质的报酬，尤其是乡区小学，和黄包车夫比拟，和旅馆、茶园、酒馆的茶房比拟，乃至和行

---

① 谭维翰：《论教师》，《大众（上海 1942）》1943 年第 8 期。
② 从宜：《随笔·教师生活·校长》，《中学生》1934 年第 42 期。
③ 郑璞生：《小学教师合理的休闲生活》，《静安》1937 年第 4 期。

政机关的门房比拟，都不如远甚！所获的报酬不如人们，而事实上必需的生活费，却高出人们几倍；现在仅就以上所举几个例子来说一说罢：无论在哪里，小学教师决不能如包车夫般的穿五个铜子一双的草鞋，小学教师雨天须五六块钱的皮鞋……"①

每个时代，某个特定人群的日常生活样式中总有些东西会成为这个人群的身份表征。比如，有人这样说："'长衫''八字步''望而畏之'的塾师时代。"② 这说明穿着长衫、走路不紧不慢、仪表令人望而生畏，是旧式塾师的外在仪表特征，而民国时期社会对于教师的衣着仪表也形成了约定俗成的认知——"长衫阶级"是当时中小学教师的身份代称。因为，长衫是民国时期中小学教师最主要的衣着样式和衣着标志。

教师是"长衫阶级"，这是从塾师时代就形成并沿袭下来的习惯认知。有人讲到清末民初私塾先生的衣着时就指出，私塾先生必备长衫，夏季极热的三伏天，在学馆偶尔会脱掉长衫，只穿一套短褂裤，但"外出却得套上长衫"，所以"一件长衫，是身份和文化的标志，所关非浅"③。民国时期，长衫仍然是基层社会读书人，特别是中小学教师的服饰标志，"长衫阶级"几乎成为中小学教师的代称。比如有人描述抗战期间经济困顿状态中的教师为"穿着破长衫饿肚子"，将离开清贫的教育界称为"脱却褴褛的长衫"。④ 有小学教师抱怨："为了羡慕小贩们收入的容易，要想脱下长衫，从此改业，可是'师道尊严'，自己又觉得有些未便。"⑤ 有人一般性地描述小学教师的仪表形态："像现在天气之热，他们的土布长衫或厚布的学生装还是不能脱去，背上汩汩的汗只是向衣外流出。"⑥ 长衫形象与中小学教师如此紧密地联系在一起。

---

① 王鲁白：《一位小学教师之悲愤的喊声》，《教育杂志》1929 年第 21 卷第 4 期。

② 唐慰之：《一年的教师生活》，《江苏学生》1933 年第 2 卷第 1 期。

③ 王楷元：《辛亥革命前后的私塾生活》，载全国政协文史资料委员会编《中华文史资料文库》第 17 卷教育，中国文史出版社 1996 年版，第 23 页。

④ 萧庄：《暑假闲话教师（二）》，《上海周报（上海 1939）》1940 年第 2 卷第 7 期。

⑤ 卢冠六：《上海小学教师的生活》，《小学教师》1940 年第 1 卷第 10 期。

⑥ 孙福熙：《教育评坛·致全国小学教师》，《教育杂志》1926 年第 18 卷第 9 号。

其实，除了长衫之外，一些新时代的服装样式也渐渐浸入教师的着装领域。比如学生装也是当时青年中小学教师中比较常见的衣着打扮，特别是那些刚出校门的青年教师经常穿学生装。比如柔石的小说《二月》中的主人公——中学教师萧剑秋就是穿着学生装来到芙蓉镇中学的。另外，当时在小学教师当中也有穿西装的，但在一般乡村教师中西装还属于比较稀罕的打扮。汪曾祺回忆自己在高邮县立第五小学上学时，曾提到一位"在教员中有其特别处"的"夏先生"，他的特别之处在于："一是他穿西装（小学教员穿西服者甚少）。"[1] 冯英子回忆自己读书的江苏吴江同里镇的二铭小学时，指出当时的教师衣装也以中式长衫为主，穿西装则属于特例。"学校中的老师，大都穿的是中装，只有一位教体育和教英文的老师，穿了西装。"[2]

可能是由于民国时期的中学多数都设在城市里，所以中学教师的衣着打扮总体上似乎更城市化一些，穿中山装或西装的比较多。有人这样回忆他的中学国文老师："有着学者的风度，一套藏青的中山装里裹着他那庞大而肥胖的躯体……"[3] 相应地，穿土布长衫的中学教师就显得比较守旧和落伍了，比如有人这样回忆他的一位中学史地老师，说他个性并不极端，思想也不落伍，教学非常精彩，但外在的形象却比较"古董"——留后披发，穿土布长衫。"郑先生的人，并没有什么特奇，实是一位不偏不倚的君子。他是一位古董的，头上还留后披发，和清代相仿……他虽然思想很新，但服装却不新；他教授我们的时候，差不多天天都穿了土布的长衫。"[4] 从作者的描述中，至少可以看出，中学教师天天穿土布长衫属于有点落伍的衣着作风。

另外，服装只是教师仪表打扮的一部分，民国中小学教师的仪表还包括其他附件或配饰，这些也成为当时教师外在仪表的组成部分，体现了教师的身份。

比如，有乡村教师提到："无论在哪里，小学教师决不能如包车

---

① 汪曾祺：《我的小学》，载傅国涌编《过去的小学》，同心出版社2012年版，第31页。
② 冯英子：《师恩似海》，载傅国涌编《过去的小学》，同心出版社2012年版，第191页。
③ 古天佑：《我们的一位国文教师》，《世风半月刊》1938年第2期。
④ 春二甲潘济江：《给我印象最深的一位教师》，《清华校刊》1941年十周年纪念刊。

夫般的穿五个铜子一双的草鞋，小学教师雨天须五六块钱的皮鞋。"①看来，除了长衫之外，穿皮鞋也是乡村教师不同于普通乡民的一个仪表特征。有位小学教师曾经回忆自己做乡村小学教师时，每月要步行去城里一次，每次一旦出门就经常携带一只自己在初中读书时买的小藤包来装随身生活用品，衣帽鞋袜、书籍图章、公文之类全放在这只小藤包里。这种便宜又实用的藤包虽不能看作乡村教师的标配，但似乎也与辗转奔波于城乡之间的乡村教师身份有一定联系。因为作者说过，因携带这只朴素的藤包，他曾经被乡民误认作"剃头的""到各私塾卖书的""下乡收钱粮的"和商店里下乡收账的；作者戏谑，如果自己的用具全放在一个"皮的公事包"，"后面再跟上一两个跟班的，甚至是卫兵"的话，就可能被乡民当作什么委员老爷、主任、大人之类人物了。②显然，这种藤包不属于乡村民众的普通用具，而是属于乡村以外更广阔的世界的；但它又不像皮包那样奢侈和高高在上，而是离乡村生活很近的器具。所以，这种经济实用的藤包就成为介于外部世界与乡土社会之间、非官非民的乡村教师的形象特征了。

2. 衣着打扮的象征意义

在民国时期这个由传统社会向现代社会转型的过渡期，教师的衣着打扮具有复杂的文化象征意义。

首先，衣着打扮具有很强的身份象征意义。

质量低劣点的土布长衫往往是乡村小学教师最普遍的着装，在乡间，这已经能够显示他们不同于体力劳动者的特殊身份了。"照实际情形说，我们如果埋头在穷乡僻壤的学校里，和许多衣仅蔽体的农村孩子作伴侣，那末，做老师的，虽然土布长衫一件，粗布鞋子一双，在看惯了穿补衣破袄的孩子们看来，或许已有几分认为做老师的整齐，排场。"③可见，乡村教师在衣着方面与乡村普通民众之间形成的约定俗成的差别是，虽然都穿土布，但最起码教师应该穿长衫，而普通乡

---

① 王鲁白：《一位小学教师之悲愤的喊声》，《教育杂志》1929 年第 21 卷第 4 期。
② 枕流生：《教师生活写真·我底籐包》，《江苏省小学教师半月刊》1936 年第 3 卷第 10 期。
③ 唐醒黄：《小学教师生活问题讨论六篇·规定小学教师服装问题》，《江苏省小学教师半月刊》1936 年第 3 卷第 18 期。

民则是穿土布短衫。还有一个例子，说明了长衫与土布短衫所展现的社会身份意涵。当时浙江上虞的春晖中学是比较著名的中学，教师们的穿着打扮比普通乡村教师要好一些，不是穿土布，而是穿"夏布长衫"，甚至"穿纺绸之类的绸衫，当时春晖几位老师无不如此"。但是唯独夏丏尊衣着特殊，引人注目，"唯独这位老师穿的却是白土布短衫裤"。从学生的回忆中可以知道，夏先生穿土布短衫是刻意的，是他同情弱者、同情穷人的思想观念的表达。[1] 显然，这里的土布短衫代表的是劳动者的身份，而夏先生穿土布短衫所表达的超出了社会身份的意义。

土布长衫是一般贫寒乡村教师的通常穿着，也有个别乡村教师衣着很奢华，穿绸缎长衫或皮裘之类，而这与众不同的奢华也有超越衣着之外的身份象征意义。比如，小说《二月》描写了大约在北伐战争期间江南小镇——芙蓉镇中学里的故事，学校里一位钱姓教师的穿着是这样的：因为天气变热，二月里的一天，钱正兴已经换了两次衣服，"上午由羔皮换了一件灰鼠，下午由灰鼠换了这件青缎袍子"[2]。而且这位钱先生不仅衣着比别人光鲜，总体的仪表都是与众不同的优越，"用大块的美容霜擦他底脸孔，整瓶的香发油倒在他已光滑如镜子的头发上。衣服香而鲜艳，四边总用和衣料颜色相对比的做镶边，彩蝶的翅膀一样。"[3] 作者之所以如此细致地描写钱先生的衣着，显然是埋着伏笔的，后面果然交代出这位钱先生身份不一般。他家是芙蓉镇第一等的大户，不仅最富有，而且父亲做过大官，而钱本人也是大学毕业。[4] 显然这位钱先生的地位特殊，作者写他光鲜的衣着只是为后面揭示其身份地位做一个铺垫。与之形成反差的，是无父无母、无一寸产业的主人公——中学教师萧剑秋的衣着打扮，"身穿着一套厚哗叽

---

① 钟子岩：《夏丏尊在春晖》，载傅国涌编《过去的中学》，同心出版社2012年版，第241页。

② 柔石：《二月》，载刘会军、林乐齐编《现代中篇小说选（1921—1949）》第1辑，宝文堂书店1984年版，第401页。

③ 柔石：《二月》，载刘会军、林乐齐编《现代中篇小说选（1921—1949）》第1辑，宝文堂书店1984年版，第433页。

④ 柔石：《二月》，载刘会军、林乐齐编《现代中篇小说选（1921—1949）》第1辑，宝文堂书店1984年版，第431页。

的藏青的学生装"，"足下一双黑色长统的皮鞋"①，从头到脚都透露着平民气。当然，小说的主旨是用纨绔子弟钱正兴的浮夸空虚来衬托平民萧剑秋的朴实、有内涵，衣着的光鲜亮丽反而正成为钱正兴空有其表的反衬。

其次，衣着打扮也折射出那个时代的社会变迁。

民国时期城乡经济文化分化得很厉害，城乡社会生活的差异也越来越大。虽然城乡教师习惯上被统一称为"长衫阶级"，但实际上当时乡村教师几乎都穿粗布长衫，而繁华都市里的中小学教师穿长衫的虽然很多，但中山装或西装革履等新式服装也已经是城市教师很常见的打扮了。这种环境下，一个进城的乡村教师所穿着的土布长衫就可能呈现一种特别的效果，引起他本人的特殊感受。

有位乡村教师这样回忆："当我初入市校办事时，校长着我作第一次的训话，当时全校教员，都西其装而革其履地表露出一种俊伟的仪容；只有我身穿一套旧企领（企领长衫），脚蹬一对令人讨厌的旧胶底鞋，尤其是漂泊半生，乡音未改，有谁不见而生厌呢？后来几经奋斗，才得脱去那'乡下仔'的绰号。"② 这位乡村教师因自己的衣着打扮而自惭形秽，其实是近代社会城乡剧烈分化在社会生活上的折射。土布长衫已经成为乡下、土气、落后的表征；西装革履则成为城市、时尚、现代的表征，本来在乡村里很体面的土布长衫，到了城市里却几乎成为"乡下仔"的特征，使乡村教师受到歧视，给他们带来不适和自卑。这种自卑是真真切切的，就像一位乡村教师说的那样："然而我们一旦就这样本乡本土的走进了城市，在大街上经过，或是往公园里兜圈，恐怕不但茶博士眼里没有你，就是商店里的职员，也要拿你当阿曲细。若是和那衣履翩翩之辈比较，相形之下，种种感喟惭怍的事实，苟非身历其境的，一定不能道出其中的况味诶！"③ 正是为了

① 柔石：《二月》，载刘会军、林乐齐编《现代中篇小说选（1921—1949）》第1辑，宝文堂书店1984年版，第403页。
② 梁运涛：《我的教师生活底回忆》，《教育生活》1936年第4卷第1、2期。
③ 唐醒黄：《小学教师生活问题讨论六篇·规定小学教师服装问题》，《江苏省小学教师半月刊》1936年第3卷第18期。

缓解这种因服装打扮不同带来的尴尬，有小学教师甚至建议政府参照公务员的着装规定，也规定小学教师着统一制服。

再者，正因为衣着打扮的深层象征意义，所以民国时期学校教师的衣着打扮甚至可以表达很多东西。比如前述春晖中学的夏丏尊先生，他特立独行地穿起土布短衫，其实正是他同情民众这种内在思想理念的主动表达。有时，学校教师的衣着风尚还成为这所学校整体办学风向的体现。比如孔祥熙控制的山西太谷县的铭贤学校，在孔祥熙控制下，任用了一批留美学生，所以学校在20世纪20年代的时候就"洋风十足，教职员十足洋化，洋装革履……在那个时代学校就有舞会，男女教职员跳外国舞"①。在当时的山西社会，铭贤学校连同教职员穿着做派在内的整体校风都如此与众不同，与身边保守的社会环境格格不入，其实正表现了它是当地新文化的中心。

最后，正因为衣着打扮具有很强的社会文化意义，更何况教师为人师表，其衣着打扮潜移默化地会影响青年学生，所以，教师该穿什么，怎么穿，就成为一个社会问题，从而引起社会讨论。

当时的社会普遍认为，衣着对于教师来说，绝不仅仅是教师个人的事，它还附加有做社会表率的教育职能，能引领一代青年人的风尚，因此，教师着装必须符合社会的主流价值观。在当时国弱民穷的中国，朴素、节俭就是教师最佳的着装标准。"我们做小学教师的人，是天真儿童的模范者，是要训练儿童衣服朴素的，对于衣服，当然要注意了。尤其是新做教师的第一天，格外要顾到。如果你是一个女教师，与其穿着鲜艳夺目的，反不如穿一件朴素的为愈，与其穿高贵的外货，反不如穿便宜的国货，穿革履不如穿布鞋，穿丝袜不如穿纱袜，免得有背训练信条，自打嘴巴致失信仰也。"② 还有人具体地提出了小学教师的着装规范："（一）衣服的质料，要力求朴素；（二）要绝对采用国货；（三）同质料同颜色的衣服，要制备两套以上，以便替换；（四）衣服的式

---

① 刘道生：《孔祥熙与铭贤学校》，载马玉田、舒乙主编《文史资料存稿选编》（教育），中国文史出版社2002年版，第545页。

② 辛且勤：《初任教师的第一天》，《教师之友（上海）》1937年第3卷第7期。

样，要力求普遍；（五）会朋友的衣服，切莫穿到教室里去；（六）手帕要采用纯白色的。"① 也有人概括地提出教师着装的原则："教师的衣服，不宜显妍，不过于老式，也不过于时髦，不过于守旧，也不过于新奇。"② 总之，在当时的社会环境下，社会对教师仪表着装的要求是很严谨的，强调教师着装对民族风尚的示范意义，以朴素、整洁、实用、不过于奢华和时髦为标准。

而从一个教师的主体体验来说，他在着装问题上则面临另一重烦恼，这就是经济条件与教师身份之间的矛盾。对于普遍生活困窘又"挂着上等招牌"的小学教师来说，着装打扮可能是一个"进退两难"的选择——太讲究的，穿不起；不讲究的，又不符合身份，被人瞧不起。"夫衣所以蔽体，照理有了衣服，就可以蔽体，不过因为布的质料有优劣，同时社会上阶级式的势利观念，在人类的脑筋里，印象得又最深，于是，使我们这般得下等的待遇，挂着上等招牌的小学教师们，对于穿衣问题，便觉得进退两难了。"③ 前面已经引述过，在中小学教师待遇低微，物质生活拮据的大环境下，连教师待遇最为优厚的上海，置办衣装竟也成为教师的一项生活负担，"以上海社会生活程度之高昂，把这仅有的薪水，简直不够必需品的衣、食、住、行四项分配"。衣食不继的忧虑甚至导致教师抱怨自己作为"士"阶级的传统身份是"一种封建遗毒"，是"给予小教们一个无形的桎梏"，使他们不能像"码头小工"那样随便穿"破衣"。④

总之，教师虽然贫困，但为人师表的知识分子身份还在，衣着总不能太过随意。

## 二　食

饮食是物质生活的核心，尤其在物质匮乏的情况下，最为民众所

---

① 王璧岑：《小学教师的服装》，《教师之友（上海）》1937年第3卷第2期。

② 《教师的仪表》，《浙江小学教育》1936年第4卷第7期。

③ 唐醒黄：《小学教师生活问题讨论六篇·规定小学教师服装问题》，《江苏省小学教师半月刊》1936年第3卷第18期。

④ 郑璞生：《小学教师合理的休闲生活》，《静安》1937年第4期。

看重。而民国时期中小学办学情况很多元，教师的膳食问题也就有多种多样的解决方式。

一般来说，民国时期中学教师的物质生活相对于小学教师来说要好一些，这在家庭饮食方面可以看得出来。陶钝在自述中讲自己于20世纪30年代中期入济南私立正谊中学任教时，携带家眷——妻子和两个女儿，两个女儿一个上中学，一个上小学，都是走读，生活负担并不算轻，当时他家里的饮食情况是这样的："家里的主食是买来的馒头，可以说是真正的山东馒头，高装，硬面，吃起来香甜。在烧木柴的炉子上炒点菜就吃的很不错了。"① 可见，当时陶钝家里的基本饮食水平还不错，而且他自己也很满足。

有的学校集体解决教职员膳食的问题，一般是学校补助一部分，教师自己负担一部分。有人谈到20世纪40年代上海的几所私立中学就是这样集体解决教职员膳食问题的，但前提是教师为专任，不能随意在各校兼课。"这四所中学里，他们很理想地解决了膳食问题。……教师住在学校，每位每月有两斗配给米，学校补贴一部分菜金，先生再稍稍拿出一部份，也就算足够了。"从这几所中学的条件来看，中学教师们过得虽不富裕，但基本的生活温饱还是可以保障的；而且还可以有薪水结余来养家。"我们说：永远生活在艰窘中的人，从来就不懂什么幸福吧，他们能解决了吃的问题，把剩余的钱用来买几件教合配给的廉价毛线衫，两条肥皂和几本必要的参考书，再寄几十块钱到家里去，本学期发下来的薪金支配也许就告一段落，这分配也还算得当吧？"②

一般来说，教师在校内食堂解决膳食的，学校往往给教师另开食堂，不与学生在一起。比如民国时期著名的浙江上虞春晖中学，"教师有家属的都住在校外，自备伙食，单身教师另有食堂，不和学生在一起"③。当时富于教育改革思想的五四运动健将——匡互生到春晖任

① 陶钝：《一个知识分子的自述》，山东人民出版社1998年版，第330页。
② 东方晦：《中学教师生活举例》，《现代教学丛刊》1948年第4期。
③ 黄源：《我的启蒙老师》，载傅国涌编《过去的中学》，同心出版社2012年版，第238页。

训育教员，他却打破惯例，主动到学生食堂，与学生一起吃。民国时期一些心怀理想的教育家，试行生活教育，就主张师生学习和生活都应在一起。杨效春记载自己在义乌县立中学实施生活教育时，学校倡导每日三餐都由师生共聚一堂一起吃饭，"一处会食"。"我们每天用餐只是粗黄的米饭和稀粥，及拌豆腐，炒豆芽，煮青菜，炒香干，煨竹笋等等常见的粗菜，每星期只见两次肉食。"当然，这属于生活教育理念的实验，不是寻常学校的常态。所以，杨效春说："寻常的中学教师是不和学生一处会食的。他们教师所享用的菜，也许比我们的可口些。"①

民国时期很多小学教师也是离家就业，不可能在家食宿，他们解决膳食问题的方式有很多种，而且由于他们待遇更低，所以于他们而言，膳食费负担更重。都市里稍微完善点的小学校，教师的膳食也可能由学校组织解决。学校解决膳食问题的方式有很多种，或校内包饭，或校外包饭。校内包饭的，有的账目清楚公开，有的则由校长包办，并不公开账目。对于薪资微薄的教师来说，他们评价学校膳食的标准就是经济不经济，所以，学校包饭上的腐败很容易触怒教师。以下是几位小学教师谈论各自学校的膳食情况："张：'我校的膳食问题很简单：就是用轮流法，每月由二位教师值理，到月底把膳食收支账公布移交。每月我们应派的膳费，只有四元左右，所以很经济。'王：'我校的膳食，是每月七元包给校外的，很不经济。'李：'我校的膳食是这样一回事，是由校长先生通知事务部每人预扣膳食洋六元，名义上说是开账的；但到每月终结账时，只告诉我们每人应派五元八角九角，六元三四角不一定。至于本月用去多少柴米油菜……钱，本月应收学校津贴多少，学生附膳金多少，都不提及。我说，老张校里的膳食很经济，可叫做经济饭了。老王校里的膳食是不经济的，就叫做不经济饭吧。我校的膳食既不是包饭，又不像开账，只好叫做××饭！'"②

---

① 杨效春：《中学教师生活——生活教育实施报告之一》，《中华教育界》1932年第19卷第7期。
② 张乐：《教师生活写真（续）十七》，《教师之友（上海）》1937年第3卷第4期。

当时在膳食方面最困难的应该是那些离乡背井到异地任职的乡村教师。乡村学校规模小，条件差，教师待遇低，学校不可能负担解决教师的膳食，所以一般来说乡村教师必须自己生火做饭。乡村学校一般客观条件比较简陋，又无便利的市场，也无处包饭，再加上日常工作繁重，所以生火做饭是教师乡村生活中的极大负担，加重了他们的辛劳。尤其是在那种只有一个教员的乡村小学，"那么一切的一切，都是这一个人包办"，白天一节接一节的上课，累的口干舌燥，晚上批改作业，还要自己操持"浆浩及炊爨的事"，所以"整日里精神上的疲倦，身体上的困乏，真不亚于耕种的农夫"。① 而那些刚出校门的青年教师，本来生活技能就差，再加上异地任职，人生地不熟，生火做饭这件日常事务就可能成为一个生活考验。冯汉臣这样记述自己到邻村任教第一天的遭遇，他背着行李徒步到那个村庄，找到校长家里，校长连他的饥渴都没有问，就把他领到充作学校和教师住所的关帝庙里，然后事务性地交代了庄上哪里有卖锅饼的，哪天有集市可以买青菜，以及学校里的油桶、煤炭炉、铁瓢、菜刀、案板在哪里，然后便回家了，将冯汉臣独自留在"又黑又矮"的关帝庙里。年轻的乡村教师是这样解决自己任职以来的第一餐饭的："幸我们来时，慈母为我包上了几个馍头，几个咸鸡蛋，由包内取出，各地捡了几片纸字，折了些树枝来，用几块砖头支起铁瓢来点火煮水，柴又不十分干的，只是冒烟，伏地去吹，熏得满眼流泪，这就是我们乡村小学教师生活的一斑。"② 孤单凄凉的心情溢出纸面。

民国时期在谈到小学教师的生活保障问题时就有人指出，由于教育行政权力至上，教育主管者的精力都用于维持私人地位，结果造成小学教师利益受忽视、受损害，更有甚者，校长凭借包揽学校膳食来从中牟利。"凭良心来讲，过去主持地方教育行政的人，多数以政治的手腕，来主持教育行政，维持他私人的地位。他怎能想得到根据合理的调查和研究，来定教育之实施计划！他怎肯站在公理与正义的立

---

① 《河北霸县乡村小学教师生活的写照》，《众志月刊》1934 年第 1 卷第 3 期。
② 冯汉臣：《一个乡村小学教师的经过》，《基础教育》1936 年第 1 卷第 10 期。

场上，为儿童和小学教师谋福利！非但如此，甚至再向小学教师的本身上来剥削（如每月揩拨薪金，而收利润），如此这类的主管教育机关的领袖，其所属的校长，自然也照样用其微渺之政治手腕于教员。结果最吃亏的，只有那没有下属的教员！"[1] 具体表现就是，校长通过学校自行包办师生膳食，任用亲信，从中牟利；有的校长甚至任用自己的妻子来主管膳食，这时的学校如同校长的夫妻店，学校的食堂成为校长的贪腐之源。所以，民国时期学校的膳食问题有时竟会成为激起学潮的主因。

学校膳食往往成为学生和教师不满校政的一个内容，有小学教师这样描述自己所处学校的膳食情况：

> 这里就算是报告吧！报告的目的在使人们了解小教生活的片段，故校名也就不必具了，只要务求真实就是了。
>
> 膳食问题（这儿共有五位教员，四位是寄膳于校内的。）
>
> 每星期饭食，老板娘自有她的食程——一三五吃饭，二四六吃面条，从来未曾弄错食程表，乃是她的特点。
>
> 前者，是籼米饭（如厚粥），二三只素菜一汤，偶或一荤。逢佳节（如中秋节）老板娘就大忙而特忙，且大嚷："今朝吃鸡，为了炒菜，今朝我三点钟就起来了！"而当吃饭时，那只"碗"里却只见鸡头鸡脚；所谓一三五"饭"，其中还得渗吃着盐泡粥、赤豆煮饭。赤豆是她上学期的囤粮，所以拿起饭碗时就见赤豆是蛀的，下饭时蛀臭和着饭直往肚内吞，加上米是酸的（也是早囤的呀）。如果你在"好味道"的对面来吃吃，可称得上"其味无穷也"。
>
> 后者，面条是他们自己干的，我们老板娘家的囤货才多呢！所以面条有时尝口也是酸的，下面的东西是山芋或青菜，有时候甚至是单纯的白面条，这些就是四位教员经常的营养，通过这，

---

① 卢泽云：《小学教师生活问题讨论六篇·小学教师的保障问题》，《江苏省小学教师半月刊》1936 年第 3 卷第 18 期。

下午又继续放着留声机。

而老板娘们却在厨房间里大吃其蛋炒饭。

这儿有一位教员是供膳宿的，饭食是一天二粥一饭（即中膳，详见上述），不过这里有一个特点须补充——他每天不吃开水，问题倒并不在那位先生不要吃。

宿——自备一铺盖，宿在教室里的课桌上，教室门是没有的，晚上可有些吃不消，尤其是冬天来了，这倒是那位先生担心的事。

附带要提的，我们的老板和老板娘可也精明，校役是不雇佣的；他们鼓吹的乃是"克勤，克俭"，因之，被供膳宿的我们那一位好好先生一身就要兼二职——教员，校役，空下来就得帮老板们打杂差，从这里我们就不难推测老板所以要供给一位教员膳宿的深意了。①

校长凭借手中的权力，由自家人把持学校教师的伙食，甚至开办小商店，把学校办成夫妻店的情况，在当时并不是个别现象。下面看另外一位教师记述的自己学校的情况：在一个"学生人数有一百四五十左右"的、规模并不算小的小学里，教职员只有3个，"校长担任了高级级任兼教导主任，又打杂差，校长太太负责了低年级又兼校役厨子，更兼小商店账房，余下来中级级任就是我"。这个学校的日常饮食是由校长夫人负责的，学生和教师有时就负责跑腿打杂。八点钟校长下楼来，先吩咐学生去泡热水、买早点。直到九点钟校长才摇铃上课。兼任低年级教员的校长太太这时才抱着孩子下楼洗脸，接着她还要买菜、淘米预备中饭，兼着应付小商店的生意；她所兼任的低年级学生只能在她的吩咐下抄书、读书。有时候高年级的学生还得帮她带孩子，甚至帮她给低年级的学生代课。② 总之，这种情况是当时很多基层小学里校务管理的常见现象。

---

① 金平：《学校风光·这是人的生活吗》，《教师生活》1946年第3期。
② 萧蕴玉：《学校风光·如此学校》，《教师生活》1946年第3期。

## 三 住

民国时期，除了少数能够在家乡附近学校就业的中小学教师可以在自家住宿之外，多数中小学教师都面临住宿问题。有条件的中小学校可以为教师提供宿舍，如果学校没有条件解决教师住宿，那教师们就只能自己解决，或租或借就不一定了。那些乡村教师一般就住在被改作学校的庙宇里，条件之简陋可想而知。

民国时期中小学教师有在本乡本土的学校任职的，但不是很多。多数教师是异地任职，家庭所在地与其任职学校并不在一处。以1924年对江宁县十学区的小学教师的家庭生活所做的调查为例，收到96份调查结果，所涉及的教师遍及江宁县十学区，"此九十六家教书家庭之住址，在外埠者，占半数之上，计五十一家，在南京城内者计十一家，余散居江宁县各区，计四十五家"①。虽然调查显示，96位小学教师中有51位小学教师家住外埠，但散居在江宁县各区的45位教师也不一定就正好在自己家庭所在的区乡学校任职，所以，此次被调查的96位小学教师中应该大多数都不在家乡任职，因而他们都面临住宿问题。

有条件的学校是提供教师宿舍的，有些学校甚至不收教师的住宿费，但住宿条件就不一定了，一般来说，教师宿舍都比较简陋。就像前述夫妻店式学校里的由学校解决食宿的那位教师，晚上只能住宿在教室里。"自备一铺盖，宿在教室里的课桌上，教室门是没有的，晚上可有些吃不消，尤其冬天来了，这倒是那位先生担心的事。"② 有些城市里的学校，在硬件设施方面虽然好一点，但有其独特的局促之处。比如一般都市里的小学校地方都比较狭小，教室与寝室往往混在一起。有时教师的寝室与教室就在一个楼上，有的教师寝室在楼上，教室在楼下，有的教师寝室和办公室在楼下，而教室在楼上。所以教

---

① 龚启昌：《江宁自治实验县小学教师家庭生活概况》，《江苏省小学教师半月刊》1935年第2卷第14期。

② 金平：《学校风光·这是人的生活吗》，《教师生活》1946年第3期。

师私下抱怨工作繁忙时，虽然寝室就在楼上或楼下，但每天只要一开工，就没有一点空闲，甚至没有时间回近在咫尺的寝室一趟。[1]

　　那些教师人数很少、教师薪资低微的乡村小学，一般都是借用原来乡村中的公产——庙宇之类的房屋改造而来，比如据对山西乡村教育的调查统计，其校舍情况如下：学校在旧庙中的有 38 校，调查中对校舍情况填写不清的有 20 校，另有租用民房的 3 校，用乡公所的 1 校。[2] 也有少数是当地乡绅主动提供的自有住房。借用庙宇而来的学校一般都会给外来的教师提供住宿房间，虽然一般都无须教师自己额外再负担住宿费用，但住宿条件极其简陋。"校址是在一个破庙内，除了两间黑漆漆的教室，一间恰可容身的卧房连几本教案外，我是再也找不到其他的设备了。"[3] 前述冯汉臣到乡村学校任职时，就是住在既做学校又做教师宿舍的"又黑又矮"[4] 的关帝庙里。有乡村教师这样详细描述自己任职的学校：学校是一个小庙改的，教室虽然宽敞，"但北墙有三尊神，用布隔着占了一半的位置，教室后面便是和尚住宅与暮鼓晨钟的禅堂"。教师就借住工友的寝室，"进出都得弯着腰（玻璃窗根本也见不着）"，寝室对着教室，"相隔只有三尺多"，学校等于根本没有院子，学生"上唱游时，只得到校外去，但往往会引起校外人的批评"。[5]

　　有些乡村学校虽不一定设在庙宇里，但校舍和教师宿舍也是同样简陋。有乡村教师记述："我第一次做教师是在一个市镇上的小学，那校的规模在地方小学中可算不小，可是校舍狭隘，房屋破落，尤其是教员住室，矮小倾斜，大有摇摇欲坠之势，日光空气不用谈了，就连安全总是很可虑的。"[6] 所以，乡村教师对于学校硬件设施和客观环境的感受是痛苦的："除待遇而外，尚有一种物质环境不良之影响，也

---

① 张乐：《教师生活写真（续）十七》，《教师之友（上海）》1937 年第 3 卷第 4 期。
② 宋震寰：《山西乡村教育概况之调查》，载李文海主编《民国时期社会调查丛编》（文教事业卷），福建教育出版社 2004 年版，第 117 页。
③ 十君：《我的教师生活》，《教师之友（上海）》1935 年第 1 卷第 8 期。
④ 冯汉臣：《一个乡村小学教师的经过》，《基础教育》1936 年第 10 期。
⑤ 姚斐然：《我的小学教师生活写实》，《基础教育》1936 年第 1 卷第 7 期。
⑥ 徐国启：《怎样改进小学教师的生活》，《教与学月刊》1936 年第 1 卷第 9 期。

足以使教师发生痛苦，例如乡村小学交通之不便，饮水之不洁，住所之缺乏，以及设备之简陋，往往不能满足教师生活最低限度之要求。"①

当然，民国时期乡村学校也有一些设施和条件比较好的，特别是那些大的乡镇或有教育传统的乡镇，那里所办的中心学校由于政府投资比较充裕，或社会捐助比较丰厚，所以客观条件还是可以的，相应地，教师的住宿条件要好一些。比如，河南嵩县的"南庄小学"，是嵩县最早的新式学校，"因该校创办较早，政府拨款买地 15 亩，盖房21 间，还购置了一些校具"；虽然经过匪患，校舍被毁，但在社会人士的捐助下，到 20 世纪 40 年代，校园已经颇具规模，被县长命名为"嵩县模范中心学校"。"南庄小学处于南庄寨北隅，长 40 丈，宽 31丈，面积 20 亩。进去校门是大操场，南北是足球场，东西是篮球场。和球场相连的是校园，里边才是校院。校院中央是一座楼房，一层是教师住室和两个教室，二层是教师和学生宿舍。楼房前都装玻璃窗，后是棂子窗。教室都开两个门，一通校院和大门，一通校园和厕所。室内光线充足、空气流畅。校园分菜园和花园，花园里种植着各种名贵花草，牡丹、芍药、梅、菊、桂等。每到春秋季节，竞相开放，繁花似锦，异香扑鼻。八九月间桂花飘香，沁人心脾。南庄小学在校舍建筑、学校环境、布局等方面，在当时嵩县境内是首屈一指的。"② 在当地这种首屈一指的学校里，教师的住宿条件和环境当然还不错，住楼房，有配套的生活设施，甚至还有公共花园，只是当时具备这种条件的学校很少。

有些城市学校不提供食宿，需要教师自己在校外租房。这对于收入不高的中小学教师来说，就额外增加了住宿和交通负担，以教师的薪水来说往往负担不起。以 20 世纪 30 年代末一位任职于南京的小学教师为例，因学校不负担食宿，她自己租住旅店每月需 17 元，而她作为代用教员的月薪只有 28 元，饮食上她省之又省，两日也需 1 元。这

---

① 束荣松：《小学教师生活烦闷之原因及其解决方法》，《江苏省小学教师半月刊》1936 年第 3 卷第 18 期。

② 殷世范：《忆南庄小学》，载中国人民政治协商会议嵩县委员会文史资料委员会编《嵩县文史资料》第 5 辑（内部资料），1990 年版，第 182 页。

样一来入不敷出，她只得辞职。其实，即使当时南京的正式级任教员，月薪也不过 50 元，17 元的住宿负担也是很重的。①

当然，民国时期也有少数资金经费比较宽裕的学校，能够给教师提供很好的住宿条件。比如作为教会学校的北京汇文中学，为留住高水平师资，使他们能够安心教学，除了"用高工资延聘优秀教师"之外，还"配给独院住宅"，"至于单身教员也可住一人一间的宿舍"。这种优厚的待遇是有效果的，汇文中学的师资水平远超普通中学，教师中有的到校之前就已经是大学教授，有的则在离校之后成为大学教授。② 汇文中学的其他物质条件也非常好，其教学楼、办公楼、图书馆、体育馆都很不错，教学设备也是一流的。教会学校里还有外国教员，他们地位特殊，更受优待，像天津新学书院里，"外国教员住宅所需的水、电、煤炭和暖气用煤，以及文具纸张一切，都由学校供给"③。所以，这种经济条件优越的学校不能代表当时普通中小学教师所处的环境。

## 四 行

中小学教师毕竟是现代社会的职业人，社会活动比较多，放假回家、进城办事、日常交往娱乐，都需要频繁出行。其出行方式与他们所处的地理环境和他们自身的经济条件有直接关系。总体来看，大都市的教师可以乘坐电车，坐黄包车，骑自行车；普通乡村教师则经常步行。

受交通条件和经济条件限制，乡村教师出行基本靠步行。冯汉臣记述自己到邻村任教的第一天，就是自己背着行李徒步走到任职的那个村庄的。④ 有人记述，江苏的乡村教师每月须到城里领取教育经费，

① 吴和士：《短编实纪：教师泪语》，《江苏教育（苏州1940）》1941 年第 2 卷第 2 期。
② 高庆丰：《记北京汇文中学》，载马玉田、舒乙主编《文史资料存稿选编》（教育），中国文史出版社 2002 年版，第 429—431 页。
③ 涂培元：《天津新学书院的形形色色》，载马玉田、舒乙主编《文史资料存稿选编》（教育），中国文史出版社 2002 年版，第 485 页。
④ 冯汉臣：《一个乡村小学教师的经过》，《基础教育》1936 年第 10 期。

10 千米甚至 20 千米的路都靠步行，偶而骑驴，路上渴了，就到庙里或村里花两三个铜板讨点水喝。① 这显然是一种费时费力的出行方式，所以，就有人发文抱怨：教育局规定每到发薪的日子，"非各校负责人员亲自携带铃记私章，来局具领"。而这些乡村教师往往需要花费五六个小时的时间才能到达城里，如果当天来不及赶回去，就不得不在城中住宿。这样一来，一日一夜的交通和住宿花费可达 4 元多。而乡村小学教师每月的薪水不过 20 元，更何况还经常打折发放，只发五六成，也就是说所领薪水不过 10 元左右，而为了进城里领取薪水就要花费三四元，这显然非常不合理、不经济。所以该文建议教育局改革乡村教师薪水发放的办法，要么允许"通融代领"，要么允许边远乡村的教师"薪金由邮汇寄"。②

都市、城镇里待遇比较好的学校，中小学教师可能拥有脚踏车。但作为一个清贫的阶层，脚踏车的拥有率并不普遍。在当时，会骑车、拥有一辆脚踏车是一件很不容易的事。张乐曾记载自己借同事的脚踏车学习骑行的经历，那是非常"隆重"的。他在两个同事的保护和指导下，"计费三个早上，跌了几交，手掌上起了乌紫泡五个，结果，总算学会了"。不仅学习骑车这件事很隆重，拥有一辆脚踏车，能骑车上下班的兴奋程度也是很高的。张乐这样记载自己学会骑车的兴奋："到现在呢，骑脚踏车程度，日高一日，非但左右后能上车下车，而左右前上车下车都快学得很好了。踏到九曲巷或烂皮市，碰到认识的小朋友们招呼我，我也会单脱手同他们行礼。到了十字街头，也能留心四顾冲过。过桥时能在离桥数十丈处就努力踏着。转角和快要碰到人时（离开两三丈路的地方就要准备按铃），也会按铃叫人避开。过急时，马上能撒车。实在冲不过和骑不来的地方，也能下车来推几步。快慢自如，骑在车上，真好比坐在家里的高凳上一样的平稳。其便利

① 枕流生：《教师生活写真·我底籘包》，《江苏省小学教师半月刊》1936 年第 3 卷第 10 期。
② 龙德渊：《杂题一束：乡村教员领薪水的手续问题》，《江苏省小学教师半月刊》1934 年第 2 卷第 5 期。

更说不尽。"① 看他的得意劲儿似乎不亚于现在的人开上了家用汽车。

在公共交通比较发达便利的都市里，乘电车出行也可能成为教师的选择。据记载，一位同时在三个学校兼课的中学教师在一天之中是这样借助电车奔波在各校上课的。清晨他乘坐电车到第一个中学，由于车少人多，他为了赶时间，只能在人群中"相争"，但仍然不免常常迟到。上午他还要奔到兼课的第二个女校去，两个学校相距并不远，第一个学校下课到第二个学校上课之间有 20 分钟的时间差，他的"精细准备的"计划是这样的："出校上电车约需四分钟，在电车上，则需要十五分钟，所便利的，此去可以电车直达校门，一下车，到课堂只需化一分钟的时间已足够敷用了。"12 点 30 分下课，下午在第三个中学的上课时间是下午 1 点钟，"所以他通常的午膳是没有下肚的机会，他反而利用趁坐电车的时间，一边买些糕饼充饥，一边还侧着头，脑子还在思索，有时竟拿着笔在车上批改课卷或出拟考题之类"②。可见，在这位教师的工作生活中电车太重要了，几乎可以说是生存必备工具。

大城市的交通成本很高，有时也能成为教师的经济负担。以 1941 年的南京来说，一位小学教师月薪 28 元，因借住在亲戚家，并无食宿负担，但是亲戚家离学校较远，且不通公共汽车，这位女教师只能乘坐人力车，计算下来，仅车资每月至少需要 40 元。既然收不抵支，这位教师坚持了两个月之后只好辞职。③ 看来，乘坐黄包车这种私人专属消费并不适合待遇低微的中小学教师。

总体来说，衣、食、住、行等基本的生活消费对于待遇低微的民国中小学教师来说还是有负担的。那时，刚刚从师范学校毕业的青年教师往往特别渴望自立，他们对毕业后的工资待遇抱有一个"很低的期望"就是"收支相抵"。但这个已经很低的期望似乎也是不切实际的。"我知道我有许多执教的朋友要实行这最低限度的收支相抵都不

① 张乐：《教师生活写真三》，《教师之友（上海）》1936 年第 2 卷第 10 期。
② 钱一鸣：《兼课教师》，《中美周刊》1941 年第 2 卷第 21 期。
③ 吴和士：《短编实纪：教师泪语》，《江苏教育（苏州 1940）》1941 年第 2 卷第 2 期。

可能。还是要向家里去要钱。'收支相抵？唔，我们一起来算算看，在寸金地的上海，能供宿的很少，大概平均说起来，月薪十七八元左右，供一顿中膳，家不在上海的人，就得自己找房子。住房子、吃饭、穿衣、坐电车、卫生费、医药费、娱乐费……全在这十几块钱里面了。在这百物飞涨的当儿，用了什么好？何况，许多人还有着重重的家累呢？'"[1] 也就是说，对于多数中小学教师来说，微薄的薪水能够满足自己的基本生存需求也很不容易。

# 第三节　休闲娱乐及其他消费

休闲娱乐是教师个人生活的一部分。民国中小学教师在工作之余会参加一些休闲娱乐活动，由此可以调节精神，提升生命的质量，同时也是他们进行社会交往，融入社会的方式。作为文化人的中小学教师在休闲娱乐方面也有自己的特点；但受当时的客观条件限制，他们并没有足够的闲暇时间和合理的娱乐方式。

## 一　日常休闲

生活于基层社会，特别是乡村的中小学教师，他们怎样度过自己工作之外的闲暇时间呢？主要采用什么样的休闲娱乐方式呢？其实这个问题也是民国时期的教育研究者关注的问题之一。

1. 教师的休闲方式

民国中小学教师的日常休闲娱乐方式既有符合教师职业身份的文化性，也有很强的属于普通人的世俗性。而且，城乡教师的休闲娱乐呈现出两种不同的模式。

与其他职业相比，教师有较长的假期，理论上这是属于教师个人的时光。那么教师们是如何利用假期的呢？据张钟元在 1934 年对苏、浙、皖、鲁、豫、闽、粤、冀、蜀等省 570 名小学教师的调查，他们的"星期日的利用"是这样的：星期日用于校务处理（包括批订簿

---

① SW：《教师园地·收支相抵》，《小学教师月刊》1939 年第 1 卷第 8 期。

籍、预备教材、指示儿童课外作业、出席各种会议、访问学生家庭等等）的有 165 人，用于自修工作（包括阅读书报、参观、写文章等）的有 266 人，用于娱乐（包括游览、运动、看电影、听无线电、摄影等）的有 152 人，用于处理私事（包括访亲友、治理家务或领小孩、写信、借债去等）的有 131 人。显然，围绕教师职业而进行的校务活动或自修活动占比最大，此外才是属于教师私人的世俗生活时光，或处理个人事务，或从事娱乐。

教师的娱乐方式也带有职业特点，很符合他们的职业身份。据张钟元的调查，各地小学教师所从事的娱乐活动主要包括游览、运动、看电影、听无线电、摄影等，以前三项为主，总体上还是比较高雅的。另据张钟元对教师们所"擅长的娱乐技能"的调查，占前几位的娱乐技能依次为：下棋、风琴、室外活动、胡琴、笛、钢琴、口琴、箫。[1] 显然，教师们所擅长的娱乐技能，多属于有一定的技能要求，并且比较文雅，具有陶冶精神作用的活动，不是普通大众所擅长的一些世俗性很强的娱乐活动。

上海的《教师之友》杂志刊载过一篇文章，对教师娱乐状况有更具体的描述。作者没有明确这些观察所属的地域，但推测应该以江浙沪一带为主。作者基于自己的观察，概括归纳了当时小学教师经常从事的娱乐休闲方式，主要有以下几种："打牌——小学教师课余打牌，是最易见到的，有人调查过六十多位教师，其中不会打牌的仅三人"；"喝酒——小学教师欢喜喝酒的也很多，有的天天尝，有的三日一小宴，七日一大宴，甚至痛饮半夜，挥拳如雷不以为过"；"运动——运动可以促进身体的健康，精神的振足，所以一般小学教师均所欢喜的"；"喝茶听书——接近市镇或城市里的教师们，不免有这个好尚"；"信佛——我亲自看见几个教师，他们每天要念佛、吃素、打坐。问他们为什么，回答是修养身心"[2]。显然，在旁观者的观察中，当时小学教师的日常休闲还是很世俗化的，不仅热衷娱乐，而且在娱乐方式上也是打牌、

---

①　张钟元：《小学教师生活调查》，载李文海主编《民国时期社会调查丛编》（文教事业卷），福建教育出版社 2004 年版，第 172—173 页。

②　徐大镛：《小学教师的休闲生活》，《教师之友（上海）》1937 年第 3 卷第 6 期。

喝酒、听书，与普通老百姓相差无几，没有那么明显的文化人的身份特征。所以，民国时期教师的休闲娱乐生活中世俗性和文化性都有。

上海是民国时期经济最发达、文化教育机构最集中的大都市，有人对上海小学教师的课余生活情况进行过调查，他们共向教师收回调查表 628 份，涉及学校 108 校，其中有私立小学校 34 个，市立小学 71 校，工部局小学 3 校。该调查将上海小学教师课余生活概括为"有益于增进小学教师知识技能的进修生活"和"日常娱乐为主的消闲生活"两项，将调查结果分列为两张表。在"上海市小学教师之进修生活"表中，按照选择该项自修方式的人数的占比从高到低排列，上海小学教师课余时间最主要的自修方式依次为：看报、看杂志、看教育书、参加全校研究会、参观学校、看社会书、看展览会、看小说、听演讲、看文学，选择上述自修方式的教师人数占比都在 50% 以上。显然，上述自修方式很多只适用于上海这样的大都市，工作在县、乡、镇、村里的多数中小学教师根本没有这种读书看报、看展览的条件。从"上海市小学教师之消闲生活"表可见，上海小学教师最主要的娱乐方式按照选择该项的人数占比从高到低排列依次为：和学生谈话、写信、访亲友、讨论时事、谈新闻、整理物件、和学生玩、谈教育、洗澡及洗衣服、谈学生、游公园、谈学校、看电影、讨论人生问题，选择上述消闲方式的教师人数占比都在 50% 以上。[①] 从该调查结果也可以看到与上海市小学教师的进修方式类似的结果，像谈电影、谈名人、看电影、逛游娱乐场所、看比赛、听无线电、听留声机等休闲方式是与现代城市生活相适应的，因为这类活动与城市里发达的娱乐场所和设施、便利的交通条件息息相关，广大乡村教师缺乏这种便利条件，所以他们的休闲方式可能是另外一种形态。

与之类似的还有这样一个例子。有人回忆 20 世纪 30 年代京剧的昌盛时代，北京师范大学附属中学的老师有爱好京剧的，他们也能唱。当时学生中的京剧爱好者组织有"国剧社"，平时这些师生也会组织一些娱乐活动，一起唱一唱。"有一次在体育老师曾仲鲁先生家票房

---

① 陆庄：《上海市小学教师课徐生活之研究》，《大夏》1934 年第 1 卷第 3 期。

内演出了一段《三娘子》，老师们也纷纷拿出自己的得意之作。"① 显然，即使有这种爱好或特长，大多数乡村中小学教师也根本没有这种条件组织这类活动。

对上海小学教师的调查还关注到小学教师的课余生活与其薪金水平之间的关系，结论是：第一，"小学教师之薪金愈高，其课外的进修则愈显努力。换句话说，小学教师之薪金愈低，则课外进修的机会愈少"；第二，"薪金高的小学教师在消闲生活方面都较丰富"。显然，中小学教师的休闲方式和质量与其经济收入正相关。该调查也关注到小学教师的课余生活与其授课时间之间的关系，结论就是，授课时间愈多，教师的课外进修机会和消闲机会就愈少。② 显然，中小学教师的休闲娱乐还受制于他们的工作繁忙程度。

多数中小学教师处于基层，特别是乡村教师，其经济待遇最低，所处的乡村社会环境也比较封闭和落后，缺乏从事现代娱乐活动或多种多样娱乐活动的客观条件，这也成为乡村教师不安心于位，想逃离乡村的一个原因。但是，有些教师却能利用乡村社会独特的自然和人文环境，因地制宜地从事一些娱乐活动，这些看似因陋就简、充满乡土气的活动，也为乡村教师们提供了另外一种不同于城市教师却也自得其乐的休闲生活。

张明远做乡村教师的时候，这样度过了自己的课余时间："课余时间，我喜欢读小说野史，如《封神演义》、春秋战国……既增加了知识，提高了文学修养，也培养了我对伸张正义、替天行道的英雄们的敬仰之情。我还喜欢吹箫、拉胡琴。晚上，与乡亲们聚在一起，吹拉弹唱，或京戏，或皮影戏，或'落子'，情感交融，十分惬意。……我从小爱玩枪，到孟三庄以后，常带同学们出去打猎，这是一种既有趣又可增进师生感情的活动。那年夏天发大水，村子变成了孤岛，人们乘船或坐在木筏上捞鱼，十分有趣。一天，有条几十斤重的大黑鱼被冲

---

① 张先昌等：《北师大附中的国剧社》，载傅国涌编《过去的中学》，同心出版社2012年版，第282页。

② 陆庄：《上海市小学教师课馀生活之研究》，《大夏》1934年第1卷第3期。

到岸边浅滩附近，许多人企图抓住它，几次眼看就要抓住它了，但它的尾巴一甩，就把船掀翻了，无论如何也抓不住。一些人站在岸边看热闹，呐喊助威，好不热闹。我听说后，抓起枪，带几个学生跑过去，拨开人群，对着那家伙就是一枪。大鱼终于被拖上岸，大家七手八脚地杀了分给全村各户，自然也少不了有我一份。"① 从张明远生动细致的描述中，不难体会到他与乡村社会水乳交融的惬意畅快。

像张明远这样能够与乡村社会水乳交融的乡村教师不在少数。但是，民国时期还是有很多青年教师，在融入乡村社会生活方面非常困难。乡村社会文化生活的落后与枯燥，常常使毕业于城市学校，向往现代城市文化生活的青年教师感到无聊和苦恼。他们在日常生活中的兴趣点与乡民们根本不一样，乡民们的日常生活，他们也融不进去。比如，有一个师范学生这样描述自己将要从事的乡村教师职业："从前我在曲阜师范求学的时候，常听同学们愁闷地说：小学教员的生活，真是再痛苦没有，再无聊不过！尤其在那穷寒的乡村小学里，设备简陋，待遇低微。一个人兼着校长、教员、工友三重职务，终天忙得七死八活，跟那些龌龊的木头似的孩子们在一起，心中话无可告诉者，已够苦恼的了；再加上一般乡愚们的百般纠缠，什么地亩文约咧、信咧、启咧、挽联咧、喜帖咧等等琐碎的事，都来麻烦你，真是多么痛苦啊！"② 由此可见，当时很多青年教师对乡村社会生活是多么地排斥。

2. 教师休闲娱乐中的问题

受限于"读书人"的身份和窘迫的经济条件，教师的休闲娱乐生活还面临很多问题。

社会舆论首先是批评当时中小学教师的休闲娱乐过于窘迫和消极。民国时期中小学教师休闲娱乐中存在的问题之一，是由于中小学教师工作繁重、经济待遇过低，从而造成中小学教师无闲暇和财力进行必要的休闲娱乐。

民国时期谈到中小学教师的休闲娱乐问题，离不开"穷"和

① 张明远：《我的回忆》，中共党史出版社2004年版，第21页。
② 卢进之：《初次的小学教员生活》，《基础教育》1936年第1卷第7期。

"忙"这个窘况，对于很多小学教师来说，衣食尚且不济的情况下，谈休闲娱乐是很奢侈的事。"小学教师，乃终朝碌碌，为衣食而打算，还有什么兴致去谋合理的休闲生活呢？即使有这种雅兴，但经济实是一个最难解决的问题。"① 民国时期穷教师们经常拿自己与下层劳动人民相比，觉得自己在经济收入上连苦力工人都不如，甚至连休闲生活上也不如苦力工人。看一位教师的陈述："我们的工作是这样的繁忙，待遇是如此的微薄，我们的生活，自然也是清苦得无以复加的了。一个黄包车夫，或者一个码头工人，他辛辛苦苦奔跑了一天之后，晚上回到家里，家常便饭，还可以一饱，有时烦闷起来，他还可以邀几个同伴，到茶馆里喝喝茶，谈谈天，或者到某家戏院去看看自己所喜欢看的戏，娱乐娱乐。可是我们这班干教育工作的穷小子，却没有这份儿福气了。我们在烦闷的时候，唯一的娱乐就是逗小孩子玩，或者和同事们三三两两聊聊天，喝喝开水，至于上茶馆，进戏院，那是不会有我们的份儿的。因为我们连饭都没有饱吃，那里还有这笔闲钱来花费呢？"② 这话可能有夸大、过激的成分，但肯定也是事实。

教师职业除了例行的周末假日，另外还有寒暑假。一般看来这是让人羡慕的职业福利，但是中小学教师是怎么看待这一职业福利的呢？他们是怎样度过那些本该休闲放松的假日的呢？工作繁重，加之囊中羞涩，使教师们的假日丧失了应有的魅力。

首先是忙，如一位乡村教师所说的那样，在星期日这一天的假期里反而更忙碌得多，被家事、公事、应酬占得满满的——身边的乡民约他去看戏或吃茶，教育局通知他去开会，妻子盼望着他回家，而他自己也需要这一个周末去理发。③ 除了忙，再一个苦恼就是"穷"，囊中羞涩限制了教师们的消费欲望。"小学教师每周最快活的时候，就是周六刚放学的时候，好像明天是例假，不知可以过到如何灿烂的星期日，虽是常常为工作所羁绊而把星期日消磨去的，但每逢此日此时，

---

① 郑璞生：《小学教师合理的休闲生活》，《静安》1937 年第 4 期。
② 励文：《一个小学教师的自白》，《青年生活（桂林）》1943 年第 4 卷第 4 期。
③ 毛凤安：《教师生活写真·星期日的生活》，《江苏省小学教师半月刊》1936 年第 3 卷第 10 期。

仍旧会机械地发生这样的美丽的梦想。当然，在今天放学的时候，我也这样下意识想了一想，可是看了一看当前的工作，已把这雄心消减了一半，再摸一摸羞涩的阮囊，只好把它抛到爪哇国去了。只有'我们应该努力本位的工作'，'我们的生活是清高的，我们的精神是愉快的'等等类似阿Q胜利的言语。"[①]

休闲娱乐是靠经济基础来支撑的，待遇低微的中小学教师面临日常的生活压力，即使在寒假期间也难有放松的心态，时时被柴米油盐等生计问题所困扰。"一年一度的寒假又来临了。我们小学教师在这寒假来临的时候，似乎别有一番滋味在心头：粉笔生涯是暂时告一段落了，可是放了寒假以后，学校里的薪水早已用光了，就是没有用光，余下的几个钱，也不够维持一个月寒假的生活，于是天天愁米愁柴。寒假的时期，恰巧在阴历年关前后，我们辛苦了一年，在这岁暮年首，总不免要多花几个钱过一下新年，但是，过年的钱在那儿呢?"[②]

对于那些偏居乡野的乡村教师来说，匆匆假日，往往是在履行家庭义务的辛劳奔忙中度过的；即使暂无家庭琐事纠缠，基层乡村教师的假日也往往只能与乡民闲谈，或者无聊枯坐。受经济条件和客观环境的限制，媒体上倡导的那些现代的、"高大上"的娱乐活动其实离他们很远。"礼拜日可以自由了，是的，在城的回乡，在乡的上城，可怜的慈母与爱妻等久了。你要为他们买些菜，或者还要买米，否则也要为家务跑到亲戚家去，于是天赦的礼拜日又过去了，急急又要回校了。没有家庭可回的，或者离家太远不能回去的，家务是不必管的了，但要在校中纳闷。在乡间或小城中没有可以谈话的人，有的，拿了烟袋的老绅士来考问你'述而不作，信而好古'的深意，倘若你不愿与他们谈话，你就只得闷坐了。在城市中自然不乏名人，然而岂小学教师之所能望其门墙者乎！不错的，你该打网球，坐茶馆，看电影，作种种新式的高尚娱乐。呵！说到题目了！谁给小学教师设立娱乐的地方了？在城市中所有几处可称为娱乐之地，都是给有钱的人设想的，哪

---

① 雅亭：《一个小学教师的日记》，《江苏教育（苏州1940）》1942年第5卷第2期。
② 敬五：《小学教师的寒假生活》，《现代教学丛刊》1948年第5期。

里是穷苦的小学教师所能插足的。小学教师的薪水，每月连膳费二十元的已是一等的了。钱庄伙计，有红利可分的，也要挣到四五十元呢。乡间全校的责任教员兼校长兼听差的每月挣六十角子，十月计算者，多得很呢。于是他的娱乐所就只能以他的学校代用了。"① 所以，对于教师自身来说，他们不是不需要休闲娱乐，也不是不懂得什么是高雅、健康、有益的娱乐，但是待遇过低，缺乏娱乐的经济基础，从而限制了他们的休闲欲望。这也是当时在教职员当中最能引起共鸣的话题之一。

除了"穷"和"忙"的问题，许多人谈到当时教师娱乐状况时还指出这样一个不好的现象，即有些中小学教师确实有不良嗜好。

陶钝自述自己在入诸城县城上高小时，偶然发现自己学校里的国文兼英文教师——于老师和校长都吸食鸦片。② 而这位于姓教师本人出身于"城里仕宦之家""书香门第"，自己还有两个儿子也就读于这所高小。③ 这让陶钝感到不可理解。一般来说，在中小学教师群体中，那些任职于教师比较多、学校设施比较完备、经济条件比较宽裕的中心学校的教师，娱乐的机会更多，娱乐方式更丰富些；而生活最枯燥的是那些"单级独教"的乡村教师，地处偏僻，社会生活贫乏，缺乏适宜的娱乐条件，其枯燥的生活状态被形象地描述为"三间无佛殿，一个有妻僧"④。因为孤独，或者为了更快地融入乡村社会，一些教师难免会时常到校外去参加社交活动，而有些社交是不太健康的。比如，当时就有人批评说，那些"单级独教"的乡村小学教师，因为所处环境闭塞孤独，"常会到校外去寻些低级兴趣，甚至打牌喝酒等，无不参加，精神物质，都受损失"⑤。也有人说，乡村教师因工作繁重往往忽视运动，造成乡村教师们往往"暮气沉沉"；又因无适当和正当的娱乐，"以致教师于烦闷之余以赌博为消遣或沾染不良之嗜好"⑥。当

---

① 孙福熙：《教育评坛·致全国小学教师》，《教育杂志》1926 年第 18 卷第 9 号。
② 陶钝：《一个知识分子的自述》，山东人民出版社 1998 年版，第 68 页。
③ 陶钝：《一个知识分子的自述》，山东人民出版社 1998 年版，第 64 页。
④ 杨彬如：《几种乡小教师的娱乐方法》，《江苏省小学教师半月刊》1937 年第 4 卷第 10 期。
⑤ 庄秉仁：《单级教师的娱乐方法》，《江苏省小学教师半月刊》1937 年第 4 卷第 10 期。
⑥ 束荣松：《小学教师生活烦闷之原因及其解决方法》，《江苏省小学教师半月刊》1936 年第 3 卷第 18 期。

然，有些教师沾染不良嗜好是暂时的。陶钝自述自己在济南正谊中学任教时，因日寇步步紧逼的国事和刚刚蒙冤入狱的个人际遇，导致心情苦闷，无心教学，所以开始打麻将。① 但这种情况是暂时的，随着他重新找到人生方向，开始参与抗日救国工作，很快就摆脱了这种颓靡状态。

### 3. 适合教师的休闲娱乐

当时的社会舆论除了关注中小学教师的休闲娱乐生活外，还宣传提倡合理健康的娱乐对于中小学教师的必要性，并积极探索适合中小学教师的休闲娱乐方式。

在教育不普及、文化不发达的民国时期，教师是社会上稀有的知识分子，他们在基层社会文化礼俗生活中无疑是具有表率和引领作用的，人们对教师休闲娱乐生活的要求也很高，教师休闲娱乐中的一些不良风气和消极现象，无疑会引起社会的挑剔与批评。在批评与反思当中，社会对于教师应有的休闲娱乐方式形成了一些有益的探索。

首先，在对教师休闲娱乐问题的反思中破除了一些错误认识。比如，有一种观点认为，教师的日常休闲生活属于私生活领域，与其教师职业关系不大，甚至是两回事。对此观点，有人指出教师的私生活中表现出来的素质和修养，可以说是教师职业素养的基础或起点。教师现行私生活中的"不合理"不仅仅是经济基础薄弱的问题，还与教师的思想素质和事业心有关；而教师日常私生活不合理，最终会影响教育的功效和教师的价值。"提到教师的修养，一般的注意都偏重在知识和技术，其实教师的生活修养，比知识和技术格外重要，因为生活安定是一切信仰的基本。作者认为一个小学教师不求进修则已，欲求进修应先从自己的私生活求改进，作一切修养的基点。现代一般小学教师的私生活怎样呢？当然不是全部的，但有大部分的生活是不合理的。这种不合理的原因，一面由于生活的清苦，一面则为缺少认识和教育的信仰；因为清苦所以从不正当的娱乐中求快乐，因为缺少认识和信仰所以没有计划确定生活的合理化，因此生活的兴趣日渐减少，

---

① 陶钝：《一个知识分子的自述》，山东人民出版社 1998 年版，第 338 页。

社会的信仰日渐低落，教育的效果固然无从表现，而教师的价值完全失去，这是如何的可惜！"①

其次，当时最主流的声音认为，对于工作繁重、生活枯燥的中小学教师来说，适当的娱乐是改善精神状态、调剂生活、增进工作效率的必要手段。"小学教师的工作，是够繁忙的，工余闲暇，找些娱乐，以调剂这劳苦的生活，恢复疲乏的精神，可算再需要不过了！"② "教师情绪的快乐与否，除制造环境以和乐的空气浸润外，仍须提倡正当的娱乐，以调剂教师的精神。实在教师在工作烦闷的时候，得有正当的娱乐恢复其精神上的疲劳是会增进工作效率的。"③ 从务实的角度讲，对于那些处于"三间无佛殿，一个有妻僧"④ 状态的乡村教师，对他们的休闲娱乐求全责备，忽略他们的精神需求，片面要求他们专心致志、尽心教育，恐怕也是超现实的。

再次，有些意见从更加人性化的角度来看待教师娱乐问题，他们更关注教师主体的需求，肯定教师娱乐的合理性。比如郑璞生就指出：教师是活生生的人，适当的休闲娱乐是健全人的自然本能。"人是好动的，有着五官四肢，根本是给我们动的，如若呆板板去'老僧入定'，那一定是这个人身体上有着缺陷，或天赋的特性所致。"⑤ 也有人曾委婉地指出，民国社会对中小学教师的休闲娱乐生活的评价有些过于苛刻了，"前面曾经说过社会舆论对教师的批评是极端残酷的，大德固不能逾闲，小德也似久是不可出入。按照实际，从教师的人格地位以及器识上就说，本不愿胡作非为，而且为经济能力所限，胡作非为也不能够，这是可以放心的。然而，教师的生活太机械太单调了，一种合理的精神调剂是必需的，而且从人类生活的崇高意义上看，把生活美好起来也有其必要。只可惜中国的社会环境无论城市或是乡村，

---

①　张达善：《小学教师私生活的修养》，《江苏省小学教师半月刊》1936 年第 3 卷第 18 期。

②　庄秉仁：《单级教师的娱乐方法》，《江苏省小学教师半月刊》1937 年第 4 卷第 10 期。

③　周谨言：《增进教师工作效率的原动力》，《江苏省小学教师半月刊》1937 年第 4 卷第 12 期。

④　杨彬如：《几种乡小教师的娱乐方法》，《江苏省小学教师半月刊》1937 年第 4 卷第 10 期。

⑤　郑璞生：《小学教师合理的休闲生活》，《静安》1937 年第 4 期。

根本就缺乏高级趣味的娱乐的设备！尤其是在这大劫后的今日。那么，按照实际上只能的情形说，各按其兴趣和所在地环境，分别的于公余无事的当儿，看看电影，听听戏剧，逛逛公园，做做运动，以及骑马、游泳、弈棋、饮酒等等都无不可，甚至偶尔来一次八圈，把输赢限制得很小，也可说无伤大雅"①。在这段表述里，作者提到了教师休闲生活中存在的两个问题：一是从社会文化环境上来说，当时的社会文化对教师的道德要求"极端残酷"，几乎至于求全责备，从而忽视了教师主体的精神需求，这是不合理的；二是从客观条件来说，当时的中国基层社会也缺乏适宜教师的娱乐设施和娱乐场所。在这里作者触及了这样一个敏感而现实的问题，即当时中国社会对于教师角色的道德要求过高，几乎形成道德绑架，从而淹没了教师作为一个自然人的合理需求。按照作者的观点，从实际情况出发，中小学教师从事一些世俗性的娱乐，甚至喝喝酒、打打麻将，亦无不可，并非伤风败俗。显然，作者这个观点其实已经触及中国文化一直以来对教师道德的高定位问题，从批评和反思中肯定了教师角色中的世俗性。

但是无论如何，染上不良习惯、陷入消极娱乐是不可取的，也解决不了中小学教师生活枯燥、精神烦闷的根本问题。那么，什么是适合中小学教师的娱乐活动呢？这是当时教育界积极探索的又一热点问题。

徐大镛全面衡量了当时社会上流行的 12 种休闲娱乐活动，提出"只要合不费精神、钱、时，而更能足以长进的"的休闲才是适合小学教师的休闲活动。简而言之，就是既能省钱，又能陶冶情操、增进教师的职业能力的，就是健康合理的娱乐。以此为标准，作者提出如运动、谈笑、散步、摄影、听无线电、看有价值的小说、加入学生游戏队等娱乐活动可以提倡，而对打牌、喝酒、接近异性、喝茶听书、看戏、信佛等活动则不提倡。② 郑璞生对上海小学教师的建议是：通过看书报、听取各种学术文化方面的演讲、校内交流和各种校外参观，可以增进小学教师精神方面的健康；通过体育运动、游公园、短期旅

① 朱伯孚：《教师生活杂谈》，《江苏教育（苏州1940）》1942 年第 4 卷第 5 期。
② 徐大镛：《小学教师的休闲生活》，《教师之友（上海）》1937 年第 3 卷第 6 期。

行等方式，可以增进小学教师的体格健康。①

上述建议当然都不错，但显然，以上建议都是基于城市文化生活的休闲娱乐方式，与占大多数的乡村教师的休闲娱乐还有一定差距。因为对于乡村教师来说，他们的切肤之痛是缺乏从事以上高雅娱乐的经济基础和客观条件。"谁给小学教师设立娱乐的地方了？在城市中所有几处可称为娱乐之地，都是给有钱的人设想的，哪里是穷苦的小学教师所能插足的。"② 张达善则以"一个乡村小学教师的生活"为例，来说明什么是乡村教师"正当的娱乐"，这与前面徐大铺等人基于城市生活的建议相比更具有乡村适用性。他建议，一个乡村小学教师应该从事以下娱乐："1. 能奏一种以上的乐器，和儿童或当地的朋友组织演奏会，定时练习，定时举行。2. 组织剧社和儿童共同组织话剧社，练习表演。3. 适当的运动和参加儿童的游戏。4. 定时的游历和旅行。5. 邀集远方朋友野宴，或参加远方朋友邀集的野宴。6. 参加村人的集会，并邀集村人举行同乐会等。7. 制造并研究无线电收音机以供个人的消遣，因为这种器具的变化既多而效果亦易获得，所费更属有限。"

除了对中小学教师的娱乐方式提出具体建议之外，也有人从宏观高度概括和总结了教师休闲娱乐生活的一般原则及特点。比如，张达善认为包括休闲娱乐在内的"私生活"应该是教师职业修养中的一部分，他提出了教师改善私生活应该秉承的原则和方法：一是"生活要规律化"——改变散漫的生活节奏；二是"生活要经济化"——指小学教师应该提高效率，争取在完成教学任务后能有适当的娱乐和进修的时间；三是"生活表的支配"——把每周的工作分成"重要的""次重要的"，并分别确定各项工作需要的时间，按照时间表来执行，从而提高工作效率；四是"娱乐生活的方法"——用"正当的娱乐"来改善教师的精神生活，以增进工作效率；五是"整洁和振作"——改善乡村学校的校园环境，振作教师的精神。③ 除了基于中小学教师

---

① 郑璞生：《小学教师合理的休闲生活》，《静安》1937 年第 4 期。

② 孙福熙：《教育评坛·致全国小学教师》，《教育杂志》1926 年第 18 卷第 9 号。

③ 张达善：《小学教师私生活的修养》，《江苏省小学教师半月刊》1936 年第 3 卷第 18 期。

"穷"和"忙"的现实，主张教师的私生活应该秉承经济化和规律化的原则之外，一些社会舆论还特别强调，教师作为知识分子，其娱乐活动不能仅仅以追求精神放松为目的，而必须以增进知识能力为最高追求。"须要找那些值得我们娱乐的去娱乐，使我们能得到不少的兴趣，精神上就觉得很愉快，智识或能于娱乐中求得，那才是有意义的娱乐。"①

总之，当时社会舆论对教师休闲娱乐的看法触及两点根本问题。一是应不应该的问题。主流观点都认为教师应该有适当的、健康的娱乐，而且是必须的。这无疑是对传统文化观念的突破，因为传统塾师的形象是刻板的，没有活力的，一直到民国时期，乡村社会仍然有人对教师秉持这种传统形象观念。比如有人指出村庄里最信任的教书先生是这样的："第一因为他教儒书，第二先生每天不离屋子，很'靠靠'，第三先生不吃烟不喝酒不喝茶给村里省钱。"② 有人还指出私塾屡禁不止的原因之一就是因为塾师比教师更"勤教守信"："他唯一的特长，即是'坐性好'。一天到晚，谆谆教诲，以达成家长的希望。"③ 热衷休闲娱乐对于塾师来说似乎是道德上的欠缺。民国时期对中小学教师休闲娱乐的合理性及必要性的明确肯定，是为现代教师社会角色正名。二是可不可行的问题。对此问题，社会对中小学教师休闲娱乐生活的状况——教师经济拮据、欠缺适宜的娱乐条件等，普遍报以同情。而且这些讨论在引导教师从事积极、合理、经济、健康的娱乐方面，进行了有益的探索。他们倡导的休闲娱乐方式既突出了教师的职业特性，即文化性和自修性，又贴合当时教师生活的实际状况。

## 二　其他消费

除了基本的衣食住行和娱乐消费之外，教师生活中必然还有其他一些琐碎的消费项。

---

① 蔚若：《有意义的娱乐》，《江苏省小学教师半月刊》1937年第4卷第10期。
② 韩昭：《邹平村立学校的现状及其改进》，《基础教育》1936年第1卷第10期。
③ 梅焕涑：《闲话私塾》，《江西地方教育》1941年第215、216期合刊。

　　有人谈到 20 世纪 40 年代上海的几所私立中学的教师的日常消费结构为："他们能解决了吃的问题，把剩余的钱用来买几件教合配给的廉价毛线衫，两条肥皂和几本必要的参考书，再寄几十块钱到家里去，本学期发下来的薪金支配也许就告一段落，这分配也还算得当吧?"① 由此可见，民国时期中小学教师的薪金除了自己必需的消费之外，其他基本都用于奉养家庭。

　　民国中小学教师多出身于农村家庭，由于当时社会经济不发达，城市非农业经济能够提供的就业机会并不多，中小学教师往往是他自己的家庭中，甚至是自己家族里唯一能够挣薪水的，所以中小学教师普遍要面临用自己的薪水供养家庭的压力，而且一般他们不仅要供养自己以一夫一妻为核心的小家庭，也要用一部分薪水来补助身后的几世同堂的大家庭，至少要供养父母、兄弟姐妹。民国时期，社会舆论在谈到中小学教师的薪资待遇过于低微的问题的时候，最经常的比喻就是"仰事俯畜不足"，这说明当时的中小学普遍都面临养家糊口的压力。

　　余子夷 20 世纪 20 年代初对江苏、浙江两省小学教师的供给家用情况做过粗略调查，调查结果显示，80% 的教师都需用薪俸供养家庭："不供家用的不满 17%；除去未填的 3% 以外，可以说全体 80% 要供家用。供家用的中间 43% 是一部分的，28% 弱是全部的。供给家用的中数是家用全体的 6/10 强。"另外，余子夷还调查统计了小学教员的"家庭状况"，发现即使是未婚的教师也是要供养家庭的："照第九表，已婚的约 62%，未婚的约 23% 弱……照第七表，供家用的共有 80%；照第九表，已婚的 62%；所以供家用的里须有 18% 是未婚的；这恐怕是未婚的拿薪俸供养父母的罢。"②

　　龚启昌在 1924 年对江宁县十学区的小学教师的家庭生活所做的调查，对教师奉养家庭的情况有一个更具体更详细的勾画。民国时期人们普遍早婚，中小学教师多数已婚，而且多是与父母兄弟同居的大家

---

　　① 东方晦：《中学教师生活举例》，《现代教学丛刊》1948 年第 4 期。
　　② 余子夷：《小学教员生活状况调查》，载李文海主编《民国时期社会调查丛编》（文教事业卷），福建教育出版社 2004 年版，第 191 页。

庭，在家庭财产上也是实行大家庭财产共有制。龚启昌调查江宁县教师家庭生活的时候，曾得出结论：一夫一妻的小家庭很少，"盖教师之家庭中大都有父母及兄弟同居"。而且他提到另一项调查也印证了他的结论："据陶孟和调查之北平小学教员，亦发现'教员之父母，多与教员同住一处'，盖此或系我国中等以上家庭之普遍现象也。"①所以，教师的薪水所要供养的不仅仅是自己一夫一妻的小家庭，而是加上父母兄弟在内的大家庭。被调查的江宁县96家小学教师家庭中的"事奉费"情况如下："此项费用系指不同居一处之父母之事奉费用，以及资助其他子弟或友人之费，半数之家均无此项开支。49家之平均每年计35.68元。"96家小学教师家庭中47家没有事奉费这项支出，占被调查的96家中的48.96%。事奉费支出比较多的家庭数从多到少排列为：事奉费为6—10元的有7家，占7.29%；为16—20元的有7家，占7.29%；事奉费为1—5元的有6家，占6.25%；在90元以上者有6家，占6.25%；事奉费为26—30元、36—40元、46—50元、66—70元的各有4家，分别占4.17%；事奉费为11—15元的有3家，占3.13%；事奉费为21—25元、71—80元的各有1家，分别占1.04%。②但是，需要明确的是，虽然96家中47家没有这项事奉费，但是据该调查中的另外一项统计，这些教师家庭大多数是与父母兄弟同居的，平均每家在家用饭的人数就为6人。③所以仍然是大家庭财产共有制，教师的薪水仍归共同居住生活的大家庭所有。

当然，并不能断定这些家庭成员全然是依赖教师供养的，因为乡村教师工作生活都在乡村，他们的家属当大多务农，是有一定生活来源的。龚启昌对江宁十区的调查很遗憾地没能完成对教师家属职业的准确调查，但据他推测："关于教师同居家属之职业状况，本亦在调

---

① 龚启昌：《江宁自治实验县教师家庭生活初步调查》，载李文海主编《民国时期社会调查丛编》（文教事业卷），福建教育出版社2004年版，第234页。
② 龚启昌：《江宁自治实验县教师家庭生活初步调查》，载李文海主编《民国时期社会调查丛编》（文教事业卷），福建教育出版社2004年版，第255页。
③ 龚启昌：《江宁自治实验县教师家庭生活初步调查》，载李文海主编《民国时期社会调查丛编》（文教事业卷），福建教育出版社2004年版，第234—239页。

查之列，惟条目不清，对答极为含糊，以致无法统计，大概以业农者为多，从事其他职业者亦有之。"① 如此看来，教师薪水当是对大家庭的经济补助，也可能是大家庭的主要经济来源，但一般不会是唯一的来源。当时的乡村教师待遇虽然极其微薄，屡屡抱怨"仰事俯畜不足"，但这可能主要是针对大家庭而言的，也就是说，教师只依靠自己的薪水来奉养这样的大家庭肯定是不够的。从另一个方面说，中小学教师虽然屡屡抱怨薪水太低，不够养家糊口，但这个职业还能够维持下去，其原因就在于，这些乡村教师是不脱离大家庭而独立生活的，来自家庭的田产和不动产，以及家庭成员的共同劳动能够弥补教师薪水的不足。

民国时期宗法家族制度的遗风仍然很浓厚，每一个出身贫寒的读书人，其漫长的受教育过程几乎都是整个家族出资、出力供养的，他们的学业、前途也寄托着整个家族的希望，所以，即使是一个普通的小学教师，他们都对家族背负着很重的道德义务。黄克诚回忆，自己在 18 岁面临失学的困境时，得益于整个家族的资助才能离开乡村，他能进县城上高等小学，这个决断是整个家族做出的，其中他的两个同宗黄锡珍和黄廷珍起了很大作用。黄锡珍当时做县劝学所的职员，而黄廷珍则"在县立高等小学当算术教员"。黄锡珍建议黄克诚到县城上学，而在家族决定资助黄克诚上学之后，各家有的资助了谷子，有的资助了其他用品，小学教师黄廷珍也尽了自己的家族义务——"黄廷珍把他一个旧书箱借给我，并送给我一套他穿旧了的学生制服和一件布夹袄、一件长衫"②。如此艰难的奋斗经历，自然导致成年后的黄克诚时刻想着回报族人。

教师待遇低微，但每个教师承担的家庭义务又很重，这就造成一般教师面临着很重的经济压力。比如，本来对于中小学教师来说可以是"一个可休息可快乐的寒假"，却有可能变成"一种说不出的苦处"。为什么呢？因为"当小学教师的人，每到快要放寒暑假的辰光，

———————

　　① 龚启昌：《江宁自治实验县教师家庭生活初步调查》，载李文海主编《民国时期社会调查丛编》（文教事业卷），福建教育出版社 2004 年版，第 235 页。

　　② 黄克诚：《黄克诚自述》，人民出版社 1994 年版，第 8 页。

准都会收到几封家里来的信。这种信不必阅看，其内容大多数是写着要买什么，要买什么的货单"。离家半年了，这种义务一定要尽，再加上"亲戚邻舍也当添购一些礼物去送送"，这些人情负担难免使"本来是个经济家""平日连香烟都不肯抽"的某些小学教师感到"真有些肉痛"，连寒假能与老婆孩子团聚的乐趣也打了折扣。事实上，这位教师寒假过后，身边一文不名，连开学回校的川资也得向朋友挪借。① 所以，教师一谈到自己的待遇低微时，就叹息"仰事俯畜不足"，原来这是来自他们最切身的体会。

除了衣食住行、娱乐和奉养家庭等消费之外，教师日常消费中不可避免还会有许多经常性的、细碎的消费项目。这些杂项消费虽不直接关乎生存，但对于一个社会人来说，也是必不可少的。由于收入有限，这类杂项消费在中小学教师的日常开支中占比很少，可以说是尽量压缩，极尽节俭。

据 1924 年对江宁县十学区小学教师的家庭生活调查，除了衣食住行之外的其他家庭生活必备消费还包括："清洁装饰及消耗娱乐用费"，主要是指教师个人和家人所需要的清洁费、装饰费、烟酒消耗、娱乐费用等等；"杂项费用"，包括家具、应酬交际、婚丧庆贺、教育费、书报文具、邮件费、医药费、交通费、慈善费、事奉费、宗教费、杂支费。这个调查显示：其中消费金额比较大的项目有教师个人和家人所需的牙刷牙膏及肥皂、沐浴理发等清洁费、家庭中男子的吸烟费用、应酬交际、婚丧庆贺、教育费、舟车牲口往来之交通费等，其实都是一些必需的消费。花费数额比较少的项目有："装饰"——"百分之 67 家之男人并无装饰费，百分之 24 家之女人亦无装饰费。就有者而言，男子之平均每年为 2.15 元，女子之平均每年为 2.5 元"；"娱乐"——96 家小学教师家庭的娱乐消费"半数以上之家庭均无娱乐费用。有娱乐开支者计 47 家每家全年平均费用为 7.29 元，此数殊极微小也"；"书报文具邮件费"——"大部份家庭均有此项开支，平均每家每年约 14.98元。百分之三十以上家庭每年此项开支在五元以内"。可以看出，越

---

① 张乐：《教师生活写真（续）八》，《教师之友（上海）》1937 年第 3 卷第 1 期。

接近生活必需品的消费项，花费越多；越是接近提高生活品质、享受的消费项，如"装饰"和"娱乐"等，花费越少，甚至"极微小"。连教师职业应该必备的书报、纸张文具之类的消费都极少，这一点连调查研究人员都感到不适，呼吁"要知智识不进则退，新智识之灌输，端赖书报，于此不可不加注意焉"[1]。

所以，纵观江宁小学教师的消费结构，可以说是以维持生存的必需品的消费为主，改善生活品质、提高生活质量的消费很少，这直接反映出江宁县小学教师的物质消费处在以维持生存为中心的温饱水平，离优渥、休闲的生活相去甚远。而江宁县是当时中国经济文化最发达的地区之一，从江宁小学教师的生活水平可以推知民国中小学教师的生活水平。

# 第四节　清贫的经济生活

谈到民国时期中小学教师的经济生活水平，就不能不提到他们清贫的物质生活。当时，中小学教师生活的清贫是公认的。

## 一　教师消费支出素描

日常生活的开支是琐细繁杂的，无论教师多么节俭，也总是入不敷出。以下是一位乡村小学校长的日常消费开支，包括详细的支出项目和支出数额，不仅可以使人很直观地了解一个小学教师微观的日常消费细节，而且可以使人切实体会当事者拮据的生活感受。

### 生活素描　一个乡村教师之自述

黄志成

我是一个乡村完全小学的校长，每月有二十四元的收入。这数目在本县小学教师中，已经不能算小了。现在教局已欠薪三月，

---

① 龚启昌：《江宁自治实验县小学教师家庭生活概况》，《江苏省小学教师半月刊》1935 年第 2 卷第 14 期。

因为我是客籍人，无处借贷，连伙食也有不能维持之势。

我家中共有八个人：父亲，母亲，妹妹，三位弟弟，未婚妻及我自己。家中有破瓦屋三间，租田五亩耕种，还欠着债。父母都年已半百，妹妹今年二十四，已经许了人家，还未出嫁，在家助理家务。二弟在广东百候中学艺友师范班求学。三弟在山海工学团学做小先生。小弟在我跟前求学，本学期行将修毕小学课程；未婚妻也在一起读书。

照理家中我该按月寄去数元，现在做不到，他们也就不望我寄钱回去。房子快要塌倒了，我也无法，只得不管。爸妈们穿破衣，这在乡村里是很普通的，本也用不着穿得好。妹妹出嫁不得，照我的意思，婚姻是不必化多钱的；但习俗逼人，爸妈们要一些面子，以为做先生的人家，怎么妹子出门，没有一些儿陪嫁，似乎太不成话，等到年成好些，或者有钱时再说。二弟在广东，仗着子建先生帮忙，供给他费用。三弟我很有心想给他几个零用钱，但也只好想想罢了。小弟穿的衣服，破得和叫花子一样。去岁冬天，他手脚上害了好几处冻疮，才好了不久。我自己呢？因为是先生了，衣衫太褴褛，有碍观瞻，但也没法想，幸有浙大同乡友人施君，自愿垫款替我在当铺里买了一件呢大衣，一套旧西装。夏天快到了，我还是披着呢大衣。

这二十四元的收入当中，我和小弟弟三人的伙食，就要每月支去十二元。

一、每人每日吃米七合，每日二升一合，按月六斗三升，以每石六元计，该合三元七角八分。

二、柴每日三次，每次用五斤（脸水在饭锅上炖，否则是不够的）。共计十五斤，每月四担半，每百斤一千四百文，按月大洋两元。

三、油、盐、酱、醋，轮着买，每天用铜元十枚，按月一元。

四、青菜豆腐，净素不荤，早晨吃粥，买八支铜板花生再加两条油炸枪，起码每天用四百文，按月合计大洋四元。

五、酒自然不喝，茶不能不饮。茶叶消费也可观，因此喝白开水，自己烧不成算，到茶店去泡，每日三壶，每壶铜元一枚，倘客来另加，按月大洋叁角。

六、一星期内吃一次荤，肉太贵，鱼也很不贱，吃些蛋，一次吃六个，四六二十四个。每个铜元四枚，那么按月大洋三角。

七、有时或者客人来，在伙食项下，预储大洋三角二分。

出门走动走动，每月起码要一元。

个人交际应酬，每月平均二元。

暑假寒假回家一次，三人往返一次二十元，两次四十元平均合每月六元余。

医药费每人每月一元，计三元。

以上合计二十四元收支相抵。这是我的预算。

然而上学期我们三人却病倒，医药费就用了八十余元，把我的预算撕得粉碎。加上伙食费六十余元，已吞没了我半年的收入。

父亲、母亲、妹妹及另外两个弟弟，单吃空气就能活吗？我们是陪着农村一起破产了。①

## 二 教师的经济生活水平

教师待遇过低、生活清苦，在民国时期绝不是发生在个别教师身上的个别现象，而是为许多调查、统计所证明的普遍现象。这说明整个民国中小学教师阶层的经济生活水平不高，最多也不过养家糊口。

从实际收入对比上看，中小学教师的收入基本处于社会的中下水平。据 1933 年实业部调查，全国各业工资水平以造船、制钉、电气三业为最高，每一男工为 30 元，最低者在 10 元以下，尤以点心、柳器两业最苦，仅在 3 元至 4 元之间，各业工资大抵以 5 元以上 14 元以下为最普遍。② 若以张钟元在 20 世纪 30 年代对 8 省小学教师生活状况进行调查的结果——小学教师的平均月薪 16.25 元来对比，小学教师的收入大体与实业部调查所得各业劳动者的普遍工资水平（5—14 元）

① 黄志诚：《生活素描·一个乡村教师之自述》，《生活教育》1934 年第 7 期。
② 朱斯煌：《民国经济史》，银行学会银行周报社 1948 年版，第 370—371 页。

相当，或略高。中小学教师收入实际处于哪个层次，也可从当时居民的购买力来看。当时全国物价水平较稳定。以 1927 年的上海为例，一个非熟练工人养育五口之家每月需费 21.34 元，其中仅饮食费就需 11.11 元。生活水平稍高一些的工人家庭，即一个熟练技术工人抚养的五口之家，最低生活费用约 35.85 元。① 张仲礼在其主编的《近代上海城市研究》一书中也提到，对当时上海市社会局所做的上海市工人生活程度的调查显示：1928 年上海工人家庭生活费的支出，平均每家每年 454.38 元，月平均 37.86 元；20 世纪 30 年代上海小学教师月薪约 30—90 元，其中市立小学教师月薪 50 元左右，私立小学教师才 20—30 元，少数由工部局、外资津贴的小学教师月薪最高，达 70—100 元。② 若按工人的生活条件来衡量教师的收入和生活水平，可以说，一个工资高于平均水平的小学教师也只能过着与工人家庭大体同样水平的物质生活，勉强维持一家生活。

民国时期的许多社会观察基本可以确定中小学教师的收入水平不高，因为报刊上经常有一些言论为收入微薄的中小学教师打抱不平，他们惯常抱怨的一个点就是，中小学教师的收入甚至比不过一个底层苦力工人。这类言论比比皆是，比如："现今，把小学教师所得的物质的报酬，尤其是乡区小学，和黄包车夫比拟，和旅馆、茶园、酒馆的茶房比拟，乃至和行政机关的门房比拟，都不如远甚！"③ 山东的一位乡村教师说，小学教师"年薪三四十元的就有，还不胜一个牧羊喂牛替掌柜的打扫猪圈的小伙计的代价"④。1934 年 9 月 29 日《东南日报》有报道称："说到他们（作者注：指小学教师）的代价呢，实在可怜得很，最多不过十五六元，少则四五元，较之现钱交易的黄包车夫，不及多多。"⑤ 乡村教师的待遇尤其低，有人指出："穷乡僻壤小学教员的'相当资格'，是够人想像的。教员俸给低到每月

---

① 吴琼：《民国时期教师薪俸的历史演变》，《教育评论》1999 年第 6 期。
② 张仲礼：《近代上海城市研究》，上海人民出版社 1990 年版，第 747 页。
③ 王鲁白：《一位小学教师之悲愤的喊声》，《教育杂志》1929 年第 21 卷第 4 期。
④ 翟芝轩：《一般乡村小学的实际写真》，《基础教育》1936 年第 1 卷第 12 期。
⑤ 王廷弼：《谈余杭的教育》，《东南日报》1934 年 9 月 29 日第 4 张。

数元，因此有‘宁抬滑竿不教书’之谣。"① 抗战时期，有人通过对比后方几省一般劳动者的收入，如木匠、泥水工、船夫渡夫、理发匠、汽车夫等，做出如下结论——"做教师的收入，还比不上苦力工人的收入"②。

收入勉强能够维持温饱，有时入不敷出，是当时中小学教师的真实生活状况。"一个乡村小学教师的薪金最多年薪不过一百八九十元，最少的竟有七八十至百元的，普通在一百三四十元左右最多。就拿一百三十元来说，除却自身伙食及私用外，三四个人的家庭就不容易维持，这样，小学教师就不得不诚惶诚恐专注于断炊之虞了。"③ 大都市里待遇稍高的教师也不过是维持基本生活的水平。以当时待遇最高的上海小学教师为例："在上海依一般的市校说，待遇当然比较其他省市为优；至于占上海学校大部份的私校，其待遇多数不如市校，二十元左右一月者居多数。以上海社会生活程度之高昂，把这仅有的薪水，简直不够必需品的衣，食，住，行四项分配。"④ 中学教师的收入总体虽然稍好一些，但也不过维持温饱的水平。20 世纪 30 年代在济南做过中学教师的陶钝曾经这样评价当时中学教师的物质生活层次："从朋友的口里听说教育界争权夺利十分激烈。其实哪里有什么权，校长算是有权吗？当个中学教员每月拿百八十元这算利吗？争夺的无非是糊口养家的饭碗而已。"⑤ 这种仅及温饱的脆弱的生活水平是承受不了一点点风险的，一旦发生如教职员欠薪这类意外情况，他们的生活立刻就会受到影响，也会发生吃饭危机。报刊上曾报道，在陕西教育经费枯竭、教师欠薪的情况下，一位中学教师因生活困窘而不得不拖儿带女去领社会救济。"听说此间某中学教师某君，过去因薪水停发，即发也是成数极少，不能维持其家庭间的生活，致每于粥厂施粥之际，

① 杨允元：《急待确立的我国教师任用制》，《教与学月刊》1941 年第 5 卷第 9 期。
② 潘景佳：《提高国民基础学校教师的待遇问题》，《广西教育通讯》1941 年第 2 卷第 5、6 期。
③ 李宇鲁：《初次做教师》，《小学与社会》1936 年第 2 卷第 29、30 期。
④ 郑璞生：《小学教师合理的休闲生活》，《静安》1937 年第 4 期。
⑤ 陶钝：《一个知识分子的自述》，山东人民出版社 1998 年版，第 330 页。

率领他的儿女去吃粥。中等学校教师之困窘如此，小学教师的生活更为难堪，也可推想而知了。"[1]

民国时期，几乎所有关于教师生活状况的调查研究也都证明了教师物质生活的清贫和艰苦。张钟元对江、浙、鲁、闽、冀、豫、粤、皖等省小学教师生活状况的调查显示，小学教师仅以月薪论，他们的生活是亏空的。其年俸中数，只有195元，而每年支出中数，却有280.3元，亏空达85元。[2] 而且被调查的教师以教育比较发达、教师待遇比较好的江浙两省居多，可以推知全国小学教师的生活状况不会更好。另有林振镛在20世纪20年代末对覆盖10省18县的小学教员生计情况进行调查："计省会凡六，他则多属通商要埠，包括凡10省之广，计为安庆、芜湖、九江、六合、滁县、沈阳、长沙、重庆、大兴、宛平、福州、绥远、苏州、铜山、镇江、蚌埠、临川、临清等。"该调查内容涉及中小学教员的收入情况、经济负担、收支比较、生活状况、自视态度、社会地位等几项，囊括教师经济生活的客观状况和主观感受。仅据"十八县教员生计比较表"中"收支比较"一项就可反映出小学教师的物质生活状况之不理想，表中所列18县（表中列17栏，将大兴与宛平合在一起）中，仅临川、沈阳、福州、临清的教师表示收支相抵或略有盈余，其他十几县教师基本都是入不敷出。再看其描述的"生活状况"，大体都是"破屋布衣粗食""清苦""衣西装甚粗恶""每认为痛苦之职业"之类消极描述，或稍平和一点的表达如"瓦屋布衣朴雅""睡木坑、食菽面、衣布中山服""每日两餐食面衣蓝布之长衫""每饭一粥、衣甚朴雅""尚佳"等，可以看出小学教师的生活是仅及温饱的。再看"自视态度"一项，可以看到"执业虽清贵收入尚不如塾师""少数表满意多数以薪少为嫌""有愿致力教育有嫌薪少者""自怨薪少事繁"之类的表述居多，明确表示"满意"的只有两县，这说明教师普遍对薪资情况很不满意，连带着对自己职

---

① 西安日报：《最近本省重要言论·教育经费之确定与独立》，《新陕西月刊》1931年第1卷第1期。

② 张钟元：《小学教师生活调查》，载李文海主编《民国时期社会调查丛编》（文教事业卷），福建教育出版社2004年版，第164页。

业的评价也不高。在"社会地位"一项调查中，18县共有如下几个回答："工商界轻视之，政界及教育界重视之""农工界重视之，其他则否""一般认为无足轻重""一般对之不甚重视""一般对之尚知重视""尚可""尚不十分岐亲""商界藐视之""因处省会人不甚重视""新人物重视之""大都平常视之"，可见，在教师们看来社会对教师也不甚重视。而且，据调查主持者所言："先以区域为言，此18县多占中国富庶之区，地位上实为重要。"① 也就是说，这次调查的地区多为富庶地区，所以这次调查的小学教员的生计情况应该属于当时小学教员的中上水平。

再据1924年龚启昌对江宁县十学区的小学教师的家庭生活所做调查，被调查的96家小学教师家庭消费结构中，尤以食品消费等基本消费为大头，而且占比很高，其余消费则非常微小。"据教师本人之估计，去年平均每月之支出为54.13元，今食品费用，每月需洋31.81元，占支出之55.68%……至衣住方面之所费，尚不甚大，用于休娱一方面者，则为甚小。……杂费项倘除婚丧庆贺之外，其数即甚微，仅18.23元。故总观全部费用，仍以食品费为最大。教师家庭以大部分之费用，用于食品方面，欲于衣住及休娱方面求其生活之改进，甚为困难。"② 所以，教师的消费水平很低，基本可以说是生活在温饱线上，除了吃饭之外的其他生活费用都极其简省。而且，还有一个事实是，江宁县所属江苏省是当时经济和文教事业比较发达的地区，江宁县又是当时江苏省的优势地区，所以江宁县教师待遇和生活水平几乎可以代表当时小学教师的最高水平。以此标准来衡量全江苏和全中国的小学教师的生活水平，可以断言，当时小学教师的生活是极其清苦的。这一点调查人员也注意到了，所以他们得出这个结论——小学教师不是能赖以谋生的职业。"苏省其他各县教师之生活或较江宁县尤为不及。经费之拖欠每至累月经年，而待遇之微薄，或尤甚于江宁县。

---

① 林振镛：《小学教员之生计（调查）》，载李文海主编《民国时期社会调查丛编》（文教事业卷），福建教育出版社2004年版，第144—146页。

② 龚启昌：《江宁自治实验县教师家庭生活初步调查》，载李文海主编《民国时期社会调查丛编》（文教事业卷），福建教育出版社2004年版，第239页。

我教育者勤苦终身，而不能赖谋温饱，良可慨也。"①

20 世纪 30 年代中期也有人对广州市小学教师的生活进行调查，制成表格——"广州市小学教师生活所感受痛苦的程度"②，在小学教师痛苦的来源方面，调查者列出了"经济""教学""家庭""学识""学校""其他"等多个选项，结果显示，经济状况是对广州小学教师的精神状态影响最大的因素，也是造成小学教师精神痛苦的首要原因，这从侧面反映出广州小学教师经济生活的不如意。其他局部小范围的调查还有很多，结论并无太大出入。

总之，无论是统计调查、收入对比，还是生活感受，都反映出民国中小学教师真实的经济生活水平不高，他们生活清贫是社会公认的。甚至有人说教师生活之苦不仅是清苦，甚至可以说是困苦。"做先生是一条'清苦'的路，这是每一个人都承认的。'清苦'是还可以活下去的，最多不过是不会发洋财，反正不会就这样饿死。因此，很多人便以为做先生是'清高'了。——这样记着'高'，便忘掉了'苦'的梦一般的人们，到现在还是不少。可惜事情没有这么简单，这世界跟人闹蹩扭的事正多着。便是教育界这个例子吧，现在便沦至'困苦'，'清'固然谈不到，要'活下去'似乎也不容易了。"③

在微薄的薪资收入下，民国中小学教师的消费结构以基础消费为主，以维持温饱为主要目标，物质生活水平极其贫困，但他们在日常生活中还是努力维持着与其基层社会知识分子身份相匹配的生活模式。

---

① 龚启昌：《江宁自治实验县小学教师家庭生活概况》，《江苏省小学教师半月刊》1935 年第 2 卷第 14 期。
② 陈振名：《广州小学教师生活之研究》，《教育研究》1936 年第 69 期。
③ 平：《为教员枵腹断炊说的话》，《新教师》1936 年第 1 卷第 3 期。

# 第四章　中小学教师的社会生活

中小学教师是生活在社会的普通人，有普通人基本的社会生活，包括婚恋家庭生活、社会交往等。同时，作为那个转型时代的基层社会中少数的知识分子，又承担着"师"的特殊责任，他们的社会生活还是具有一定的文化人特征和时代特征的，从中可以看出中下层知识分子的基本社会生活样式。

## 第一节　婚姻家庭

家庭是最基本的社会组织，是日常生活赖以存在的最基本的社会单元；婚姻是家庭的基础，是家庭得以成立和延续的纽带，婚姻观念、婚姻制度的变化直接影响家庭的变革。

民国时期婚姻观念和制度发生了巨大的变化，特别是在城市青年知识分子阶层当中，经自由的交往建立友谊或爱情，以恋爱为基础来缔结婚姻的观念已被普遍接受。以自由恋爱、夫妻平等和一夫一妻制为基础的现代新型婚姻观念在城市生活中也得到较好的确立，以夫妇为核心的小家庭成为社会发展的新趋势。以青年教师为代表的新式知识分子是新的婚恋家庭观念的最早接受者和实践者，他们在基层社会发挥了新文化、新伦理风俗的启蒙作用。但是，民国时期毕竟是中国社会现代化的起步阶段，包括婚姻家庭观念和制度在内的社会转型不是一蹴而就的，即使是在思想观念和生活方式都比较先进的青年知识分子中间，其婚恋和家庭生活仍然是新旧参半。

### 一 恋爱婚姻

民国时期中国社会除去少数大都市风气稍微开放之外，大多数地方的风气还是比较传统守旧的。再加上广大中小学教师一般都出身于闭塞的乡村农家，他们工作的学校也多分布于乡村和小城镇，所以，中小学教师的婚姻大多数还是来自传统的父母之命、媒妁之言，很多人早早地就订婚或结婚，甚至在婚姻生活上有些教师是非常落后的，比如，纳妾这种旧婚俗在民国时期的中小学教师身上就不少见。叶圣陶曾与某友人讨论教师问题时，其友人便说："某城中等学校的教师，据我所确知，嫖妓的有近二十人，纳妾的某某等五六人。"叶圣陶便想到"这似乎很奇怪，其实我已早先不曾想起罢了，在我的家乡，我所认识的知道的如某某等，不是教师而兼嫖客吗？又如某某，他是我小学时代的教师，现在还当着小学教师，如某某，他现任女子中学的教师，他们不是都纳了妾？"①

但是，中小学教师毕竟是受过现代教育的知识分子，是受过新文化运动启蒙的青年人，反对包办婚姻，主张婚姻自主（包括恋爱自由、结婚自由以及离婚自由），已经成为他们这一代知识分子的价值观，或成为一种内心的向往。虽然在实际行动上，他们未必敢于这么勇敢开放，但自由恋爱在这个阶层中已悄然成风。

1. 青年教师的自由恋爱

在民国时期，中小学教师的婚姻状况总体上是传统的，但青年教师发生浪漫的恋爱故事并不鲜见，可是其婚恋过程往往很不寻常，经历也颇为坎坷。

据甘引南在 20 世纪 20 年代初对以北京师范大学为主的北京几所大中学校学生的婚姻状况的调查，在已婚学生中有 86% 的人，其婚姻是"旁订"的，即由"旁人（即父母伯叔等）订的"，婚姻"自订"的仅 5%；已订婚但未婚的学生中，有 70% 的婚姻是"旁订"的，婚姻"自订"的仅 15%；而在未订婚的学生中，有 86% 的人表示"愿

---

① 叶圣陶：《教师的修养》，《努力周报》1923 年 8 月 19 日第 3 版。

自订"，即选择婚姻自主。① 同一时期陈鹤琴对江浙地区几所大学、中学及师范学校学生的调查显示，无论已婚、订婚还是未婚的学生，"大多数主张自由结婚制"，反对父母包办，主张父母代订婚姻者很少，所以调查者的结论是"因此可知旧式的婚制不久就要破产"。② 到 20 世纪 30 年代初，中央大学对本校学生的类似调查，其结果也大抵相同，其中婚姻由父母选择加本人同意者占 17.6%，本人选择父母同意者占 11.8%，完全由父母选择者占 70.6%，本人选择的则没有。③ 可以看出，这些有可能成为中小学教师的青年学生们，其现实婚姻形态还是比较遵循传统的，多来自家庭的选择。由此可以断定，当时的中小学教师群体的婚姻状况也大致如此，甚至更加保守。但是也可以看到，婚姻自主已经成为青年知识分子的主流价值观了。

婚姻自主首先要以男女双方能够自由交往，相互了解为前提，双方在交往了解中产生爱情是婚姻自主的前提。但与大城市相比，当时的基层社会还很封闭很落后，是新旧文化冲突的第一线，受过新文化熏陶的青年教师在工作、生活方面往往与身边的社会格格不入。尤其是在日常男女交往方面，社会舆论往往更加苛刻、严酷，青年男女不仅很难正常自由交往，而且男女关系非常容易成为保守势力攻击新教育和新文化的一个突破口。

有位视导员在总结青年乡村教师工作中面临的困难时，记述了这样一件实例：一位上海中学师范科毕业的高材生，一入乡村学校，就受到当地流氓的刁难，他们不断上门勒索骚扰，"讨赏钱"，偷黑板，甚至编排出她与当地一个青年警察的绯闻来抹黑她，"把一个目空一切的校长，说得欲辩无从，不敢出校门一步"，最终被迫离职。④ 由这

---

① 甘南引：《中国青年婚姻问题调查》，《社会学杂志》1924 年第 2 卷第 2、3 号合刊。

② 陈鹤琴：《学生婚姻问题之研究》，载李文海主编《民国时期社会调查丛编》（婚姻家庭卷），福建教育出版社 2005 年版，第 21 页。

③ 楼兆鼎：《婚姻调查》，《国立中央大学半月刊》1930 年第 1 卷第 14 期。

④ 敬远：《与新教师谈甘苦——告将毕业的师范生》，《教育建设（南京）》1941 年第 1 卷第 6 期。

个事例可以看出，新旧文化冲突在男女关系方面的表现引起了很大的社会效应，所以，极易被旧势力用作攻击新文化的口实。其实，当时不仅基层社会在男女关系方面这样苛刻保守，甚至在本应思想更加开明的高等教育界也存在一些很保守的现象。比如孙开远曾回忆，自己的中学老师陶光因为爱好昆曲，所以"与一唱京戏的女伶结婚"，当时陶光已经进入云南大学执教，但"云大的家属们因'戏子'属下九流，迁入教授宿舍有辱'斯文'，乃群起而拒之，'陶光教授只得另租金屋以藏娇'云云"①。

在这种社会环境下，为人师表的青年教师若自由恋爱，会产生多么强烈的社会反响可想而知。山西太谷县的铭贤学校原为教会学校，后来成为孔祥熙实际控制的学校，孔祥熙和宋霭龄先后担任校长，学校教职员中留美的人很多，也有美国人担任教职，所以学校"洋风十足"，在当时算是风气比较开放的学校。就是在这种气氛中，学校里的青年男女教师之间自由恋爱了，也在当地引起了很大的社会反响。"女体育教员刘文英，据说是宋霭龄的干女儿，她生活浪漫，和乔辅三（也是留美学生）搞恋爱，弄得满城风雨，因而掀起一次风潮，群起要赶他们出校。"后在实权人物的强力干预下，事情的结果出人意料，"风潮结果，不但没赶走他们，宋霭龄还大发雷霆，反而把闹风潮的教职员和学生全开除了。最后乔辅三和刘文英，经宋霭龄主持结为夫妻"②。可以想见，如果没有宋霭龄这种实权人物的强力支持，这段浪漫爱情很可能会被当地的保守势力所扼杀，也会在当地的保守风气下被演绎成一段丑闻。

潮流是挡不住的，自由恋爱还是经常在青年教师身上发生。由于求学的经历，青年教师曾经脱离封闭的乡村而走向更广阔的社会，而且随着就业，他们实现了经济独立，从而脱离了旧式家长和家族的控制。自主的社交面一经打开，他们与志趣相投的异性恋爱的可能性很

---

① 孙开远：《愧无一善慰师魂》，载傅国涌编《过去的中学》，同心出版社 2012 年版，第 259 页。

② 刘道生：《孔祥熙与铭贤学校》，载马玉田、舒乙主编《文史资料存稿选编》（教育），中国文史出版社 2002 年版，第 546 页。

大，哪怕他们早已结婚，在家乡有一个被家庭包办的配偶，甚至还生育了几个子女。在甘引南对以北京师范大学为主的北京大中学校学生的婚姻状况调查中，有这样一个问题："你结婚后，曾同别的女子发生爱情么？"已婚学生中回答"发生过"的占已婚学生总数的 14%，"已订未婚"的学生回答"发生过"的占总数的 18%。[1] 未婚男青年发生恋爱故事的几率肯定更高。

恋爱虽然容易，但这些浪漫恋情能不能有结果，那就不一定了。因为周边保守的社会环境对一个教师个体会产生极大的压力，如果要维持一个教师正常的社会身份与地位，很大的概率是恋爱归恋爱，婚姻归婚姻。青年教师最终可能还是要遵循基层社会约定俗成的规范，回归原来的婚姻家庭模式；如果他想在婚姻爱情上坚持独立自主，很大的概率是其整个人生轨迹也会变得不同寻常。

陶钝在十六七岁时就遵从了家庭包办订立的婚约，早早娶妻生子，妻子虽然是文盲，但夫妻感情还好，还生育了子女。随后他考入北京大学，六年求学期间，结识了一些女学生朋友，而且他与朋友的姐姐——一位后来入燕京大学读书的方姓女子恋爱了。他在济南一中读书时本与这女孩子的弟弟相识，后来他在大学时，这个女孩子通过弟弟与他通信，咨询自己入京求学的事宜。女方出身没落的官宦之家，父亲已过世，与寡母和弟弟共同生活，受过新式教育、渴望继续升学的她，正经历着与旧式大家族的矛盾，承受着世态炎凉的刺激，在与陶钝的通信交流中，身处北京新思潮中心的陶钝给了她很大的鼓励和开导，双方的思想情感自然亲近起来。后来方家全家搬家到北京，陶钝又辅导她功课，帮助她升学，二人的关系已然不同寻常了。陶钝明确意识到："事实上我已经进入恋爱的云雾中，和小方的关系完全不同于和陈兄、钟弟、还有现在的汪弟那样的朋友关系。"[2] 但是，由于二人之间的出身、地位、世界观等各方面的差异，当然还因陶钝有妇之夫的身份，这场恋爱最终无疾而终。陶钝毕业之

---

① 甘南引：《中国青年婚姻问题调查》，《社会学杂志》1924 年第 2 卷第 2、3 号合刊。
② 陶钝：《一个知识分子的自述》，山东人民出版社 1998 年版，第 193 页。

后，先后到青岛和济南的中学教书，他将自己的妻儿接到了身边，从此回归家庭，与小方的恋爱成为他学生时代的一段插曲。

纵观从乡村教师转变为革命者的张明远的三段婚姻，也能推测一个普通乡村教师可能的婚恋轨迹。

像陶钝一样，张明远的第一段婚姻发生在他十几岁刚刚从师范讲习所毕业即将走向社会之际，属于典型的旧式包办婚姻。从他的记述来看，他对这段婚姻是抵触的，几乎是被家人逼迫着结了婚。张明远从县师范讲习所毕业时只有 14 岁，短短时间里做过教员、店员，务过农，也曾想闯关东。父母为了使他安分下来，在他还未满 15 岁的时候逼着他与从小订婚的乡村姑娘结婚、对于这种包办婚姻，受过新式教育的张明远当时的态度是非常抗拒但又无可奈何："我还未满 15 岁，就要完婚，我怎能接受？但父母之命不能违抗，无论我怎样大哭大闹都无济于事。迎亲那天，我躲在隔壁的伯父家里不肯露面，只得让堂嫂代我去接新娘。新人进门了，我仍不肯出来拜堂，大家生拉硬拽地把我拖出来，按在地上拜了天地。我一肚子的怨恨，都迁怒于新娘，很长一段时间不理睬她。这样的包办婚姻，不但没有拴住我的心，反而使我更加郁闷惆怅。我的话更少了，常常一个人坐在屋后的苇塘边发呆，或是用低沉凄婉的箫声来抒发内心的哀怨和愁苦。出路究竟在哪儿呢？"[①] 他不仅是结婚时非常排斥，在此后的生活中，这段婚姻也没有得到改善，在回忆录中他很少提及自己的第一任妻子，这位乡村妇女，在张明远笔下只是一个符号，没有血肉和感情，他们彼此之间的关系可想而知。但显然，如果后来他没有成为革命者，离开乡村，如果他像大多数乡村知识分子那样顺从命运，老老实实地安于做一个乡村教师，那么他的第一段婚姻很可能会维持下来，成为当时乡村教师婚姻生活的常态。

张明远的爱情发生在他与第二任妻子赵达之间，发生在他从一个单纯的乡村教师转变成一个职业革命者之后。但是在此之前，在他刚刚接触大革命时期的国民党和共产党，还只是一个思想活跃的

---

① 张明远：《我的回忆》，中共党史出版社 2004 年版，第 18—19 页。

乡村教师的时候，他就遇到了赵达。他在回忆录中这样记述他们的第一次相遇：

> 1926 年春节前不久，我们在县教育局进行了一次国民党县党部活动……我们正在教育局的会议室围着火炉侃谈，忽听院子里传来一个女人高声大气的说笑声。我很诧异：当时封建传统还很深，要求女人"笑不露齿""行不露足"，说话要"平声敛气"……是谁这样"放肆"？笑声未落，人已进了屋子。立元、质斋等人急忙站起来和她打招呼，她大大方方地与大家寒暄，像是同他们都很熟识的样子。我不认识她，呆呆地坐在那里看他们说笑，等他们落座。只见她留着齐眉、齐耳的短发，立眉大眼，厚唇大嘴，一付大大咧咧的派头，要不是那身学生衣装，还真会以为她是个男子呢。乱过一阵，立元才想起介绍我和她认识。原来她就是虹桥的赵达，县里赫赫有名的老张家的大小姐。她正在天津女师读书，还是天津女界的风云人物——国民党天津市党部的妇女委员和天津学联的委员哩！现在，她寒假回家，听说他们在这里开会，便不请自来。她的出现，一下子使屋子里的气氛热烈起来，她滔滔不绝地讲起天津的学生运动和女权运动，讲声援上海"五卅"运动，讲军阀李景林屠杀工人抓捕学生的罪行，慷慨激昂，眉飞色舞，极富感召力。大家听得惊心动魄，情绪激奋，不断插话、提问、响应。似乎，她成了会议的主角儿，原本打算议论的话题暂时被搁置一边。对于这样一位女性，我既敬佩她的热情、她的口才，又不习惯她如此"开放"。大家的情绪总算平静下来，我这才报告了此次天津之行的经过，传达了省党部关于召开省代会的决定及玉田县代表人选的意见等。[①]

显然，张明远第一次见到赵达时的感觉是很微妙的，从他如此细致入微、生动形象的回忆中可以看出，这时的张明远已被赵达深深吸

---

① 张明远：《我的回忆》，中共党史出版社 2004 年版，第 18 页。

引了，这为他们日后情感的升华埋下了伏笔。但这时的张明远只是一个县师范讲习所毕业的乡村教师，赵达这种自信、张扬、开放的新女性给他的感觉虽然很新奇，但更多的可能是不适。同样使他产生隔膜感的恐怕还有赵达"大小姐"的社会地位和政界"风云人物"的身份。直到后来，张明远走出乡村成为一个革命家，并成为共产党顺直省委的领袖之一，这时他与赵达不仅成为志同道合的革命同志，而且赵达还是他的下级，此时他与赵达之间的隔膜感才消失，并且二人还在日常的接触中产生了感情，进而结婚生子。可以推测，如果张明远一直做乡村小学教师，那么他与赵达不会有自由交往的机会，进而产生感情，乃至结婚。那样，他对赵达这种微妙的情愫也只能成为一种模糊的情感向往，不会有什么实际结果，他的原始婚姻也可能会一直维持下去。

张明远的这段情感经历可以从一个侧面反映出当时中小学教师在婚恋问题上的情感倾向和人生轨迹，甚至能够代表一部分中小学教师真实的情感经历。显然，像赵达这种新知识女性，对于受过新式教育，经过新文化熏陶的青年乡村教师来说是极具吸引力的。但受制于中小学教师的社会地位普遍不高，以及他们所生存的基层社会的文化封闭性，赵达这种身份地位和思想观念的新女性只会引起乡村教师张明远的好奇和不适，按照正常的人生轨迹，这样的两个人走到一起的可能性并不大。如果想让张、赵二人走到一起，还得张明远离开乡村，脱离乡村教师的身份及观念束缚，走上一个更大的社会舞台，才能使他有勇气和能力遵从自己的情感，追求爱情，结束自己原来的旧式婚姻，开始一段新的婚姻历程。

民国时期发生在中小学教师身上的恋爱故事，还有一种就是师生恋。这种情况在中学教师身上发生得比较多，当然，由于当时女教师比较少，师生恋多发生在青年男教师与较年长的女学生之间。这一方面是因为民国时期的中学生年龄普遍比较大，男生中常有已经结婚成家的，甚至是做了父亲的，女生也常常有已经订婚的，或者因为要结婚而被迫提前中断学业的。另一方面，那时似乎也并无特别的规定禁止师生恋。当然，新文化的熏陶也成为师生恋的助推器。

询问功课、求教学问，常常是师生私下接近的借口，有一位中学教师回忆自己在上海某中学任教时的一段浪漫经历："该校有女生十余人，中有一校花名 E 女士者，年华二九，高三学生，为 E 校长之爱女，颇聪明活泼而衣饰入时。不知何故，在我来校两月之后，竟对我表示非常的好感，每晚常到我寝室（我在楼上独住一间）里来，况又是单身人来，常借问课为名，谈东说西，询此问彼，多至一两小时不去，这样的连续有十天之久，我也觉得有些异样了，心理虽也不免有些冲动，好像她一晚不来便甚无聊似的，但是还仍保持着师生的庄严，至多也不过把她当作我的妹妹看待罢了。有天因接到我妻的来信，忽然灵机一动，居然大彻大悟。因想到，E 女士的对我，这不是恋爱是什么？若仅是师生的关系，又何至如此？至于我呢，虽还不相信是恋爱，但是为甚么她一晚不来，我心中就不免如有所失望的空虚呢？况且我是已有妻室的人，而且我妻还是我心目中认为很满意而心爱的人儿，一向半年来就是过着很甜蜜的生活，现在又那里可以再把爱分给别人呢？"[①] 就这样，由于作者的理性和成熟，及时地悬崖勒马，对那位误会老师未婚而展开追求的女生讲明了自己已婚的身份，这段婚外师生恋才告结束。

结合陶钝和张明远等人的情感经历和对当时青年学生婚姻状况的统计结果来看，可以说，民国时期青年教师的自由恋爱事件并不罕见，但其婚姻是否能遵从自己的情感意愿却并不一定，中小学教师的实际婚姻恐怕还是主动或被动地遵从传统习俗的多。

2. 恋爱交往的方式

事实上，对于经历了"五四"时期思想启蒙的青年知识分子来说，争取婚恋的自由自主是一个很重要的生活内容，可惜人们关注到教师群体时，往往从责任、使命的角度来衡量这个群体的问题，似乎自由恋爱这件事只适合青年学生，一旦青年学生毕业后走向社会，并"为人师表"了，他们生活的主题就只剩下养家糊口和履行社会责任，恋爱这种事就离他们很远了。在中小学教师的婚恋问题上，反而是民

---

① 　仲裔：《一个中学教师的生活》，《华光月刊》1940 年第 1 期。

国时期的文学作品为后人留下了一些蛛丝马迹。

柔石的小说《二月》描写了萧剑秋与陶岚两位青年教师之间的恋爱交往过程，故事虽是虚构，但却是在当时的时代背景下展开的，主人公的婚姻观念、婚恋环境、交往方式、遭遇的阻力等，甚至二人的结局，都有现实基础，所以具有一定的代表性。

首先，从小说的叙事中可以看到，新式知识分子在婚恋问题上具有强烈的自主意识，而且这种意识在女性知识分子身上表现得更鲜明，这或许是因为那个时代的女性知识分子，其婚姻自主观念中还附有妇女解放的诉求。《二月》中的陶岚就是一个典型例子。

小说借学校同事之口，表达了当时社会一般观念上觉得陶岚是一位特立独行的女性。"密司陶岚是一位奇怪的女子呢！人实在是美丽，怕像她这样美丽的人是不多有的。也异常的聪明：……听说她在外边读书，有许多青年，竟被她弄的神魂颠倒，他们写信，送礼物，求见，很多很多，却都被她胡乱地玩弄一下，笑嘻嘻地走散。她批评男子的目光很锐利，无论你怎样，被她一眼，就全体看得透明了。所以她到现在——已经廿三四岁了罢？——婚姻还没有落定。"① 显然，陶岚美丽、聪明、有才华，对那些庸俗男性的追求不屑一顾，甚至对当地首屈一指的土豪钱正兴的追求，也置之不理。② 而对自己一见钟情的萧剑秋，她则主动追求，不惧世俗舆论。当然，陶岚是作者塑造出来的一位寄托着作者主观想象的理想型新女性，其形象是有些独特性的，但其对婚姻自主的信念和坚持却并不能视为特例，而是凝结着那个时代受过新文化启蒙、能够自立的知识女性的共同价值追求。20 世纪三四十年代曾有对成都市和昆明市的包括教师在内的职业知识妇女的婚姻状况调查，她们对"婚姻决定权"的普遍态度是，"本人做主经父母同意"者占绝大多数，其次为"本人做主"的，而完全由父母做主者则很少很少，昆明市被调查的 101 名职业妇女当中，只有 1 人选择

① 柔石：《二月》，载刘会军、林乐齐等编《现代中篇小说选（1921—1949）》第 1 辑，宝文堂书店 1984 年版，第 431 页。

② 柔石：《二月》，载刘会军、林乐齐等编《现代中篇小说选（1921—1949）》第 1 辑，宝文堂书店 1984 年版，第 439 页。

了"父母做主"。① 可见，婚姻自主是那个时代知识女性的主流价值追求。我们也可以同样看待萧剑秋的形象，作品中给萧剑秋设定了一个无父无母、了无牵挂的个人背景，无疑这样的背景设定可以使他我行我素、无视世俗眼光的行事作风更加合理。但是，这种作风也是由他新青年的时代角色所赋予的，并不突兀。

其次，民国时期社会风气渐渐开放，新式知识分子之间的自由交往、恋爱还是有一定的社会空间的。学校开放的社交环境和书信往来是那时的青年教师自由恋爱的平台与媒介。

一些社会调查反映出，自由社交是当时的青年知识分子最能接受的恋爱途径。据陈鹤琴对江浙地区几个大学、中学及师范学校学生的调查，大多数学生主张"自由结婚制"，反对父母包办婚姻。既然要自由结婚，那么要通过什么方式与对方相识，增进彼此的了解，进而恋爱结婚呢？据对未婚学生的调查，有 36.36% 的学生选择"从交际上着手"，具体来说，有"社会交际，信札往来""先同女子做朋友，在一二年内作周密的察看而后始言婚事""选择朋友中与我性情相合、学问相当而互有爱情者"等方式。所以调查者断言："这样说来，'社交公开'实为当今婚制改良的一个要素了。"②

陶钝是在大学读书时，以家庭教师的身份，以辅导功课的方式，与朋友的姐姐频繁交往的，虽然他是已婚身份，但还是与该女生产生了暧昧的情感。张明远则是在做乡村教师的时候，凭借到县城参加政治团体活动的机会，与同样在政治上很活跃的新女性赵达认识的。所以，开明的社交环境是新青年自由恋爱的土壤。当然，张明远与赵达二人最后走到一起是在张明远脱离乡村教师的身份，成为一个挑战旧秩序的革命者之后。如果张明远继续做乡村教师，乡村的保守环境恐怕不能容许张明远那么断然地抛弃旧式婚姻，开始新的情感历程。陶钝也在毕业并成为一名中学教师之后，选择结束婚外恋，回归家庭。

---

① 章珠：《昆明职业妇女生活》，载李文海主编《民国时期社会调查丛编》（婚姻家庭卷），福建教育出版社 2005 年版，第 498 页。

② 陈鹤琴：《学生婚姻问题之研究》，载李文海主编《民国时期社会调查丛编》（婚姻家庭卷），福建教育出版社 2005 年版，第 21 页。

所以，陶钝和张明远的自由恋爱经历虽然能够部分反映民国中小学教师的情感历程，但并不能代表民国中小学教师一般的情感历程。

从小说的情节来看，当时单身的青年男女教师之间是可以公开地交往的。陶岚作为萧剑秋的同事不仅可以在学校里正常见面、交谈，她甚至经常去萧的宿舍拜访，或约萧到家里见面聚谈，借书、讨论青年们共同关心的话题、向萧学习音乐等都是借口。这并不是小说的凭空虚构，在前述那位差点发生师生恋的中学教师的事例中，也可以看到，中意这位青年教师的女学生，也常在晚上到这位教师的单身寝室"问课"。① 当然，在当时相对保守的社会环境下，像这种青年男女之间频繁地私下交往是具有强烈的社会暗示意义的，因此那位频遭女学生拜访的中学教师很快就明白了女学生的心意，随后便挑明自己已婚的身份，与之划清界限；萧剑秋才到芙蓉镇一个月，就因为与陶岚、文嫂的频繁交往，而遭到校内外的舆论攻击。

由《二月》中萧陶交往还可以看出，真正增进他们之间的了解、促进二人感情升温的深层交流方式是书信往还。书信，是那个时代进行深层思想交流的最便利的方式，也是具有知识分子身份特征的交流方式，二者结合起来，通信就成为那个时代青年男女教师之间传情达意的特有方式了。乃至《二月》中钱正兴在哀求情敌萧剑秋放弃陶岚的时候，心心念念的要求就是"萧先生，只要你不和她通信就可以"②。所以，书信在那个时代的单身青年男女之间，可不是简单的、普通的信息交流，几乎可以称为"情书"的代名词。正因为明了通信所具有的这种暗示意义，所以，萧剑秋在得知陶岚是钱正兴"正在进行的妻"时，在回不回陶岚的信这个问题上十分犹豫。如果回信，"他又找不出一句辩论，说这样的通信是交际社会的一切通常信札，并不是情书"③。另外，书信交流，表白感情，还是属于那个时代特有的婉转

---

① 仲裔：《一个中学教师的生活》，《华光月刊》1940年第1期。
② 柔石：《中国现代文学名著·二月》，载刘会军、林乐齐等编《现代中篇小说选（1921—1949）》第1辑，宝文堂书店1984年版，第469页。
③ 柔石：《二月》，载刘会军、林乐齐等编《现代中篇小说选（1921—1949）》第1辑，宝文堂书店1984年版，第434页。

而含蓄的表达感情的方式，因为即使是那个时代最开放、最勇敢的青年，在表达感情方面也是含蓄的。所以陶岚即使是当面还书给萧，也不会有话直说，而是苦笑着嘱咐"里面还有话"①，暗示书里还有信，坚持用文字传情达意。可能只有通过这种私下的文字交流，才能充分地表达他们不敢当面用语言表达的思想和热情，迅速地拉近二人之间的关系。在现实中，陶钝在与自己婚外恋女生真正见面之前，就已经有过通信交流，相互之间已经非常了解了。书信中，女生诉说自己由于家庭变故所面临的求学方面的困难和自己抑郁的心境，而当时正在北京大学上学的陶钝则以一个大哥哥的身份，一方面指导女生的考学，一方面对女生进行心理疏导，双方通过书信已经建立了很深的信任和依赖关系，为女生进京后二人的感情升温做了铺垫。② 所以，书信往往是那个时代青年教师恋爱的重要媒介。

再次，从小说《二月》的故事中还可以看到，基层社会总体的环境是封闭保守的，青年教师之间的自由恋爱很难自然、健康地展开，来自外部环境的压力常常能扼杀一段健康的感情。

中小学教师一般都工作和生活在基层社会，对于男女之间的交往，基层社会的风气远没有北京、上海等大城市开明。基层社会对于青年男女之间的自由交往和恋爱，是当作不体面的甚至是伤风败俗的丑闻来看待的，一旦出现，当地社会一定会想方设法地排斥或惩罚这种行为。流言蜚语、败坏声誉往往是当地社会压制这种自由新风的第一步。小说中，飞短流长、满城风雨导致连陶慕侃对自己妹妹的行为都"不以为然"。与萧陶恋爱相比，萧剑秋对青年寡妇文嫂的救济和帮助在乡村激起的风波更大，人们"惊骇挟讥笑"③的议论甚至将文嫂逼得自杀，也使得一腔热情要救世济民的萧剑秋成为舆论攻击的焦点，而最终被逼得逃离芙蓉镇。萧陶的恋爱故事与山西太古铭贤学校乔辅三

① 柔石：《二月》，载刘会军、林乐齐等编《现代中篇小说选（1921—1949）》第1辑，宝文堂书店1984年版，第475页。

② 陶钝：《一个知识分子的自述》，山东人民出版社1998年版，第141—145页。

③ 柔石：《二月》，载刘会军、林乐齐等编《现代中篇小说选（1921—1949）》第1辑，宝文堂书店1984年版，第458页。

和刘文英的恋爱故事相比，虽然结局正好相反，但反映出的社会问题却是一致的。同样是自由恋爱招致满城风雨、舆论讨伐，萧剑秋不得不逃离，而乔刘恋爱幸得孔祥熙和宋霭龄的庇佑，最终得以喜结连理，修成正果。如果没有孔宋这类开明又强势的人物予以支持，乔刘这两位青年教师很可能被当地社会"名正言顺"地逐出学校，与萧陶的结局相差无几。还有前述那位年轻的女校长，因为得罪了当地的地痞流氓，所以被编排出与隔壁巡警的绯闻，这种无中生有的谣言竟然逼得女校长"不敢出校门一步"，最后不得不辞职逃离。① 基层社会传统势力之大，新旧文化冲突之强烈，都与小说中的描写如出一辙。

总之，乡村教师萧剑秋与陶岚的恋爱故事虽是文学作品，但它反映的是那个时代新青年在婚恋方面面临的共同课题——受到"五四"新文化启蒙的青年人在婚恋问题上的自主追求。那个时代特有的恋爱方式、他们所遭受的现实压力以及悲剧性结局等，这些都不能简单视为作者无中生有地编造，而是有现实基础的具有时代典型意义的范例。将《二月》与现实世界中青年教师的情感经历结合起来，可以看出民国时期中小学教师的婚恋概况。

民国时期是中国婚姻家庭关系转型的时代，自由恋爱、婚姻自主成为青年知识分子的主流价值追求。但是，在基层社会、劳动阶层中，大多数人仍然遵循传统的婚姻模式。在城乡分化加剧的大环境下，作为在求学期间受过现代城市文明熏陶和新文化运动启迪的青年教师，对婚姻自主的主观追求是强烈的，很多人都曾经有过真实的自由恋爱经历，甚至是婚外情。但毕竟大多数中小学教师出身于乡村，工作和生活都在基层社会，受周围传统风气的影响，无所顾忌地自由恋爱不一定有好结果。在真正面临婚姻的时候，大多数中小学教师最终还是选择向习惯和传统妥协，顺从旧式的包办婚姻。就像陶钝那样，早在十几岁年纪，就已经按照家庭的安排结婚生子了，在随后的求学或工作经历中虽然也曾泛起过情感波澜，但最终还是选择了维持婚姻家庭。

---

① 敬远：《与新教师谈甘苦——告将毕业的师范生》，《教育建设（南京）》1941 年第 1 卷第 6 期。

所以，民国时期青年教师的婚恋生活总体上是半新半旧的状态，呈现出内在理念与现实状况的脱节。

## 二　家庭生活

民国时期的中小学教师多数都是已婚成家的。据张钟元对 8 省小学教师的调查，被调查的 416 名男教师中有 288 人是已婚，约占男教师总数的近 70%；124 名女教师中有 36 人是已婚。① 而在中学教师方面，廖世承在 20 世纪 20 年代对广东、福建、吉林、甘肃等 10 省中学教师的调查结果显示，被调查的 1522 名中学教师中，"已婚的有 1353 人，占总人数的 93.83%；未婚的有 89 人，占总人数的 6.17%；有 80 人并未注明已婚未婚"②。

家庭生活是个人日常生活的重要组成部分，同时，家庭作为社会的细胞，也深受近代社会转型的影响。中小学教师一般生长于乡村，青少年时期接受的是现代化、城市化教育，工作和生活则主要是在基层社会，所以，中小学教师的家庭结构、家庭权力结构往往是半现代半传统的。其家庭生活几乎都围绕生计问题展开。

1. 家庭规模与结构

民国时期家庭制度发生了比较剧烈的变迁，一个突出表现就是家庭规模小型化。具体到中小学教师家庭来说，则是以与父母兄弟同居的折中家庭为多。

有研究指出：民国时期，家庭结构、家庭关系等随着时代变迁也在发生变化，呈现出依靠宗法维系、累世同居的联合式家庭向一夫一妻为中心的小家庭转变的趋势。与之相关，其家庭成员构成、年龄结构都发生了变化；家庭生活同样围绕核心小家庭展开，家庭生活内容、家庭权力结构等也发生相应改变；家庭功能也开始转化，传统家庭所承担的生产、生育、教化等综合社会功能逐渐分解，被新的具有单一

① 张钟元：《小学教师生活调查》，载李文海主编《民国时期社会调查丛编》（文教事业卷），福建教育出版社 2004 年版，第 155 页。

② 廖世承：《我国中等学校教师的概况》，载李文海主编《民国时期社会调查丛编》（文教事业卷），福建教育出版社 2004 年版，第 323 页。

功能的社会组织逐渐取代。上述这些变化一般在城市市民家庭表现得更为明显，广大乡村社会的变化则相对迟缓。当时，城市家庭中大量存在的是小型化家庭——核心家庭（由夫妇与孩子组成）和折中家庭（三代家庭）。1939 年金陵女子文理学院对成都市 192 人的家庭进行了调查，结果小家庭最多，共 95 个，占 49.5%；其次为折中家庭 57 个，占 29.7%；大家庭仅占 16.7%。天津市的情况也与之类似，在被调查的 289 个家庭中，核心家庭占 51.9%，主干家庭（即折中家庭）占 29.4%，联合家庭（指传统大家庭）仅占 12.8%，这说明传统大家庭模式在现代化城市中正向小型化转变。而包括乡村在内的整个民国社会中大量存在的是介于大家庭与小家庭之间的家庭模式——折中家庭（与父母兄弟同居），这一家庭模式既摈弃了传统大家庭的弊端，又能使子女履行侍奉老人的义务，自然成为社会各阶层共同接纳的家庭模式。①

对于大多数出身和工作都在基层社会的中小学教师来说，与父母兄弟同居的折中家庭是比较普遍的，几世同堂的混居大家庭虽然不多，但一夫一妻的小家庭也很少。

据 1924 年龚启昌对江宁县十学区的小学教师的家庭情况所做的调查，被调查的 96 家小学教师家庭中，有 64 家对自己家庭的人口情况有比较清楚的回复："64 家中四口之家计有 15 家，为最多数，二口之家只 2 家，此种一夫一妻之小家庭，占极少数，教师之家庭大都有父母及兄弟同居故也。"② 具体来说，按照龚启昌对小学教师家庭内同居亲属的关系的调查，64 家小学教师家庭内部的人员关系结构是这样的："64 家教师有妻 43 人，或即表示有 21 人，尚未娶妻也。64 家中有父及母各 47 人，此即表示大多数教师均与父母同居。兄弟共有 67 人，每家平均有一兄弟同居，姊妹同居者则不多。其他一类中含侄儿及伯叔姑母等等。" 对这 96 家教师在家用饭人数的调查结果显示，

---

① 陈蕴茜：《论民国时期城市家庭制度的变迁》，《近代史研究》1997 年第 2 期。
② 龚启昌：《江宁自治实验县小学教师家庭生活概况》，《江苏省小学教师半月刊》1935 年第 2 卷第 14 期。

"平均每家用饭之人数为 6 人"，由此可见这些小学教师家庭的大体规模。而且他提到另一项调查也印证了他的结论："据陶孟和调查之北平小学教员，亦发现'教员之父母，多与教员同住一处'，盖此或系我国中等以上家庭之普遍现象也。"① 另据余子夷在 20 世纪 20 年代对江浙地区小学教员生计状况的调查，已婚的小学教员的家庭规模以由子女和父母组成的折中家庭为主，所以他说："小学教员的家庭状况，大概是要拿已婚有子女 2 人的家庭做标准，此外或者还要包含父母的供养在内。"②

在中小学教师家庭成员的年龄结构方面，由于民国时期的中小学教师以青年人为主，可以推知，由这些教师和其父母及其子女组成的家庭，其成员的年龄结构应该也比较合理，不会有太多老人。按照龚启昌对江宁县小学教师家庭内同居亲属年龄的调查，64 家小学教师家庭内部的同居人员的年龄结构以青壮年为主。"再就年龄观察之，妻子之年龄均在 15 与 49 岁之间，而以 20—29 岁之年龄之人为最多。子女大都在 20 岁以下。父母则在 30 岁以上。兄弟姊妹及其他大都均在 30 岁以下。总观全部人数，以 20—29 岁之壮年人为最多数，15 岁以下之幼童 47 人，60 岁以上之老年人 21 人。此种现象之家庭，尚称良好也。至教师本人之年龄因调查表中漏列，故无从统计，然大都必为壮年人无疑。"③ 教师家庭内部成员以青壮年居多，这一年龄结构特征也与陈蕴茜关于民国时期城市家庭的研究结论基本相符，即在城市化和工业化潮流下，城市家庭的青壮年人口比较多。"家庭规模缩小之后，成员构成和年龄结构相应改变。过去那种由夫妇—子女—父母—妯娌等直系和旁系亲属混合构成的复杂的家庭关系逐步趋向单一化，仅由直系亲属构成，一般由夫妇—子女组成，另有一些折中家庭包括

---

①　龚启昌：《江宁自治实验县教师家庭生活初步调查》，载李文海主编《民国时期社会调查丛编》（文教事业卷），福建教育出版社 2004 年版，第 234、239 页。

②　余子夷：《小学教员生活状况调查》，载李文海主编《民国时期社会调查丛编》（文教事业卷），福建教育出版社 2004 年版，第 191 页。

③　龚启昌：《江宁自治实验县教师家庭生活初步调查》，载李文海主编《民国时期社会调查丛编》（文教事业卷），福建教育出版社 2004 年版，第 234—235 页。

父母在内。……家庭成员构成的变化必然带来家庭年龄结构的变化，加之城市化和工业化，许多工人家庭由郊区或农村迁移到城市，因到城市的目的是为了工作，所以这类家庭主要是青壮年，老人较少。以上几个因素决定了城市家庭人口年龄结构以青壮年为主，次为儿童，老人最少。"①

2. 夫妻关系

在家庭内部的权力结构上，中小学教师家庭多是半新半旧的性质，既存在以父权和夫权为核心的权力结构因素，也存在女性家庭地位上升的事实。

对于很多农村家庭来说，累世同居的大家庭比城市更多一些，大家庭同居共财制一直存在，这是家庭权力结构的基础。当时很多乡村教师要参加以大家庭为单位的共同的生产劳动和分配，其薪水收入也是归大家庭共有，不存在他们个体小家庭的独立经济。前述关于教师的个人收入中就讲到，中小学教师基本都是有家庭不动产的，以田亩居多，多数乡村教师也都不脱离农业劳动，以田亩收入来补助其薪水的不足，他们所耕种的田亩应该是属于大家庭的共有财产，而不是他一夫一妇小家庭的财产。杨懋春提到山东台头村的情况时就指出："该村没有一个手艺人是完全靠手艺谋生的。"包括"村学校教师"在内的"手艺人""在播种和收获季节或者偶尔不从事专业工作时，都与他们的家人一起在田间劳动"②。来自家族田产的收入是乡村教师必不可少的生活补助，相应地，乡村教师的薪水收入也不可能归他自己或归他个人的小家庭所有。杨懋春指出，台头村的村学校教师虽然有自己的薪水，但在经济上也与其他村民一样没有自己独立的小家庭经济，他的薪水收益也要全部上交家庭，他们也不会说家里大多数的钱是他们赚的。③

中国的传统家庭以父权和夫权为基础，在夫妻关系和父子关系中

---

① 陈蕴茜：《论民国时期城市家庭制度的变迁》，《近代史研究》1997 年第 2 期。
② 杨懋春：《一个中国村庄：山东台头》，张雄等译，江苏人民出版社 2001 年版，第 30 页。
③ 杨懋春：《一个中国村庄：山东台头》，张雄等译，江苏人民出版社 2001 年版，第 78 页。

强调等级和尊卑，这是传统家庭权力结构的核心，女性在家庭中的地位低下。民国时期这种状况有所改变，男女平权观念被提倡，尤其是知识青年的夫妻关系变得越来越平等。据陈鹤琴在 20 世纪 20 年代初对浙江第五师范、浙江第一师范、江苏第十中学、南高附属中学、金陵大学、南京高等师范等几校 184 名已婚男学生的调查，这些男学生对待他们妻子的态度虽有差别，"然笼统说来，这些青年学生待遇妻子总算很平等，很尊敬的，比其余各界人士厚得多了"①。这几校的男学生无疑是中小学教师的预备队，他们的夫妻关系基本可以代表当时中小学教师阶层在夫妻关系上的状态。

另外，随着许多女性开始参与公共社会劳动，成为职业妇女，变成能够自食其力的独立劳动者，她们对丈夫的依赖性大为减弱。民国时期夫妻双方共同承担家庭生计的状况日益增多，妇女因此在家庭中可以和丈夫平权，自立意识也在增强，丈夫对妻子再没有绝对的权威了。教师家庭中妇女家庭地位上升的现象在后面即将讲到的夫妻学校（夫妻双方任职于同一所学校）中就有所体现。在这种夫妻学校，妻子一方经常是凭借丈夫做校长的权势得以在同一所学校任职，或做教师，或做"后勤"（比如负责教师膳食，或开小商店）。虽然妻子可能是依赖丈夫的权势才能进入学校这种公共事业机构工作，但她参与的毕竟也是公共社会劳动，而不是像以往的家庭妇女那样参与的是单纯的、受忽略的家务劳动，其能力和对家庭的有形或无形的贡献已然使她成为一个职业妇女，她在家庭中的地位、在夫妻关系中的地位与之前的家庭妇女已经有所不同了。

当然，民国时期教师家庭中女性地位的上升，最典型的表现还是在那些女教师家庭中。那些受过教育、凭借自己的知识技能进入职场、有自己的稳定职业的女教师，不仅是由于其经济上的独立，而且由于她们的见识和才能，提高了其在家庭中的地位，其家庭权力结构逐渐改变，夫妻关系更加平等。

---

① 陈鹤琴：《学生婚姻问题之研究》，载李文海主编《民国时期社会调查丛编》（婚姻家庭卷），福建教育出版社 2005 年版，第 9 页。

　　任桐君自1920年从江苏省立第一女子师范学校毕业之后，在此后的30年时间里几乎一直做小学教师，期间只有几次在短暂的时间里因为生孩子、战乱等原因离开教育岗位，或做家庭妇女，或做职员。所以，她把自己的回忆录命名为《一个女教师的自述》。她的丈夫也在20世纪二三十年代断断续续做过大中学教师，所以她家是个比较典型的教师之家。在她的夫妻关系中，作为女性的任桐君自始至终秉持着强烈的"自尊自主精神"，凡事自己拿主意，自己出资，自己办理，并不遵循传统一味地依赖、依附于男方。比如在结婚典礼问题上，她就按自己的意思进行了"革新"："废除买卖式的婚姻旧习。如订婚时用的印、戒指，由我俩各自出资，交介绍人代为购置。结婚时，双方衣物用品，均系自己置备。关于我的出阁一应费用，由我自己筹措。举行婚礼那天费用，则由男方负担；我则仅备床帐被铺。这一创举完全出于我的自尊自主精神，并无轻视男方的意思。"① 在此后几十年的教师职业生涯中，虽然任桐君总结自己前半生的职业生涯是以丈夫为主的，"结婚以来，我总是丢掉工作跟他跑"②，但是她从未放弃自己的职业梦想，即使生育了5个子女，历经战乱，在江、浙、沪、徽、川、滇等各地颠沛流离，但她总是争取一切机会重新站上讲台，因为她始终有一个自立自强的信念："抓住一个立足点，在公私兼顾的原则下，不掉队，不落后。正是本着这一信念，我才能度过婚后几十年黯淡的、难苦的泥淖生涯。"③ 所以，她的平生成就不仅在于她是支撑七口之家的贤妻良母，而且在事业上她也有自己的位置，凭借自己在职场的才干被誉为"'清行出俗，能干绝群'的全才"。

　　在任桐君的家庭关系、夫妻关系中，她不仅是一个传统的以抚育老幼为目的，以柴米油盐为中心的家庭妇女角色，她凭借自己的职业收入切切实实地为丈夫分担了养家糊口的重任，而且她还时常凭借自己的师生、同学、好友等社会关系为自己和丈夫谋职就业。她在教育

　　① 任桐君：《一个女教师的自述》，生活·读书·新知三联书店1989年版，第53页。
　　② 任桐君：《一个女教师的自述》，生活·读书·新知三联书店1989年版，第297页。
　　③ 任桐君：《一个女教师的自述》，生活·读书·新知三联书店1989年版，第80页。

界的工作成绩——在各地历任中小学教师、教务、训育和领导工作，抗战后期在贵阳筹办实验小学，"把一张白纸绘成了最新最美的图画"①，也极大地提高了她在整个家庭的社会地位。所以，她的丈夫很尊重她，无论是工作还是生活上都乐于听从她的意见。对于儿女们，任桐君不只是一个传统意义上的慈母，儿女们的教育事务几乎都是她一手包办的。像任桐君这样的教师家庭，在夫妻关系、母子关系方面自然不同于传统的以父权和夫权为中心的家庭，在所有的家庭事务中她都有发言权，女性在家庭中的地位显著提高。

但是对于民国时期女教师所取得的家庭地位也不能估计过高。

首先，受制于当时的各种主客观因素，女教师的就业很不稳定，多数女教师职业生涯很短，结婚生子以后，特别是生育以后，不得不放弃职业，回归家庭，回归单纯的家庭角色。陈东原对江苏各县女教职员所进行的调查发现，当时女教师"服务的适当年龄，从未婚到已婚，是二十岁至二十七岁的七八年间"，过了这个时段，"就大多受婚姻和家事的牵累而不能服务"。②据统计，1933年天津市市立小学教职员中共有男性433人，女性121人，绝大多数女教职员的工作服务年限都在5年以下，占全部女教职员的81.8%，而男教职员服务年限在5年以下的只占全部男教职员的54.3%；女教职员服务年限在11年以上的只有4人，占全部女教职员的3.3%，而男教职员在同一类别中则占28.4%。③可见，受结婚生育等因素的影响，大部分女教师服务社会的年限很短。一旦回归家庭妇女的角色，失去经济独立和必要的社会生活，女性的家庭地位显而易见会受影响。

其次，新式中小学教师家庭的夫妻关系是有些新意，但受制于当时整体的社会文化环境，教师家庭的夫妻关系总体上还是传统的比较多，以所谓"男主外女主内"的模式为主。媒体描述的一位堪称模范的"小学教师之妻"是这样的：每天忙于抚育儿女、操持家务，还兼

---

① 任桐君：《一个女教师的自述》，生活·读书·新知三联书店1989年版，第3—4页。
② 陈东原：《女教职员之研究》，《教育杂志》1928年第20卷第9号。
③ 《天津市市立小学校教职员资格薪给及服务年限统计表》，载天津市政府统计委员会《天津市统计年鉴》，1935年版，第31页。

做些女工，赚钱补贴家用。而且这位贤惠妻子还非常体恤丈夫，丈夫常常为生计问题所苦，而妻子常常找出些话来给他解闷。① 显然，这就是一个传统的贤妻良母的形象，没有多少新时代女性的特征。甚至于那些夫妻双方都做教师的、新式的家庭，他们的夫妻关系也有传统的一面。有学生这样回忆河南开封北仓女中的国文教师李季和与他的妻子英文教师张清琪的夫妻关系，李季和是北京大学毕业生，张清琪是北仓女中的创办人张中孚的长女。显然，他们二人都不是思想保守、观念落伍之人，而且二人在学识、职业方面相当，但面对学生对他们夫妻在家庭生活中能否平等相待的好奇时，他们的回答却让学生难以相信："李老师逢到此际，总是慢吞吞地笑着说：'她怕我，每逢年节，我生日，她生日时，她都给我磕头。'学生们哗然不服了，顽皮地批评他封建专制。他说：'不怨我，她自己非要磕。'学生说：'男女平等，你也该给她磕呀！'他故意逗学生说：'我当然不能磕，因为她是女的。'学生更加激昂，反封建礼教的激情更加高涨了。后来终于迫究出张老师坚持磕头的原因。是因为自己上了洋学堂就不守旧礼法，会使社会、家庭禁止更多的女子出外求学。这种为后人着想的苦心，真是可感。这更使我们觉得有此读书机会是难得的、可贵的。"② 从这段记录中可以知道，夫妻关系平等这个观念在青年知识分子心中已经确立起来，但事实上旧观念和旧习俗的社会约束力还是很大的，所以很多新式知识分子的观念与行为之间存有落差，他们在行动上有可能向传统妥协。

3. 子女教育

抚育子女也是家庭生活的一项重要内容。民国时期的中小学教师虽然穷，但他们都比较重视子女的教育，这几乎是教师家庭的一个显著特点。

前面已经论述过，民国时期的中小学教师队伍总体都比较年轻，

---

① 严独鹤：《小学教师之妻》，《快活》1922 年第 6 期。

② 胡绍芬：《忆开封北仓女中》，载全国政协文史资料委员会编《中华文史资料文库》第 17 卷教育，中国文史出版社 1996 年版，第 211 页。

有许多未婚的，已婚教师的年龄也不大，所以他们的子女数目一般不会太多。前述余子夷对江浙小学教员的调查，是以他们每家 2 个子女为标准的，其子女的年龄也不会太大，再加上待遇微薄，所以他们用于子女教育的费用也不会太多。据龚启昌对江宁县十学区小学教师"家庭生活费用分配"的调查，在生活消费中以食品和婚丧嫁娶费用最多，分别为 31.81 元和 81.58 元，衣服方面的消费为 6.5元，房屋方面的消费为 4.8 元，清洁装饰和娱乐方面的消费为 8.72元，应酬交际费用为 3.02 元，事奉费为 2.97 元，而"子弟教育费平均每月为 2.71 元"，超过邮件、医药、交通等方面的费用。[①] 虽然用于子女教育的费用不多，但以他们平均 25.89 元的月薪，这种消费也是他们远远不能承担的，大多数教师全赖家里有不动产才能维持生活。中学教师的年龄可能更大一些，待遇也稍好一些，其子女的年龄更大一些，子女的教育需求也更高一些，所以他们在子女教育方面的经济负担可能更重。据廖世承对全国中学教师的调查："我国中等学校教师的薪金，中数为 706.45。以 12 个月计算，每月不到60 元。以 60 元的进款，要维持家庭生活，教养子女读书，就不很容易。一个学生在中等学校肄业，平均费用总要在百元以上。有两个子女在中学读书，差不多全年薪金的 2/5 去了。所以有人说，中学教师的子女，就无力享受中等教育的机会；这一句话确系实情。"[②]

　　林振镛对全国 18 县小学教员进行生计调查时其中每一县均录有"教员生计之个别的描写"——受调查的教师对个人生活情况的详细叙述。而且据调查者表述，这些个例调查"尤注意选择其能代表一般者"，也就是说这些个案是有代表性的。在这些个例描写中，有些地方的教师因为未婚或未育，或者其他原因，并没有谈到子女教育问题，但有几个县的教师则有相关表述，现将这些表述抄录如下：安庆——"本人在教育界服务，故对儿女教育尚能注重"；归绥——教员"对儿

---

　　① 龚启昌：《江宁自治实验县教师家庭生活初步调查》，载李文海主编《民国时期社会调查丛编》（文教事业卷），福建教育出版社 2004 年版，第 259 页。

　　② 廖世承：《我国中等学校教师的概况》，载李文海主编《民国时期社会调查丛编》（文教事业卷），福建教育出版社 2004 年版，第 318 页。

女教员（育）不甚注重，10 余岁始令上学"；大兴和宛平——"子女达相当年龄均令入学"；福州——"儿女教育颇知讲求，多已就学"；临清——"子女教育颇知讲求，每月亦须出教育费三四元之多"；重庆——"子女多受教育"；六合——"儿女多无力送入中学，生活清苦之极"；苏州——"儿女中多有失学者，因无力兼顾之故"；另有临川、沈阳两地仅简单记录子女教育费。① 由上述教师自述可知，在当时教育并不普及的时代，教师总体来说还是比较重视子女教育的。但有地域差异，像归绥这样的边远地区，即使是教师，在子女教育方面的观念仍然比较落后。教师在子女教育问题上所面临的主要困难就是经济压力比较大。

在当时的社会观念中，至少在教师自身的观念中，教师的子女能够接受教育是理所应当的，是教师职业的先天优势。张钟元在对江苏、浙江等 8 省小学教师的生活调查中，曾原汁原味地照录过教师自己所感受到的困难，其中之一就是："身为教员，自己子女无力入学，好像泥作匠住的破屋，成衣匠穿的是破衣。"② 这句抱怨集中说明了在教师自己看来，社会原因造成自己的子女上不起学，这是多么不合理、不正常的事情。多多少少受这种观念的影响，民国时期有些思想比较狭隘的教师存有这样一种颇为自私的想法，即觉得自己对学生的辛苦付出，于自己是一种损失而不是职业成就。比如有一位国文教师就这样比喻自己做国文教师的"不幸"——"苦恨年年压金线，为他人作嫁衣裳"③。

当然，也有很多教师以身作则，将自己的职业优势与家庭责任紧密结合在一起，主动地既做孩子的父母，也做孩子的老师。就像前述任桐君的例子，虽然是女性，但任桐君认为自己是受过师范教育的，知道教育的重要性，所以她"把对自己儿女的教育视为责无

---

① 林振镛：《小学教员之生计（调查）》，载李文海主编《民国时期社会调查丛编》（文教事业卷），福建教育出版社 2004 年版，第 125—141 页。

② 张钟元：《小学教师生活调查》，载李文海主编《民国时期社会调查丛编》（文教事业卷），福建教育出版社 2004 年版，第 174 页。

③ 白水：《谈教师（生活漫谈）》，《共信》1937 年第 1 卷第 14 期。

旁贷的义务"。在与孩子们的日常相处中，就像她自己说的那样："我以慈母兼教师的姿态生活在他们中间。"即使在抗战期间，在兵荒马乱和颠沛流离中她也从不忽视孩子们的教育，每到一处她都心心念念、排除万难地为孩子们找学校，生怕孩子们失学。而且除了学校教育，她"还要以家庭教育配搭上去"，非常注意在日常生活中对孩子们的言传身教。① 她的知识素养和教育教学特长极大地推动了孩子们的学业成长，她的几个孩子都是抗战期间在西南各省颠沛流离时求学受教育的，至抗战结束时，她的三个大儿子都已考上大学，有此成就任桐君功不可没。她自己也很自豪，而且她认为这是自己作为母亲和教师的双重成功："我做母亲的虽然是穷教书匠，看看孩子们也有一份自豪。"②

### 4. 勤俭而辛苦的家庭生活模式

由于待遇低微，生活清苦，中小学教师家庭生活的重心几乎都围绕着生计问题，"男勤女俭"是他们家庭生活的常态。当时，还有一种将教师工作与其家庭生活结合在一起的所谓"夫妻学校"，单就教师个人的家庭生活来说，虽然有些益处，但毕竟是一种非常状态。

中小学教师基本都是养家糊口的主力。"一般的说来，中学教师多是家庭的中坚份子，几乎全家都是靠着他过活的。"③ 如果没有家庭不动产或其他收入的支持，微薄的薪资待遇会使中小学教师的家庭生活非常困顿。"男勤女俭"，夫妻协作才能支撑家庭经济，这是他们家庭生活的重心。报刊上曾刊登过这样一位聪慧能干的小学教师之妻，她在丈夫"李作民"的微薄薪水难以支持家庭开支的情况下，用自己的乐观、聪慧和勤劳支撑着这个家，堪称模范妻子。"幸亏他的妻子韵清十分能干，又十分贤惠，不但抚育儿女，操持家政，处处井井有条，省了作民许多心思，还要每天在百忙中抽出时间来做些女工，赚几个钱，贴补家用。不过所得究竟有限，无论怎样男勤女俭，总战不

---

① 任桐君：《一个女教师的自述》，生活·读书·新知三联书店 1989 年版，第 270 页。
② 任桐君：《一个女教师的自述》，生活·读书·新知三联书店 1989 年版，第 298 页。
③ 邓人撰：《一个中学教师的话》，《民意（汉口）》1941 年第 172 期。

胜这个穷神，所以好好的一对少年夫妻竟被生计问题可困住了，也说不到什么闺房乐事。还是韵清体恤他丈夫，常常趁闲空的时候，找出些话来和他说笑解闷。"① 沉重的经济压力有时甚至影响（她）家庭关系。贫贱夫妻百事哀，夫妻关系在生活压力下难免会发生龃龉。一位许姓中学教师每天忙碌地奔波在三个学校里兼课，一家四口租住在便宜的阁楼里，每到月底发薪，仍然感觉到"捉衿见肘之苦"，"而且有时候他妻子还不常要发些牢骚，说他教书匠的没出息呢!"②

最苦的是那些离乡背井，孤身在异地任职的教师，缺少家庭生活，使他们面临来自身体和精神方面的双重辛苦。

首先，这些异地任职的教师因为没有家人的帮扶，工作之外还要自己操持"浆浩及炊爨的事"，所以"整日里精神上的疲倦，身体上的困乏，真不亚于耕种的农夫"③。其次，最让他们感到痛苦的是缺少家人的陪伴和家庭生活的调剂，其精神生活更感枯燥和烦闷。一方面，他们离乡背井，照顾不了家人，难免对家庭有歉疚感："讲到家庭，我便要泪随声下了，古人说：'贫贱也，衣食于奔走。'差不多这句话是专为我一人写照的。自从到外边干糊口生涯之后，几乎十年不返乡井，父母的事奉，妻孥的畜养；简直是等于零。"④ 另一方面，他们难免经常还要承受离愁别绪的精神折磨。这些异地任职的教师，其家庭团聚就只能发生在假期里，离家近点的教师，可以在每个周末回家去，离家较远的则只能在寒暑假里回家团聚了。有些人受制于经济条件甚至多年不能回家，普通的家庭生活对于他们来说是极珍贵的。难得的团聚，总是让他们感觉时间过得很快："久别胜新婚的何先生，一到家里，自然感觉到一种家庭团聚的快乐；可是只有一星期的寒假，转瞬间已到了最后的一天。"⑤ 另外，这类离乡背井异地任职的中小学教师，可能经济压力也比较大。由于他们脱离了本乡本土，平时不能兼

① 严独鹤：《小学教师之妻》，《快活》1922 年第 6 期。
② 钱一鸣：《兼课教师》，《中美周刊》1941 年第 2 卷第 21 期。
③ 《河北霸县乡村小学教师生活的写照》，《众志月刊》1934 年第 1 卷第 3 期。
④ 梁运涛：《我的教师生活底回忆》，《教育生活》1936 年第 4 卷第 1、2 期。
⑤ 张乐：《教师生活写真（续）八》，《教师之友（上海）》1937 年第 3 卷第 1 期。

顾自家田地上的春种秋收，不能以耕田的收入来补助生活，因而比起那些本乡本土、能够兼顾自家农业生产的乡村教师，生活压力自然大一些。所以，一位外来的乡村教师的精神压力往往是不同寻常的。

一位外来教师这样描述自己与当地同事之间不同的生活状态和精神状态："这个学校在一个距离县城八九里的乡村，校长和一个同事，都和我同学，教学是和我一样的，可是他们并没有我这样的恐惧，因为他们是本地人，他们的教书是为着消闲，不是和我一样的为着生活啊。校长虽说每天来校，但是他少年绅士的态度，不是找着扯扯牌经，便是谈谈事谱。同事的呢？除了照常守着学生混过一天的课外，娇养惯了的身子，不到放学，他早很快的回去了。校址是在一个破庙内，除了两间黑漆漆的教室，一间恰可容身的卧房连几本教案外，我是再也找不到其他的设备了。为着职业上的关系，我不得不对教学用功，每对一个事情的思考，一个问题的疑难，只能靠自己翻翻参考书，把脑子想得一阵阵的痛。"[1] 从作者的叙述中可以看出，一些不离乡的乡村教师因能够兼顾工作和家庭，经济上和心理状态上都比较轻松，而背井离乡的乡村教师就没有这么轻松了，他们不仅要努力工作，还要自己处理洗衣、烧饭等日常生活琐事，缺少家人的陪伴，生活常态是紧张和枯燥。

鉴于上述这些情况，出于对乡村教师的关心，当时有人提倡办夫妻学校，以协调教师的家庭生活与工作之间的矛盾。"假如有这一条法令，允许甚至奖励教师可以携眷住校，则就是妻子不会教课，但至少总可以分炊洗之劳，而教师遂以学校为家，精神上有了安慰，心理上自也安定多了。假如妻子也能教课，那是更好了，夫妇合作，一心一德，共同去创造他们的园地，实现他们的理想，什么苦痛烦恼总可无形的消逝了！"[2] 夫妻同时任职于一所学校，二人不仅在工作上合作，生活上更可以分劳，以此来安定乡村教师的精神，被认为是"解决小学教师的心理生活的最好办法"。这种想法受到大教育家陶行知

---

[1]　十君：《我的教师生活》，《教师之友》1935 年第 1 卷第 8 期。
[2]　徐国启：《怎样改进小学教师的生活》，《教与学月刊》1936 年第 1 卷第 9 期。

的赞赏。陶行知在参观了南京燕子矶小学之后，对校长丁超夫妇的办学非常赞许："丁超夫妇办学，达到学校家庭化，家庭学校化，这对当时一些小学教师特别是乡村小学教师视学校如传舍，存五日京兆之心的状况，起着一定的改善作用。教师们安心多了。"[①]

这种夫妻学校的设想当然也是一种理想的教师家庭生活模式。但理想归理想，现实中夫妻双方共处一校，无论是对教师的家庭生活来说，还是对学校的办学来说，其效果都很难一概而论。因为在事实上，由于民国时期教师聘任实行校长负责制，能够携带家室共同服务于一校的中小学教师都不是普通教师，他们多是校长之类的少数人。这样的学校往往就办成了货真价实的"夫妻店"，甚至校长夫人就被教师私下里称呼为"老板娘"。

有教师这样描述校长夫妻双方一起在同一学校教书的情况：在一个"学生人数有一百四五十左右"的、规模并不算小的小学里，教职员只有3个，"校长担任了高级级任兼教导主任，又打杂差，校长太太负责了低年级又兼校役厨子，更兼小商店账房，余下来中级级任就是我"。从这位教师的叙述来看，这个学校确实做到了"学校家庭化"，做校长的丈夫主要负责学校的教学和日常管理，如同一个家庭的大家长；妻子同时兼负教学、杂役，如同家庭的后勤保障。学校就像男主外女主内，以丈夫为核心的一个大家庭。这种学校办得如何呢？从这位教师作为旁观者的视角来看，这个夫妻学校的办学是很成问题的，特别是校长太太既要看孩子，又要做饭，还要照顾商店，所以她带的低年级在教学方面很是敷衍、马虎。"是上课的时候了，可是校长太太还正抱着四岁的'小校长'下来洗脸呢。而且接下去还有很多事要她做，买菜啦，淘米啦，准备烧中饭呢，于是低年级学生只好在一声命令下抄书，读书，有时派几个高年级学生去教他们一课，真不愧是一位有才能的校长太太。"

学校的日常运转秩序服从于校长一家的家庭生活节奏。

---

① 毛遂之：《陶行知在南京燕子矶小学》，《中华文史资料文库》（第17卷教育），中国文史出版社1996年版，第122页。

在清早八时左右我去学校时，跑进校门，学生在扭做一堆打架，有些跳在课桌上做把戏，办公室门关得铁紧的，告诉你校长先生在楼上有贵干。八时过后，校长先摸了下来，凶狠的对住学生大骂一顿，接着便吩咐学生工作，你去泡热水，他去买早点。差了一阵子，时钟响了九下后，校长才懒懒的拿起铃来摇，是上课的时候了，可是校长太太还正抱着四岁的'小校长'下来洗脸呢。而且接下去还有很多事要她做，买菜啦，淘米啦，准备烧中饭呢，于是低年级学生只好在一声命令下抄书，读书，有时派几个高年级学生去教他们一课，真不愧是一位有才能的校长太太。……一听到下课铃真像赦了命似的抽出身子来，然而跑进办公室，所听到的除了校长先生一停不停的拨着算盘子外，就是学生们尖着喉咙叫："买橄榄要拷皮橄榄。""橘子糖……二千元。"而校长太太也就在这转不过身来的小窗口的台子上，一边捡小菜，一边应付着学生的生意，一直烦到上课时，校长太太就在这水龙头旁"哗"地开了自来水洗菜，小校长已坐在高年级生的膝上，衔着手指呆呆地望着他们上课。①

可以说，校长真的做到了以校为家，其家庭生活确实与学校运行有机融合在一起了。校长什么时候起床，学校什么时候开门；校长一家盥洗完毕，就开始上课。他们一家的家庭事务如抚育子女、一日三餐等，也都是与学校的教学和管理事务纠缠在一起的。学生成了校长一家的小帮工，帮忙跑腿买东西，看孩子，甚至帮校长太太上课；校长一家还兼营商业，将学生变成了自家的顾客。称此学校为"夫妻店"，那是再确切不过的了。但是，也可以反过来说，校长个人的家庭生活是服从学校的运转秩序的，或许可以称为"家庭学校化"。如果单从家庭生活的角度来衡量，这对夫妻的家庭生活显然是混乱的，甚至是畸形的，其中的无奈和辛苦显而易见。

总之，这样的夫妻学校虽然解决了个别教师，尤其是校长个人的

---

①　萧蕴玉：《学校风光·如此学校》，《教师生活》1946年第3期。

部分生活问题，但是这种家庭生活模式显然对于大多数的中小学教师来说并不适用。更何况这样的办学方式会滋长学校的腐败，妨碍教学秩序和教学效率。一些基层小学校长往往借机安插私人，甚至任用自己的妻子充任校役，包办教职员的膳食等事务，这种夫妻店式的学校，校长夫妻以他们家精打细算过日子的方式来经营学校、处理校政，以对待家庭雇工的方式来对待教职员和学生，连学校聘任的教师也被盘剥，变成如同杂役一般，必然引起师生的不满。所以，所谓理想型的夫妻学校，无论是对办学来说，还是对改善教师个人生活来说，其实都是有利有弊的。

# 第二节　社会活动与社会交往

人是社会性动物，社会交往是一个人必要的日常生活内容，是个人维护和构建自己的社会关系网的必要途径。20世纪上半期的中国处于动荡转型期，社会矛盾尖锐复杂，社会思想活跃，中小学教师作为有一定社会地位、有一定智识能力，而且有一定社会抱负的知识分子，除了日常的人际交往之外，还经常参与一些社会组织与团体活动，以扩充自己的社会影响。

**一　组织性活动**

参与正式的社会组织活动是当时很多中小学教师的一项社会交往内容，这些正式的社会组织或团体有些是政治性的，有些是专业性或福利性的。通过参加这些社团活动，中小学教师要么更加融入教师职业圈子，要么获得了超越教师职业之外的更大的社会生活空间。

1. 政治活动

民国时期是国内政治斗争最激烈的历史时期，学校师生是各派政治势力都极力争取的对象，教育界也是党派斗争最激烈的阵地之一，所以，政治是民国时期的教师难以回避的现实问题，或明或暗地参与政治活动成为很多教师的选择。

在孙中山领导的民主革命运动早期，虽然也有许多新式学堂的学生和新式知识分子参与其中，但孙中山并没有注意到群众运动的重要性，五四运动的爆发使他看到了新青年的力量和教育界的重要性，从此开始注重在学校开展宣传和组织工作。接下来的国民党改组和第一次国共合作的实现极大地推动了教育界卷入政治运动，许多青年教师和学生加入了国民党或共产党，他们于教学或学习生活之外，参与了很多政治活动，有人最终选择了以政治为志业，甚至不惜为自己的政治理想而献出生命。在这一时期中共的发展史上有很多这种事例，比如，湖北宜昌文史资料中就记载："'中国共产党'从 1925 年中共中央'四大'召开以后，中共湖北省委领导人董必武、钱亦石派中共党员祖山竹来宜，以省立三师教员的身份为掩护，秘密进行中共党的创建活动。……1927 年 12 月，中共宜昌县委在宜昌县第一、第二小学教师中发展部分党员，建立了中共宜昌城区文教支部。1928 年春，原三师学生、宜昌县立第二小学校长（共产党员）郭新柔，因参加宜昌县南乡农民武装暴动，被地主武装暗杀于县城郊宝塔河……"①

此后，国共两党之间的政治斗争不仅表现在政治和军事领域，也渗入文化教育界，国共两党及其附属党派的活动在教育界非常活跃，再加上中小学教师本来就是基层社会的知识分子，是在政治上很活跃的群体，所以中小学教师难免或主动或被动地卷入政治旋涡中。

随着南京国民政府的稳固，国民党的势力凭借政权的力量公开渗入普通教育系统。国民党内各类组织公开或半公开地在中小学师生当中发展组织成员，从事监视进步师生，宣传三民主义等工作。比如宜昌县中小学中设立的三青团组织，其领导成员多由各校训育主任和军事教官担任。② 共产党深入群众，扩大在基层社会的影响，也与中小学教师有关。与青年学生相比，由于教师见多识广和身份地位上的优

---

① 朱国楚、黎祥清：《清末及民国时期宜昌县教育界的党派组织》，载中国人民政治协商会议湖北省宜昌县委员会文史资料研究委员会《宜昌县文史资料》第 5 辑（内部资料），1991 年版，第 88 页。

② 朱国楚、黎祥清：《清末及民国时期宜昌县教育界的党派组织》，载中国人民政治协商会议湖北省宜昌县委员会文史资料研究委员会《宜昌县文史资料》第 5 辑（内部资料），1991 年版，第 92 页。

势，他们对学生具有相当大的影响力，吴研因在国民政府时期作为教育部官员曾经到两湖视察教育，在黄安视察的时候，当地的陪同人员告诉吴，湖北黄安共产党多与两个当地的教师有直接关系："黄安共产党员最多，共产党员所以多的缘故有两个：一是因为董必武的关系。董是黄安人，他参加辛亥革命后乡誉很好，曾在武汉办了一所私立中学，教育学生信仰共产主义。因此许多回乡的学生也就成了共产党员。另有一位私塾老先生，他是董的朋友，在黄安也有信誉，教的学生，多数是年岁比较大的。董常常支助他们，也常寄共产党的《向导》等刊物给他们看。老先生是穷秀才，看了之后，认为穷人可以翻身，于是也信仰了共产主义。他曾把《向导》当课本教给学生，也是造成不少人加入共产党的原因。"① 可以看出，当时教师之间或师生之间的许多交往其实是政治性的。

而且，中小学教师这一职业身份似乎对于 20 世纪初期的中国革命来说有某种天然的亲和性，使得中小学教师容易成为革命者。一方面的原因在于，中小学教师分布广，扎根基层，更接近基层民众，而且由于他们的职业身份使得教师的言行比较容易得到基层民众的接纳和认可，因而，中小学教师在传播革命思想方面具有先天的优势。这一点使中小学教师身份特别受到革命党的重视。有研究就指出，在中共从城市转入乡村的革命斗争中，许多共产党员是借做乡村教师才得以在乡村生存下来，并开展革命工作的，乡村教师这一职业是中共从事革命活动的一个重要媒介。② 另一方面的原因在于，中小学教师待遇低微，生活困苦，社会地位比较低，所以他们更具革命性，容易接受新思想，参加革命组织。中共在早期的农村革命运动中重视乡村教师的作用，就是基于对教师的革命性有这样的基本认识和分析："乡村教师多系青年，穷苦被压迫不能升学的师范、中学学生。他们在乡村中，过着很苦的生活，受恶劣的风俗习惯所束缚、压制，所以应当很

---

① 吴研因：《追忆黄安之行》，载马玉田、舒乙主编《文史资料存稿选编》（教育），中国文史出版社 2002 年版，第 1103 页。

② 丁留宝：《乡村教师：乡村革命的播火者——以安徽农村党组织建设为例（1923—1931）》，硕士学位论文，上海师范大学，2007 年。

容易同情我们的主张。"① 总之，中小学教师虽然可能由于生活环境比较闭塞而陷入周而复始的机械的教学生活，但是，一旦有机会接触革命思想或革命组织，他们还是很愿意参与的。当然，其中有些人很有可能进一步走上革命道路，脱离教师队伍。

具体到教师个体与革命活动最初发生关系，有的是在正式做教师之后，也有人是在学生时期就接触了革命思想，甚至已经正式成为国民党员或共产党员，此后成为教师之后继续以教师身份做掩护从事政治活动。这些教师合法的职业活动往往兼具政治意义，以开展政治宣传，拓展政治影响为内容。

张明远在 17 岁正式成为乡村小学教师之后，在暑假里曾参加玉田县教育局举办的暑期教师讲习班，此时正是 1925 年 "五卅" 运动期间，"江浩、叶善枝等带领一批在京津读书或工作的玉田籍进步青年回到家乡"，这些人都是具有国民党员和共产党员双重身份的进步青年，他们利用在讲习班讲学之机，介绍 "五卅" 运动反帝反军阀的情况，宣传孙中山的三民主义，号召青年们投入反帝反军阀的革命斗争中去。"他（江浩）慷慨激昂的演讲深深地打动了我们的心，激发了我们的爱国热情。"② 当时的张明远正与他的一些同学和同事谋划成立 "小教联合会"，为保障教师待遇而斗争。但是在江浩等革命党人的引导下，小学教师们单纯的经济斗争，很快被纳入政治斗争的轨道。"江浩很支持我们的要求。在他的指导下，很快建立了玉田县小学教师联合会，并提出了增加工资的方案。由于增资关系到每个教师的切身利益，几乎全县的小学教师都参加了小学教师联合会。"在江浩的活动下，小教联合会的具体斗争目标几乎都实现了。按张明远的评价："增加工资和撤换教育局长两个斗争的胜利，是江浩在玉田活动的成果，也是玉田革命活动的第一步。"显然，这时张明远等人的教师职业内行为已经悄悄地向政治性活动转化了。从此以后，张明远逐渐走上了革命道路，先是加入了国民党，成为国民党基层区分部的负责人，

---

① 中央档案馆编：《中共中央文件选集》第 1 集，中央党校出版社 1989 年版，第 541 页。

② 张明远：《我的回忆》，中共党史出版社 2004 年版，第 25—26 页。

边做教师，边参与了国民党玉田县党部活动和国民党直隶省第一次代表大会的筹备工作；后又接受了共产主义，加入了共产党，正式走上了革命者的道路，脱离了教师岗位。[1]

陶钝在 1931 年从北京大学毕业之前就已经成为国民党员，在临近毕业之前又秘密加入了共产党。毕业后先在青岛女中做教务主任，在他的主持下聘任了一些进步教员，因表现"左倾"受到校方和教育局的注意，再加上与校长合作不顺利，所以很快离开青岛。随后，他转入济南第一师范做国文教员，他不仅通过课堂授课和举办演讲传播辩证唯物主义思想，而且因为这时正值"九一八"事变之后民族危机严重的时刻，他也积极参与组织济南学生的南下请愿活动。因他始终有公开的国民党员身份，所以校方后来聘任他做训育主任，这时他考虑到是否接受训育主任这个位置不是他个人的事，而是能不能借助这个职位开展革命工作的问题："今天的形势，是革命向上发展的时期，抓到这样一个职位，在一师学生里的工作就方便了。"出于这种考虑，他接受了训育主任的职位。之后，他向学校举荐了一些思想进步，甚至秘密具有共产党身份的教员。由于训育主任主要是从事学生管理和思想教育的工作，借助这个工作便利，他对那些从事抗日爱国运动的青年学生予以了保护。最终陶钝引起国民党当局的注意，被怀疑有共产党嫌疑而被捕入狱 4 年。[2] 可以看出，教师职业更像是陶钝开展革命工作的一个合法身份掩护。

诸如此类的例子，在中共党史上还有很多。颍上县文史资料中曾记载了这样一位中共党员背景的教员——丁泮香。丁泮香出身贫苦，在阜阳省立第六中学上学时秘密加入共产党，毕业后先于颍上县南花园学校教书，后在唐家庙学校当校长。他的堂兄弟这样解释丁泮香从教的初衷："泮香为了用校长做护身，以便更好地开展工作，毅然应聘。"丁泮香回到家乡做教师后，还联合亲友组织了一个"青年互助会"组织，以此为掩护联络群众，开展革命宣传和组织工作。后来丁

---

① 张明远：《我的回忆》，中共党史出版社 2004 年版，第 26 页。
② 陶钝：《一个知识分子的自述》，山东人民出版社 1998 年版，第 257 页。

泮香到了红军队伍里，后在战斗中牺牲。[①]

20 世纪上半期的中国政治波诡云谲，中小学教师也有强烈的政治抱负，在从教的同时参与政治组织和活动，是他们实现政治抱负的手段。

2. 职业团体活动

教师作为一个职业群体，为了促进职业发展，他们还热衷于组织和参与一些职业团体活动。

教师毕竟是一个专业性很强的职业群体，而且由于近代知识体系的膨胀，新式教师职业的专业化要求越来越高，这种专业发展上的压力每一个教师都能感受到，所以，中小学教师普遍参与专业团体中，以满足提高自己的需要。另外，民国时期教育界已经明确认识到组织教师团体对于保障自身利益的重要性。当时因为中小学教师生存境遇不佳，而改变小学教师的境遇不能仅靠政府的自觉和社会的同情，还需要教师自己的努力，经过多次教育界群众运动锻炼的中小学教师深刻认识到，努力自救的方向就是组织团体，通过组织的力量来表达自己的诉求。"在过去有一个时期，各大学教职员的情形，也是非常困苦，而现在之所以比较良好的缘故，不能说不是以前北京国立各大学教职员奋斗的结果。他们奋斗的方法，最重要的是组织，这是各位小学教师的一个好榜样。各位第一必须赶紧组织起来，由小而大，先在各区成立小学教师区联合会，然后联合各区而成立县联合会，再成立省联合会，有了这样的组织，你们才有力量，你们的意思才能表现出来，你们的要求，才能达到目的。"[②] 认识到组织和团体的力量，这是当时教育界群众运动的经验之一，教师组织寄托着教育界改善教师物质和精神生活的希望。"组织就是力量，教师组织，不只为生活问题的解决，且为事业的光大，不单促进教育，同时改善自己……教师组织是从改善教师生活出发，教师生活是赖健全的教师组织以生以长。"[③]

① 常其相：《丁泮香同志的生平》，载安徽省颍上县文史委《慎城春秋》第 1 辑（内部资料），1986 年版，第 67—68 页。
② 《小学教师的自救》，《现代农民》1940 年第 3 卷第 2 期。
③ 陈藻芬：《教师组织与教师生活》，《民族教师》1941 年第 1 卷第 7 期。

民国时期各类公开的教师组织主要分为三类：学术性团体、各级教育会、教职员联合会。"中国教师组织运动，自始就成为三股潮流，分头勇进，各种教育学术团体，则效力于专门教育问题的研究与实验；各级教育会，则着眼于地方教育发展，社会事业的推广；各地教职员联合会，则偏重于教师生活的改善，教师地位提高，教师修养的增进。"① 也有人用另外的标准将当时的教师组织分为社交的与职业的两类。"前者是以联络感情为目的，后者是以增进职业效率和教师的利益为目的。"这位研究者还指出，严格来说，教师组织必定是由教师或教育行政人员自发组织起来的，由教师自行管理，以提高教育效率和提高教师地位为宗旨，"可是我国纯粹的教师组织太少了"②。也就是说，这些团体里真正的教师自发组织的团体并不很多。

各类教师组织的存在，对于促进教师之间的业务交流，增进教师群体的归属感和凝聚力，提高教师的职业认同感，发挥了很大作用。

民国时期中小学教师普遍都有自我提高的需求，而中小学教师又普遍比较清贫，像升学、参加正式的讲习班等正规的进修方式，教师在经济上和精力上往往难以承受，所以，同事之间自发地组织读书会之类的交流、研修方式就成为解决问题的办法。当然这类自发的研修组织对于那些地处偏僻乡村学校的教师来说仍然难以施行，但在城市里，这种教师组织还是比较多见的。有人记述，他们学校里本来也有"读书会组织"，但流于形式，有名无实，大家聚在一起往往闲谈。后来他们联合其他两校的同事组织了一个"三校联合读书会"，共20多人，每周二晚上在三校轮流开会，每次会上由5人报告自己的读书心得，结果效果很好，"开起会来，济济一堂，共同进修，真可谓其乐也陶陶"③。

真正对维护教师利益产生影响的，往往是那些教师自发组织的、类似于教职员工会性质的、以维护教职员福利为目的的组织。可以说

---

① 梁兆康：《中国教师组织运动》，《民族教师》1941 年第 1 卷第 7 期。
② 林锦成：《战时的中学教师》，《教育研究（广州）》1938 年第 83 期。
③ 张乐：《教师生活写真（续）九》，《教师之友（上海）》1937 年第 3 卷第 1 期。

这类组织最早出现于 20 世纪 20 年代初期以北京国立八校为首的教职员罢教索薪运动中，当时八校教职员推举代表组成了"国立八校教职员联合会"。这个教职员组织就成为代表当时八校教职员与校方、教育部、行政当局交涉教育经费问题的主体。当时有关八校教职员索薪的所有行动——罢教、辞职、对政府提出具体要求等，都是通过八校教职员联合会形成最后决议的，所有八校教职员一方发表的公开宣言、对政府的上书等都是以"八校教职员联合会"名义发布的。这个教职员组织对于当时北京国立八校争取教育经费的斗争发挥了组织者的作用。正是由于八校教职员联合会的示范作用，同样陷入经费困境中的北京中小学校，也仿效八校成立了这种工会性质的教职员组织——北京中小学教师联合会。它是当时组织和发动中小学教师，与国立八校教职员联合起来共同向政府索薪请愿的组织机构，在中小学历次索薪、请愿中都发挥着至关重要的领导作用。而其他地方院校也逐渐认识到教职员组织的重要性，也陆续有组织类似教职员团体的尝试。湖南教育经费独立运动中，在罢教等激烈抗议都无效的情况下，教育界也越来越走向组织化，由湘中、西、南三路教职员组织"非常委员会"，专门办理代表教职员方面与政府方面的交涉。这个"非常委员会"以各县教育界为主体，而不是像之前一样往往以省城几所学校为主体，从而极大地团结、动员和组织了湖南省的基层教职员群体，推动了当地的教育经费独立运动。[1]

除了在教育经费困境中帮助教职员维护经济利益之外，这类工会性质的教职员组织还多方位地争取和促进教师的福利。比如，20 世纪 40 年代末报刊上曾经记载，由于教师经常被无理解聘，一个名为"福利会"的组织，不仅"用全力来调解"，而且发出"一个教师受到无理解聘是全体教师的耻辱"[2] 的呼声，号召教师们要团结起来，勇于捍卫自己的职业权利。这个"福利会"还是一个教师联谊组织，许多

---

[1]　姜朝晖、董欣宁：《民国初期教育经费困境研究》，长江出版社 2020 年版，第 122 页。
[2]　陈新民：《会员的话·一个教师受到无理解聘是全体教师的耻辱》，《今日的教师》1948 年两周年纪念特刊。

面临困难的教师在福利会组织的活动中找到了归属感，变得更加热爱工作和生活。一位因丈夫经商失败而被迫做女教师的福利会会员，在刚刚走入职场的时候，因家庭的困顿曾经很苦闷，觉得教师生活"无聊""枯燥"，但是自从参加了福利会组织的联欢活动，生活圈的拓展、同事的热情带她走出了封闭、抑郁的状态，使她感觉豁然开朗，她称："福利会，打开了我心灵的窗……从此，我懂得了生命的意义，生活的乐趣。"①

上述这些教师职业团体有时能对教师的生活工作发挥一些实质性作用，比如在保障教师待遇福利、提供进修机会等方面。即使发挥不了实质性的作用，这种自发的教师团体的存在对于生活于压力和苦闷中的中小学教师来说也很重要，至少可以提供一定的心理安慰，增强教师职业的归属感。就像一位教师说的那样："至少在精神上有了寄托，这些事，惟有身为教师的人懂得，也仅有尝过教师苦味的教师肯热心举办，于是，正像其他教师，我像追求爱人般去参加，在各地各式各样的教师中，同样的心最容易接近，我们吐诉着各人的痛苦，虽然是千篇一律，但没有一个会感到烦厌，吐诉，减轻了精神上的重压，受苦的心结合在一起，不再感到孤单。"②

中小学教师通过参与各种政治组织或职业团体，不仅增强了自身的职业归属感，而且还可能将自己与更广阔的事业、更高远的职业目标联系起来，有助于他们实现自己的人生价值。

## 二 日常人际交往

民国时期中小学教师的社会活动有些是有组织的、正式的，更多的则是普通人惯常的、约定俗成的日常社交。这些日常人际交往所营建的社会关系网，对于中小学教师维系自身的社会地位来说也非常重要。

### 1. 校内人际关系

民国时期各学校里人际关系的共同特点是派系林立，纠纷不断，

---

① 张倩英：《会员的话·打开了我心灵的窗》，《今日的教师》1948 年两周年纪念特刊。
② 郁汇入：《生活，生活，教师的生活》，《今日的教师》1948 年两周年纪念特刊。

人际关系复杂。作为一个普通教师来说，想独善其身是不可能的。

民国时期各地教育界都有派系林立的特点，其中的根本原因在于，近代社会经济不发达，社会能提供的就业渠道不多，当时的各级学校能够提供基层社会为数不多的公职，是当时读书人的个人出路之一，当然也是地方权势人物力图把持的一个重要地盘。这样，就形成一个地方人事更迭的套路循环：行政当局一更换，必然要更换教育厅长或教育局长，教育局长随之任命各省立、市立、县立学校的新校长，校长聘任制度下，校长随之更换一批教员。这种人事任用环境下必然造成各学校里派系纠纷不断。

有人回忆，整个20世纪20年代的北京公立中小学的校长教员几乎都卷入了京师"学务局内的三派之争"，学务局这三派分别是"旧人""官僚习气较深的国民党人"和"青年派"。与第一派接近的教师"多是留日学生"，与第二派接近的教师"多是北师毕业生"，与第三派接近的"多是思想较为进步，有朝气的青年人"。而且这三派之争又为"后来的'京保争'打了基础"，京派与保派之争一直延续到20世纪30年代初，而"他们之间的明争暗斗无非是为了各自地方势力"。1922—1931年，北京中小学的教职员被深深卷入这种派系人事纠纷和对政府的索薪斗争中，所以有人说"在这十年，可以说是两种斗争中的'中小学生活'"①。马叙伦回忆20世纪20年代初期的杭州教育界时这样说："杭州教育界分成两系，一系是前进的，一系是保守的（其实是饭碗主义）。"②而他自己当时在杭州任浙江省第一师范学校校长，在他身边也团结了一批北京大学和北京师范大学的青年，因而被称为"马黄党"（马指马叙伦，黄指黄人望）。据马叙伦说，"马黄党"这个说法"是杭州教育界保守派造出来的"③。在民国年间当过两年省立小学教员和11年省小校长的许一

---

① 畸书畔：《京师公立中小学纪事》，载马玉田、舒乙主编《文史资料存稿选编》（教育），中国文史出版社2002年版，第654页。

② 马叙伦：《我在六十岁以前》，载沈云龙主编《近代中国史料丛刊续编》第96辑，台北：文海出版社1983年影印本，第76页。

③ 马叙伦：《我在六十岁以前》，载沈云龙主编《近代中国史料丛刊续编》第96辑，台北：文海出版社1983年影印本，第86页。

默深谙民国河南教育界派系阵营的内情，他说："河南省小均被各个派系所掌握。如省立一小、五小、九小属河大派。……六小、八小、十二小、十三小属开封女师派。……四小、七小、十小、十四小属省立开师派。……三小、十六小属洛阳师范派。……省立二小、十一小、十五小属百泉师范派。"① 同样，有人评价江西中学教师当中存在的不良风气之一就是"派系之见"。"查今日教育界派别之分歧，实为教育破产之一绝大原因，此种风气，尤以江西特盛，如某校之校长为某派，则某校之教员，殆非某派分子不可，就即使某人一无所长，但一转念有某派别之关系，也就顾不了那么多，为了巩固自己一派之壁垒起见，也得拉拢拉拢，所谓'清高''神圣'者，我真不知清高何在？神圣何在？"②

即使是在一个小小的县城里，教育界也不平静。安徽颍上县的文史资料记载，民国时期颍上县的朋党之争很激烈，县里的主要权势人物争权夺利、互相攻讦的主要领域就在教育界。把持住校长职务，便可以在学校里安插很多自己人。"那时的斗争重点，多在教育领域，主要是争夺学校、校长。当时，颍上全县只有一所县立初级中学，一至六年级县立完全高等小学六所，县立女子完小一所，分设在全县城乡各地。学校教师的聘用大权，完全掌握在校长手里，因而校长这一席位，便成为当时各党派争夺的主要猎物。也由于派别的对立，用挑动学生闹学潮的手段垮掉对方校长的事件也有几起。"③

所谓的派系都是由私人关系——亲戚、同学、同乡、师生、校友等结合而成的松散团体，地缘、亲缘、学缘关系似乎是民国教育界比较认同的派系纽带。"河南省小均被各个派系所掌握。如省立一小、五小、九小属河大派。一小校长郑孟芳，是教育厅长李敬斋的小同乡，开封教育实验区主任李廉芳的高足，又跟李廉芳从事实验工作多年。五小校长戴秉忱，是河大前身留美预校毕业，李敬斋是他的校长，豫

---

① 许一默：《忆河南省立小学和廉方教学法》，载全国政协文史资料委员会编《中华文史资料文库》（第17卷教育），中国文史出版社1996年版，第118页。
② 唐突：《中学毕业会考与中学教师》，《汗血周刊》1934年第3卷第10期。
③ 谢绍民：《颍上朋党之争简介》，载安徽省颍上县文史资料委员会《慎城春秋》第1辑（内部资料），1986年版，第70—71页。

鲁监察使，国民参政会参政员郭仲隗是他的小同乡。九小校长胡兹奇，是河大毕业，跟国民党河南省党部的人熟识。"① 陶钝这样描述 20 世纪 30 年代的山东教育界由于何思源做教育厅长所形成的派系关系："何思源作教育厅长，用人的系统，人称是'六中、北大、哥伦比亚'。他是曹州六中毕业考入北大的。六中的校长教员对于如何考北大，有一套考试经验和办法。考入北大的六中学生最多……北大毕业除了回六中以外，由教育厅分配全省，拿着北大文凭，等于端着饭碗。何思源留学，又拉拢了哥伦比亚一个班子。他当了教育厅长以后，去哥伦比亚的留学生回到山东就有美差，推荐教育部就可以当教授和政府官员。所以人称六中、北大、哥伦比亚。我也是属于北大系统的，所以在毕业即失业的年头没有感到谋职业之困难。"② 可以想见，这种日常的同学、师生、校友、亲友之间的私人交往对于维系派系认同，保障教师个人的职业发展是多么重要。

有派系，自然就有争权夺利的派系纠纷。一般派系纠纷的目标都是争夺教育界的地盘，将自己人安插进学校。而派系明争暗斗的方式除了一些拿不上台面的背后活动，公开的表现则为私人请托、舆论攻击，甚至鼓动学潮。

"河南省小均被各个派系所掌握。……1946 年，一小校长郑孟芳当选监察院监察委员之后，校长位置引起河南各个教育派系的争夺，出面角逐的，据教育厅传出消息，多达 40 余人，动员的势力，涉及中央的部长，省级的参议长、参议员，省府的厅长、委员，省党部的主委和委员。河大的校长、院长和系主任、地方的豪绅等；纵横联系，层层 X 托，当面叮嘱，信电推荐，可谓极一时之盛。当时八面玲珑、神鬼不犯的教育厅长王公度，对一小校长的席位，迟至数月，未敢决定。"③ 河南中等教育界同样热闹。1928 年，河南省立第一高中成立，

---

① 许一默：《忆河南省立小学和廉方教学法》，载全国政协文史资料委员会编《中华文史资料文库》（第 17 卷教育），中国文史出版社 1996 年版，第 118 页。

② 陶钝：《一个知识分子的自述》，山东人民出版社 1998 年版，第 330 页。

③ 许一默：《忆河南省立小学和廉方教学法》，载全国政协文史资料委员会编《中华文史资料文库》（第 17 卷教育），中国文史出版社 1996 年版，第 118 页。

王芸青任校长，有人指出："这时开封各学校的学派风气渐浓，王芸青系北京大学毕业，从这时起，省立第一高中便成为北大派在开封的阵地，这种情况一直延续到解放前夕。"省立一中当然也曾引起过其他派系的垂涎，期间曾有其他人继任校长，但引起"轩然大波，引起了学潮"，大部分教职员辞职，学生公开反对新校长，不断地"哄教员"，"有一个班，一学期'抬'（即哄赶之意）了9个物理教员"。新校长一年多时间"没过一天安静日子，无可奈何，只得辞职"。校长不得不又换上王芸青，"辞职的教职员陆续返校"。①

陶钝这样描述20世纪30年代山东教育界的"北大系"与"师大系"的争斗与妥协："那时，已经开始了北大系和师大系争夺校长的角逐了。因为北大出的校长多一些，师大系方面就不服气，掀起了一个反何运动，闹得满城风雨。这些反何的和共产党没有关系，可能在南京也有点根底，何思源不得安心，也怕被有力者弄下去，所以把省立学校平分秋色。高中、一师、一中等属于北大系，女中、女师、乡师等属于师大系，各自安心吃饭，不要抢夺。送出国留学生就安排北大、师大和清华各一名，如果只有两名，那再看考得如何。何思源为了巩固厅长地位，和南京的二陈建立了关系，所以一任8年，省政府每年有新变动，他的厅长却稳如泰山。"② 显然，派系斗争源于利益冲突，派系妥协的根本原因也在于各方在利益上暂时达成平衡。

教育界派系纷争影响甚广，甚至牵连到教育界的群众运动，连这一时期风起云涌的教育界罢教索薪运动在动机上也并不单纯。为了解决教育经费问题是一方面的原因，另一方面，一些教职员罢教索薪也夹杂着教育界内部的人事纠纷。陶希圣于1923年在安徽法政专门学校教书的时候就遇到一次安徽各校的索薪运动，作为一个湖北人、客居安徽的陶希圣，身份比较超然，出于旁观者的清醒和客观，他对这次教职员罢教索薪有自己的认识，他说："我自始即感觉这一运动的开

---

① 高韦伯：《解放前的开封高中》，载全国政协文史资料委员会编《中华文史资料文库》（第17卷教育），中国文史出版社1996年版，第204页。

② 陶钝：《一个知识分子的自述》，山东人民出版社1998年版，第330—331页。

端与发展，都带有几分勉强，而推动者自有其人。同时安徽教育界旧日有'龙门'与'高等'之分，此刻又有'北大'与'高师'之别。派系纠纷，比我们湖北省更有过之。"①

　　学校里派系林立，纠纷不断，校内人际关系自然就很复杂。普通教职员很难超然独立，必须努力争取成为各种权势人物的"自己人"，才能保住饭碗，所以，普通人际交往也是很功利的。

　　首先是校长与教师之间的关系，二者之间并不是单纯的上下级关系，而是构成一种依附关系。校长聘任制下的教师任用制度使得教师的职位有无完全系于校长的好恶，必然造成教师面临很重的人际关系压力。为保住饭碗，教师不得不巴结校长，趋炎附势，拉帮结派，排斥异己。"学校待遇教师，等于待遇仆人，大有挥之使来，蹴之使去的怪现象。'如学校遇着校长一换，旧有教职员无论好歹，都纷纷改换。'教师为着保持生活，往往出于奔走夤缘，或笼络学生，拨弄风潮，或树立派系，互相倾轧，这种行动，看来固然不当，但是现在的教师，在法律上并没有相当的保障。他们为保持自己生活起见，迫而出此卑下之举动，行虽可鄙，但是行政当局方面，多少也要负些责任。"② 再加上学校管理不规范，校长腐败问题比较突出，所以校长与教员之间的关系甚至被认为是一种剥削关系。"凭良心来讲，过去主持地方教育行政的人，多数以政治的手腕，来主持教育行政，维持他私人的地位。……非但如此，甚至再向小学教师的本身上来剥削（如每月捺拨薪金，而取利润），如此这类的主管教育机关的领袖，其所属的校长，自然也照样用起微渺之政治手腕于教员。结果最吃亏的，只有那没有下属的教员！"③ 当然，有背景、有后台的教师，则也可能通过拉帮结派来对抗，甚至赶走校长。因此，当时有人指出，中学教师应有的修养之一就是与校长合作，对待校长应该"虚心""服从"。而起因则是这样一个尴尬的现实："现在有许多中学教师，往往欢喜

---

① 陶希圣：《江风塔影》，《传记文学》1962 年第 1 卷第 2 期。
② 林锦成：《战时的中学教师》，《教育研究（广州）》1938 年第 83 期。
③ 卢泽云：《小学教师生活问题讨论六篇·小学教师的保障问题》，《江苏省小学教师半月刊》1936 年第 3 卷第 18 期。

勾结同事，与校长立于对抗的地位，这是绝对不应该的！"①

教师同事之间的关系就更加复杂了，相互之间拉帮结派、明争暗斗、党同伐异也是比较普遍的。"现在一般中学校的教职员，意见纷歧，互相倾轧，差不多是普遍的现象。"② 文人相轻，再加上利益竞争，使得学校教师之间钩心斗角、相互倾轧的事屡见不鲜，同事之间的关系并不纯净。"先生和自己是同事的关系，同事之间，能本着'同病相怜''同舟共济'的固多，而'同行如敌国''倾轧排挤'的也时时会遇到。譬如大家同坐在教务室里共同研究某一个字的音义时，或者是讨论某一件故事的始末时，为会常常发见那种可怜又复可笑的面孔了。便着责任心所驱使，便把错误的字音，平心静气地去忠告他们，而结果往往受嫉妒；为着互助精神的驱使，便不分彼此地去帮忙他们，而结果又得了一个'越俎代庖'的罪状。其他像这样类似的事实，常会令人意冷心灰；朋友，这是事实，当然不限于某时与某校，总之，在我的七年来的统计，已经是数见不鲜了。"③ 甚至在一个规模很小的学校里，寥寥几个同事之间都不能坦诚以待，而是各怀心思，互相排挤，同事关系并不和睦。"这所学校，是乡村的公立学校，经费是由祖×拨助的，教员（校长在内）共有五个，校长兼教员。虽然在这几个教员之内，可是学历非常之差，由高小毕业的也有。笑话得很，各教员互相怀着一个鬼胎，大有你想我死我想你亡之势，只是校长一人，是个很好的吧了！我每日里下课，只和校长谈谈，其余的虽为校中同事，而实则如陌路之人，这真笑话啊！"④

当然，个人经历不同，主观感受也有可能不同。对于教育界的人事环境，有人也有不同认识。这位作者曾经因教师生活清苦而离开了教育界，而且立誓不再做教师，但由于生计压力，十几年后他不得不再做教师。结合自己的社会工作经历，他这样评价教育界与其他部门

---

① 卢泽云：《小学教师生活问题讨论六篇·小学教师的保障问题》，《江苏省小学教师半月刊》1936 年第 3 卷第 18 期。

② 吕绍槐：《中学教师应有的修养》，《浙江教育校长周刊》1934 年第 6 卷第 9 期。

③ 梁运涛：《我的教师生活底回忆》，《教育生活》1936 年第 4 卷第 1、2 期。

④ 王干勤：《我的教师生活》，《教师之友（上海）》1937 年第 3 卷第 6 期。

的软环境："教师总是一个知识阶级，不像商人们唯利是图，不像贪污土劣之奸猾难于应付，所以教师之间容易互相体谅，决无利害的冲突，而有互相协助的精神，每一件事都能料理得非常清楚，大家都负责干，而且不能不负责。多年来浸于污浊社会的我，突然换了一个澄清的环境，固然这学校的物质生活是困苦的，我反而依恋这种困苦的生活。"① 在他看来，对比政界或商界，教育界的人际关系还是比较单纯的。

2. 校外人际交往

校外的社交对于中小学教师来说同样是必要的。校外的人际交往、亲朋好友的日常往来也占据了教师很多闲暇时间。比如，学校快放假时，要归家的教师一方面要按照家信里的要求置办货物，给家人尽义务，另外还有必不可少的，就是置办亲友往来的礼物。"他想我半年没有回去了，亲戚邻舍也当添购一些礼物去送送，所以在街上跑来跑去，跑了好几个放学后的时光，才把信内要购买的条件取销。"除此之外，他还要置办"人家托他代办的东西"。不用说，这个寒假这位教师也是很忙碌的，假期里的人情往来几乎成了这位教师的"负担"。②

中小学教师校外人际交往的动力主要来自外在环境和内在需求两方面。

一方面，因为多数中小学教师生活在基层社会封闭的小圈子里，亲朋好友之间密切的人情应酬是客观存在的社会习俗，是回避不了的。当时一个教师的成功并不仅仅表现在教学方面，还有很重要的一个表现就是他们能与当地民众相处得比较和谐。有很多教师在这方面很成功，这段愉快的经历会成为他们教书生涯中的美好回忆，自己也从中获得人生经验上的收益。一位在广州城乡小学都任过职的教师这样回忆自己与当地乡绅的交往："在英德高小时，每逢礼拜六晚，校董们必邀我作四圈的竹局，假如不往，他必不悦，因此，那时我和局所及商会的一班老先生都很好，每至酒酣，缅怀身世，博他们不少有意义

---

① 张太敬：《我的教师生活》，《江苏教育（苏州1940）》1942年第5卷第1期。
② 张乐：《教师生活写真（续）八》，《教师之友（上海）》1937年第3卷第1期。

的劝勉。在兴贤小学时，名誉校长谭生，年六旬而有十七龄的爱妾，戏投以几首鲁诗，便博得他俩一连竟月的诗酒流连。在太和小学时，因课余散步到一位学生家长所植的荔枝园里，便做了'不妨长作岭南人'的东坡。"① 即使是在物质条件艰苦、文化环境落后的乡村，有些乡村教师仍然能与当地民众相处得如鱼得水。一位曾经的乡村教师在回忆自己半年的乡居生活时，对这个"二十多户农民集居的小小村庄"的淳朴的人文气氛很怀念："农人们走过田畦，微笑着跟我打招呼，随便扳谈几句，他们每一个动作每一句话我感到人间真朴的存在。"休假日，作者"坐在屋檐底的竹椅上跟老婆婆们闲谈……虽然同时他们也叹着年来运道实在差，可是总展着笑，她们很有把握的计划着未来。"晚饭时间，村民们聚集到乡村小学，与这位教师谈古说今，家长里短。乡村民众的淳朴、自然、真诚，使得这位教师"心里整天充满着愉快"，离开这个村子多年后还念念不忘。②

另一方面，中小学教师的日常社交也有不得已的功利性目的。陶钝在回忆录中就讲到他在故乡山东诸城做高小学生时，诸城单级师范附属小学的一位张姓教员，这位张姓教师本身是临县——胶县的一户大地主出身，为防土匪绑架勒索，不得已落户异乡诸城。但是他本人在诸城是外来户，社会关系单薄，没有背景，这在当时的基层社会是一个很不利的处境。"一个土地主和诸城这些仕宦之家、书香门第是联系不上的。"为缓解自己在当地身份的尴尬，他积极参加陶钝等高小学生和教师组织的新剧排演，"借演新戏和高小同学增多了联系，和绅士们的子弟，也有了来往"③。

普通教师的世俗交往，特别是与那些权势人物的交往，拓展了自己的人脉关系，往往意味着社会晋升的机会。尤其是在校长聘任制这种用人机制下，学校用人往往形成派系把持，所以对于一个普通教师来说，校外社交圈子的大小、社交能力大小直接决定着教师饭碗的有

---

① 梁运涛：《我的教师生活底回忆》，《教育生活》1936 年第 4 卷第 1、2 期。
② 潘泯：《教师生活写真·村居》，《江苏省小学教师半月刊》1936 年第 4 卷第 1 期。
③ 陶钝：《一个知识分子的自述》，山东人民出版社 1998 年版，第 76 页。

无。一个能够在教育界长期从业的教师，除了自己的业务能力强之外，往往还有着较强的社会背景，他的亲戚、同学、同乡、老师、朋友、同事等各种私人关系都是他的人脉资源，都有可能在某一时刻成为他谋职或晋升的后台。随便来看看民国时期某位教师的任职经历都可以看到，各种各样的私人关系成为教师辗转入职的举荐人和敲门砖，如果跟对了人，则有可能长期受到照顾。金景芳在回顾自己的工作经历时就非常感谢金毓黻的帮助和提携。"1931 年 4 月间，金毓黻先生由辽宁省政府秘书长调到教育厅厅长。金先生是东北著名的饱学之士，奖掖后进，不遗余力。他来教育厅后，曾召见我（时任辽宁省教育厅第二科第一股股长兼第四科第二股股长）谈话，并命我代为起草一篇序文。自此以后，我受特知于金毓黻先生，前后近二十年，我在工作上、业务上，一直得到他的帮助。例如，'九一八'事变后，我在沈阳市第二初级中学任教，就是他介绍的。1936 年 8 月，我从东北逃往关内，事前也是同他约好了的。1937 年，金毓黻先生任安徽省政府委员兼秘书长，我做他的秘书。1938 年 2 月，我到鸡公山东北中学任教，是他介绍的。1941 年 11 月，我由东山复性书院，调到三台东北大学任文书组主任，1942 年转任中文系讲师，也是他介绍的。"[1]

由于社交对于许多教师来说几乎是一种生存需要，所以民国教育界的社交活动常出现某些不正常的现象。

首先，由于大多数教师是通过日常交往来联络感情、交流思想、营建个人关系网的，而这种社交活动对于那些出身底层，刚刚进入社会，没有人脉资源的青年教师来说，实在是一个压力巨大的难关。教育界选材用人的派系把持之风，常常使无门路、无关系的青年学子遭受挫折打击。那些功课虽好，学历也不错，但欠缺人脉资源的青年学子，如果再是书呆子，或者自负甚高，那么他在获取教职的时候就会比较困难。一位在大学二年级就在南京私立中学兼职的大学毕业生，这样描述他毕业后在江苏谋职的曲折经历和频遭打击的心路历程：

---

① 金景芳：《金景芳自述》，载高增德、丁东编《世纪学人自述》第 2 卷，北京十月文艺出版社 2000 年版，第 175 页。

"顶着簇新的正方形的内切圆的方帽，同时又挟了自认为是可宝贵的服务三年以上的经历，一种岸然的高傲把梦想升得极高，满以为憧憬已久的江苏第一流省校的第一流教师的位置可以稳稳之取得了，但是教界领域里人浮于事，派系森严，专通关节的情形，正不亚于行政界，凡是带有十足的书呆子气的大学生，或是自认为有骨气而不善逢迎，假如对此情形果真要嗤之以鼻，不屑为伍，那就只好请你打轿回衙了。这，无疑地，对于我是无情的一击，在那时，虽曾经觉悟前非，奔走关说，临时抱佛脚的企图寻求关系，制造关系，又那里来得及呢？实在的，高卧隆中，等人三顾，自己固然够不上这种资格，而且目下也没有这回事；归耕畎亩，抱子拥妻，又受尽社会人士的冷嘲热讽。不得已而思其次，结果终于在鲁皖一带流浪了两年，也还没有脱离了本位工作，一直到民国二十夏天总算万分侥幸在本省某师范学校中获得一个据点，这无疑是人事关系成熟的一种表现。真难啊!"① 获得一个理想的教职是自己"人事关系成熟的表现"，而不是自己的业务能力的自然结果，可见，人事关系在民国时期的教师从业经历中有多重要。

其次，乡村教师与乡村社会的日常交往呈现出更多的畸形状态。

对于乡村教师来说，社交能力显得更加重要，因为乡村社会是一个更封闭的小社会，人情关系更重要，所有乡村公共事务都是本着乡村社会约定俗成的习俗，凭借熟人之间的老关系、老习惯来处理的，所谓制度规定可能并不起作用。对于大多数乡村学校的青年教师来说，与乡村社会打交道虽然是他们的必修课，但不容否认的是，他们在先天条件上是缺乏融入乡村社会的优势的。一是，对于保守落后的乡村来说，他们本来就是乡村社会不熟悉的新文化的化身，先天地就遭到乡村社会排斥。二是，他们大多数是外来人，在当地无亲无故，无人脉无后台，而且他们普遍又比较年轻，不通地方习俗和传统，人情世故、社会经验和交往技巧等也并不熟练，所以，遭冷眼、受排挤是常有的事。

有位视导员记述了这样一件实例："某次我到一个乡村小学去视

① 朱伯孚:《教师生活杂谈》,《江苏教育（苏州1940)》1942年第4卷第5期。

导，那学校新换了校长，旧校长是一位办学老手，和地方联络得很好，新校长呢，是上海某女校高中师范科的第一名毕业生，新做教员，功课很好，教学法，办事能力，全够标准。只是在学校里高傲惯了，不通世故。在到任的第二天，镇上的一些流氓来讨赏钱，她满肚子的原理原则，教材教法，却从不曾知道应付流氓的事，便连讽带嘲地抢白一番，流氓愤愤而去了。当天晚上，学校的黑板全部被窃，校长才知道流氓们的手段。连忙托人加倍奉承，到了晚上，黑板又物归原处了。但流氓们还余恨未消。该校的校舍与镇上的警察分驻所毗连，分驻所的巡官也是一个青年，于是流氓们的题材来了，平空造出许多谣言，说校长和巡官怎样怎样。把一个目空一切的校长，说得欲辩无从，不敢出校门一步。但也奈何他们不得！这就见得处世之困难，应付之不易，新教师们，要异常审慎的。"所以人们总结乡村教师的工作经验时，就说："新教师们最感痛苦的，除了待遇之'清'和生活之'苦'以外，就要算人事方面的应付了。"而这种所谓"人事方面的应付"是指"除了同事之间外，校外联络也要顾到"①。这里的校外人事就是指与乡村社会各色人物打交道、处理社会事务的综合能力，而不仅仅是专业能力。

民国时期研究乡村教育问题的专家有一个共同的结论就是，乡村教师办学成败的关键在于他们融入乡村社会的能力，具体来说，就是与乡绅打交道的能力。因为乡绅在乡村办学中的地位是极其重要的，教师的聘任实际上由他们控制，学校招生和向学生收取学费，都由乡绅来实际操办，可以说乡绅们掌握了乡村学校的办学大权。所以取悦乡绅，与他们搞好关系就成为乡村教师的生存秘籍。有人这样描述乡村教师求职的一般的"奔走的路线"和生存之道："第一步先要向村长接洽，卑辞厚币以求允诺；其次再哀求视学——劝学所所长——发给委任。……奔到了教员位置的人，最要紧的工作，就是在村长前献殷勤乞哀怜，以求自己的地位稳固。所以教员们对于村长的供养，简

--------

① 敬远：《与新教师谈甘苦——告将毕业的师范生》，《教育建设（南京）》1941 年第 1 卷第 6 期。

直比生身父母多要虔心好几倍。如论村长头疼背痛，必须亲自拿上礼物去探望；一旦不幸村长有婚丧大事，做教员的除了费上三四日的工夫去帮忙外，还得送很丰厚的礼物。所以教员们一听见村长出丧或娶亲，便暗暗为自己的钱包担忧。"① 总之，获得当地乡绅的接纳，是乡村教师的生存之本，这就注定乡村教师在与乡绅的交往中是不平等的，有的几乎类似于行贿，甚至存在乡村教师受地方土豪劣绅盘剥欺压的现象。比如有乡村教师就反映，有些乡村土劣习惯性地敲诈教师，向教员"打秋风"竟成为一种乡村"流弊"。"再说到一种流弊，教员为增进密切情感俾教育活动起见，特意制办点酒肴，以待遇管理人员，不料，从此就走入崎途，而管理的身分又因此高大起来，以为先生是向他乞求面子的，专权的，意志更加一番牢固。每逢阴天下雨稍有闲暇的时候，便到学校里猜梅花拳，差遣学生打酒买肴遥街去跑，'夜以继日，不醉无归'，学校成为茶坊酒肆，学生已经成了茶坊酒肆的小买办，这时候的先生你想担任什么职务，岂不成了茶坊酒肆的招待了吗？乡下人对于学校的信仰也就此消失完了。"② 乡绅与教师之间的关系如此不正常、不平等，在这种环境下，乡村教师难免变得庸俗势力，将社会交往的功利性发挥到极致。有乡村教师就老老实实地承认："在乡村小学里的教师，最需要交际术，而且是以交际费的多寡来作位置与声望的保障与转移的，只要手腕灵活，多花几块钱多打几角酒给管理员吃吃，应付得他的心好似经过了熨斗那么舒服，这几项校款还有痛快支用的希望；反之，任凭你教学怎样的高妙，而这几项校款就不用打算如期拿来，并且还要节外生枝，故意为难。"③

总之，民国时期中小学教师的社会生活具有现代性，使他们在基层社会中扮演了一个新文化的示范者和传播者的角色；但身处传统向现代转型的特殊社会环境下，同时又身处新旧文化冲突的第一线，中小学教师的社会生活也充满了新旧文化冲突所带来的矛盾与困惑。

---

① 革日水：《形形色色——山西太谷县的小学教员》，《生活周刊》1929 年第 5 卷第 45 期。
② 翟芝轩：《一般乡村小学的实际写真》，《基础教育》1936 年第 1 卷第 12 期。
③ 张绳五：《乡村教育实地经验谈》，《基础教育》1936 年第 1 卷第 1 期。

# 第五章 中小学教师的社会地位与社会流动

基于日常生活之上所形成的社会形象，对教师现实地位的影响是巨大的。教师现实地位的卑微，与社会和国家期待中的神圣、崇高的国民导师角色有一定的距离，这也是导致教师队伍不稳，推动教师社会流动的一个重要原因。

## 第一节 社会地位
### ——"不配谈神圣"①

社会地位通常是指社会成员基于社会属性的差别而在社会关系中的相对位置，以及围绕这一位置所形成的权利和义务关系。就业与分工是社会地位的一个重要方面，也就是说，职业是标志社会地位的一个重要指标。日常生活则是社会地位的动态表现。

民国时期，关于中小学教师的社会形象、社会地位的评价其实存在着这样一个明显的悖论，即每当人们抽象地谈论中小学教师时，特别是谈论其责任、义务和使命时，都是一片溢美之词，显然教师地位崇高、神圣；而每当面对现实生活中真实的中小学教师时，则是一片失望、贬低之声，教师的低阶层化和形象庸俗化与其抽象的社会声望并不匹配。

---

① 朱伯孚：《教师生活杂谈》，《江苏教育》1942 年第 4 卷第 5 期。

**一 社会期待中教师地位的神圣**

民国时期官方的、主流的社会舆论对教育事业和教师角色的定位一直都很高。

首先，对教师角色的高定位在中国是有历史传统的，传统上中国人讲"天地君亲师"，"师"是与神化的"天""地"，以及政治秩序和人伦秩序中的顶级"君"和"亲"并列的。而到了近代，内忧外患的民族危机又助推出教育救国思潮——通过发展教育，提高国民素质，改良社会风俗，达到拯救国家民族命运的目的，这在当时的中国社会几乎成为一种普遍信仰。在教育救国这种信念主导下，教师的责任与使命自然就更加至高无上了。尤其是那些分布于基层，更贴近民众的中小学教师，就被寄予了更大的希望。"中小学教育为一般普通国民教育，为教育之初基，比大学教育更为重要。二十年后中国状况如何？我们只须看现在的中小学生，以及教中小学的教师，便可预断。老实说，中小学教师的手里，实掌握着中华民族的命运。"①

总之民国时期中小学教师的功能和使命是与那个时代的宏大课题联系在一起的，绝非单纯的教育教学人员这么简单。"大时代中的小学教师"往往是那时的人们思考中小学教师社会功能、社会地位问题时的一个惯常的思维角度，民国时期的报刊上诸如此类命题的文章很多，比如江问渔的《大时代中的小学教师》（《教育通讯周刊》1940年第2卷第20、21期）、方叔文的《大时代中的小学教师》（《安徽儿童》1940年第1卷第3期）、王九菊的《大时代中的小学教师》（《甘肃教育半月刊》1940年第2卷第10期）、唐盛元的《大时代的教师》（《教与学》1940年第5卷第9期）等。在这种思维模式主导下，教师角色的功能和地位无疑是神圣与崇高的，因为虽然育才是教师的直接责任，但复兴民族才是其最终目标，所以教师的责任广泛而重大。"大时代的教师，负有选择并传递民族文化给予儿童的责任，而使每个儿童发其天秉，人尽其才，教师是生产者的生产者，应该在集体的

① 《时论选载·敬告中小学教师》，载《浙江教育行政周刊》1931年第3卷第2期。

生活中以求适应，应该在生活的各方面以谋完满，在民主的精神之下负起复兴民族的重任。今日的教师，应该自认冲坚折锐的前线战士，移风易俗的社会导师以筚路蓝缕的开国先驱，继绝存亡以圣贤英杰。"①

抗战时期，关于小学教师社会功能的舆论认知更上一个台阶。当时流行这样一个传奇，即德国在普法战争中的胜利、日本在日俄战争中的胜利都归功于小学教育的功绩，将士的奋勇杀敌、为国牺牲精神都归功于"小学教师诱导之功"，整个中国社会都公认："教育是国家百年大计……负有教育使命的教师责任之重，可以想见。"② 教师地位被神圣化是不可避免的。官方的态度与民间社会的认识也基本一致，以蒋介石在抗战期间发表的"慰勉小学教师"的电文为例，他在电文中概括小学教师的角色为："故诸君兹后之任务，不仅应为培养现代儿童健全之师保，更已进为担当建国之基干，训育全民之导师。"③ "师保""基础骨干""全民导师"，地位明显不一般。

另外，民国时期的乡村教师更是中小学教师中的特殊人群。由于乡村教师属于乡村社会中更稀有的文化和智力资源，而改良乡村、振兴乡村在民族复兴大业中具有重要位置，所以乡村教师也被赋予了超出教育教学范围之外的更特殊的责任。比如，在民国乡村建设运动中，乡村教师被设定为领导乡村建设运动的中心和领袖。"乡村小学教师啊！你们是乡村社会的中心人物啊！好比欧洲中世纪的基督教僧侣一样，你们负有组织乡村社会，建设乡村社会文化的使命呢！""你们乡村小学教师应该从教育中去完成农村建设，你们是复兴农村的先锋队，或是主力军，你们应该勇敢地前进啊！"④

总之，那个时代设定了中小学教师应该是"前线战士""全民导师""开国先驱""圣贤英杰"以及乡村领袖等社会重要角色，承担着

---

① 陈藻芬：《教师组织与教师生活》，《民族教师》1941 年第 1 卷第 7 期。
② 白水：《谈教师（生活漫谈）》，《共信》1937 年第 1 卷第 14 期。
③ 蒋中正：《慰勉小学教师电（专载）》，《教与学月刊》1940 年第 4 卷第 10 期。
④ 《编后记：目前的乡小教师应该怎样》，《江苏省小学教师半月刊》1934 年第 2 卷第 5 期。

超出教育教学之外的，覆盖政治、文化、社会等多领域的公共责任，绝非一个单纯地从事教育教学的专业人员，或一个凭借自己的知识技能谋生的普通世俗职业人，他的社会声望、社会地位应该是远超普通人群的。

但是，以上舆论反映的只是国家和社会对教师社会角色的抽象的理论定位，或者说这只是教师的"应然"角色，而不是"实然"角色。社会评判中小学教师真实的社会角色和地位，并不单纯地依赖舆论宣传，而是主要来自对教师真实生活状态的观察和考量。基于日常生活观察之上的事实判断，反映出民国中小学教师存在实际社会地位与其理论地位不一致，甚至形成反差的情况。经济地位的低下、职业行为的庸俗化等日常行为表现，造成民国中小学教师经常被形容为"文丐""教书匠""教育工人"之类的人群，教师形象的日常观感很难与"神圣"二字匹配。这种现实地位与理论地位之间的矛盾，成为民国中小学教师社会地位问题上一个不容忽视的现象。

## 二 现实中的教师走下神坛

从日常生活的视角观察，民国时期中小学教师的实际社会地位并不高，离舆论宣传的神圣、崇高形象有很大差距。

首先，现实生活中教师在低阶层化。这是因为，世俗社会的评价体系总是务实和势力的，评价人的社会地位难免要以经济的眼光去评价，因而，经济生活的困窘成为影响民国中小学教师现实形象的首要因素。现实生活中，一个个具体的、活生生的中小学教师不仅很少被视为精英，反而会被讽刺为"潦倒穷途的文丐"[1]。

教师的现实地位是其实际生活状况的产物。当时，每当人们谈到教师的现实形象或地位时，都离不开描述中小学教师在日常生活中的样子。"抹粉笔灰，坐冷板凳，久矣乎人人都承认这是一辈子没出息的生活。三家村老学究，开设子曰店，坐拥皋皮，虽然有人会视为'南面王不易'，然而砚田歉收，青毡不暖，这冷淡的生涯，怪寒酸的

---

[1] 陈藻芬：《教师组织与教师生活》，《民族教师》1941 年第 1 卷第 7 期。

生涯，究竟不为人们所重视。人在百无聊赖，由迫不得已而至于万不得已去教书，也自视为没出息，也不免自惭形秽的。"① 可见，教书职业"没出息"的判断，是与"坐冷板凳""砚田歉收，青毡不暖""冷淡的生涯""寒酸的生涯"等日常生活细节紧密联系在一起的。

有人则直白地指出："穷""忙"，再加上"苦"，使得中小学教师的现实形象实在是狼狈得很。"现在社会上每每听到一种论调，以为小学教师都是些穷鬼，酸溜溜的样子，忙是忙极了，苦实在也太苦了。你看许多公务人员，上午八点钟上办公厅，下午五点钟下办公厅，已经认为比从前苦得多了。可是小学教师由早到晚，没有一刻空闲，除掉上课之外，下课还要监护学生，时时当心，刻刻管理；放了晚学，又有一大堆本子，作文本啦，算术本啦，习字本啦，以及其他本子啦，本本都要去批改；遇到不幸的时候，还有许多的麻烦，如家长的责备，视导人员的指摘，甚至有时还要受冤枉的委屈，这种事实似乎太辛劳，太苦恼了！"②

现实生活的困顿遭遇导致教师从崇高、神圣的理论地位上跌落，"文丐""没有出息"，诸如此类的表述，在民国时期比比皆是。

民国时期，中国社会常常用俾斯麦将普法战争的胜利归功于小学教师的例子来比附中国小学教师的重要性，将拯救国家民族的使命赋予小学教师，强调教育万能，教师神圣。但一触及现实中的中小学教师，人们则往往失望地表示："中国的教师们似乎还负担不起这样大的使命。"而根本原因则在于中小学教师在现实中的艰苦处境——"做教师的多半是工作繁重而待遇菲薄"③，与其应有的责任地位并不匹配。再比如，当时在内忧外患大环境下的中小学教师，还有一个极具时代性的标签——"大时代的教师"，大时代下的小学教师应承担救国救民的使命，扮演社会精英的角色是这类文章的主题，但是作者同时又不得不承认这样一个无奈的社会现实，这就是，教师在现实生

---

① 顽石：《课余随笔·六、关于教师的话》，《教育生活》1936 年第 4 卷第 1、2 期。
② 沈屏周：《理想中的小学教师》，《江苏省小学教师半月刊》1937 年第 4 卷第 22 期。
③ 白水：《谈教师（生活漫谈）》，《共信》1937 年第 1 卷第 14 期。

活中的角色远没有社会期待的那样好，而是如同"文丐"般卑微，这种卑微感来自日常艰辛生活的磋磨，特别是困顿的经济生活的磋磨。"教师生活的困苦，以致影响地位的低下，这是一般人所目睹的现象；在平时，教师的待遇由单一式的支薪，适是以弄成潦倒穷途的文丐，在不景气的时候，薪金的折扣，却又首当其冲。不公开的任用，短促的任期，过重的负担等压迫。结果，使只图舌耕糊口的教师难免趋于沮丧，消沉，离职，改业之途。'战士''先驱''导师''英杰'可以得到吗？"① 由上可见，困苦生活的磨砺使得教师形象坍塌，教师地位从期待中的国民导师跌落成现实中的"文丐"。

穷困的生活状态导致中小学教师的现实地位极低，教师职业甚至被视为"没有出息"的"下贱"职业。"社会上一般人都以为：小学教员整天同些小孩子厮混，样子十分寒酸，丝毫没有出息！"② 有人在新中国即将建立之际的 1949 年对比新旧两种社会的小学教员时，曾指出，在旧社会（当然指民国时期）小学教员是被人看不起的职业，这种认识甚至延续到了新社会。"对小学教员的重要性不够了解的人，往往视为'下贱'职业，或称为'三间房小朝廷'（表示没出息）这种错误认识，甚至在今天身为教员的同志中发现。"③

对于小学教师地位的低下，做小学教师的人是最有切身体会的。有一位青年做了小学教师之后，明显感受就是自己在朋友圈里成了被瞧不起或被同情的对象。"一般旧时相识的朋友，待我做了先生之后，简直不与我为伍了，考他的内心，大约以为和贫穷的小学教师做朋友，总会令到自己的人格和体面降低。有时还有一种直觉些的朋友，用唁慰的态度来劝勉，好像我是在囹圄中做了囚犯一般似的。"④

其次，民国时期中小学教师队伍总体素质不高，教师日常行为的庸俗化，也是教师现实地位低的一个表现。

有人在批评中国的小学教师承担不起救国救民的责任的时候指出，

---

① 陈藻芬：《教师组织与教师生活》，《民族教师》1941 年第 1 卷第 7 期。
② 玉君：《怎样改进小学教师的生活四》，《教与学》1936 年第 1 卷第 10 期。
③ 李尤坤：《漫谈新旧小学教员》，《东北教育》1949 年第 2 期。
④ 梁运涛：《我的教师生活底回忆》，《教育生活》1936 年第 4 卷第 1、2 期。

当时的教师在日常生活中有四个方面的表现令人失望：一是教师工作繁重，待遇低微，生活清苦；二是教师任用不规范，造成教师队伍良莠不齐；三是教师任职缺乏保障，造成教师不安于位；四是部分教师自身素质不高，缺乏做教师必要的责任感和奉献精神。[①] 可以看出，除了艰苦的生活状况影响教师的形象之外，各种原因造成的教师自身表现不佳也是一方面的原因。

在第二章第二节中已经论述过教育界伦理衰落，教师中流行吃饭主义、功利主义的情况。社会层面自然也敏锐地感知到了这一点，导致社会对中小学教师的现实评价也不高。现实生活中的教师常常被视为"教书匠""教书先生""教育工人"之类的匠人，而非国民导师。"一般人以为教师的工作，只是教书，能够认识书本上的字句，教给儿童，就有资格做教师了；也有一部份教师，以为自己的工作，只是教书，书本教完，责任已尽。至于儿童的兴趣如何，效率如何，可以概不过问。"[②] 当时社会上类似的认知比较普遍，甚至有些办学者和有些家长也持这样的认识，他们期待的好教师也不过是一个合格的教书匠。"办学校的人，只要教师好好'教书'，别管闲事，不出什么乱子。教师只把书本教完，就算责任已尽，于心无愧。家长也不过是这样希望，化了几块钱学费，能够把几本书读完就够了。这样一来，教育的目的，就算已经达到。所以大家就以'书本'为教育的核心。那末，对教师的称呼，自然是叫'教书先生'了。"[③] 总之，现实社会中确实也存在这样一种短浅和狭隘的社会风气，对教师角色的认识颇为急功近利，在他们眼里，教师的角色无非就是熟练工和传声筒而已，并不是什么国民导师。

这种功利主义至上的风气在教师和社会中流行，必然使教育行为变为师生之间的交易。既然师生之间的关系是交易，那么教师也就谈不上应该享受什么特别的社会尊重了。就像有人说的那样：教师"比

---

① 白水：《谈教师（生活漫谈）》，《共信》1937 年第 1 卷第 14 期。

② 卢冠六：《教师和教书匠》，《国民教育辅导月刊（上海）》1947 年第 4 期。

③ 《"教育"和"教书"》，《学校教师月刊》1941 年第 3 期。

了'店员''工友'高不了多少，只是贩卖些'半生不熟'的智识罢了，并无特别尊严的处所，于是在此'店员化''工友化'的教师们领导之下，学生自然也是'顾客化'了。世界上决没有店员工友会要求顾客或是其他的人对他们加以特别尊重的道理"①。

教育界困苦的生活状况和庸俗、功利的职业表现必然使得教师形象走下神坛。那些对教师角色惯常的社会赞誉——神圣、崇高、万能之类，在现实面前往往受到质疑。

比如，有人由江西中学教师中的派系纷争进而指出，这种庸俗势力的行为表现伤害了教师整体的形象和地位，他质疑："所谓'清高''神圣'者，我真不知清高何在？神圣何在？"② 朱伯孚曾批评中小学教师以拍马奉迎的"三拍"作为生存秘籍，在揭示了这个真相之后，他也直白地指出："说教师神圣不可侵犯"是一个假命题，真相是教师"不配谈神圣二字"，因为"教师根本就没有保障，说是神圣不可侵犯，那实在是瞎恭维"③。当时，还有社会人士这样讽刺教育界：平日里自命清高，批评别人滥竽充数，其实他们自己也奉行吃饭主义。"平常，吃教育饭的先生们，总是看人家不起，什么'滥竽充数'呀，'不学无术'呀，'卧薪'呀……这一类怪漂亮的名词，他们是很容易加到人家头上的，所谓'清高''神圣'，便是他们自吹自捧的口头禅。至于他们自己，还不是一样的'滥竽充数''不学无术''卧薪'吗？"④

总之，由教师的日常生活状态推演出教师的实际社会地位，这是一个正常的思维逻辑。来自现实生活基础上的教师形象是最具有冲击力的，穷苦、辛劳、功利、庸俗的形象一旦定型，形成一种固定的社会认知，自然会影响教师的现实形象，使教师走下神坛。教师不断被质疑"清高何在？神圣何在？"被批评为"不配谈神圣"，被讽刺为自吹自擂，这些社会舆论明明白白地道出民国中小学教师的地位遭遇到

---

① 张溪愚：《教师的总检阅》，《人言周刊》1934 年第 1 卷第 25 期。
② 唐突：《中学毕业会考与中学教师》，《汗血周刊》1934 年第 3 卷第 10 期。
③ 朱伯孚：《教师生活杂谈》，《江苏教育》1942 年第 4 卷第 5 期。
④ 唐突：《中学毕业会考与中学教师》，《汗血周刊》1934 年第 3 卷第 10 期。

了现实危机。

### 三　改善教师社会地位的呼吁

对于教师社会地位问题上的这种矛盾现象，民国社会并没有视而不见，教育界为提高教师地位也进行了许多呼吁和努力。

1. 揭示教师现实地位低下的原因

对于教师现实地位低下的原因，当时的社会舆论予以了深刻揭示，他们指出了内外两个原因：一是内向的，指向教师自身的思想境界问题；二是外向的，指向对教师职业的制度保障问题。

首先，关于第一个原因，有人很清醒地指出，一些教师变得功利庸俗，其主观原因在于这些教师思想境界低，自身缺乏对教育事业的信仰和忠诚，所以他们对待教育工作缺乏责任感，连带着也导致社会更加轻视和漠视教育界，连教师的生活也丧失了必要的保障。"许多教师本身根本就不是'道之所存'的人，自从教师的藩篱被胡混的人冲破以后，学术和品格修养万万够不上的，都挂起羊头滥竽进来，于是'老师'也者，威信就一落千丈，不受社会重视，饭碗连带也失了一重保障，这实也无怪其然。"①

一些教育专家则致力于澄清认识，明确教师的核心价值。他们指出，"教书匠"式的教师显然背离了教育的本质，"教书匠"根本不配称为教师。"一个教师如果只会教书本，把书本上的课文，机械式的讲解几遍，询问几遍，像开唱留声机片一样，这种教师，只能称作教书匠，根本不配称教师。做教师的如果要负起教育儿童的全部责任，首先应该了解儿童的个性和能力，准备合宜的环境，采用适当的教材，用最有效的方法来进行教学工作，使儿童在不知不觉中，知识自然进步，行为自然改善，这样才算是达到了教育目的。要知道教师的任务，不仅使儿童能识字和计算，就算责任已尽。儿童高尚人格的培养，优良性情的陶冶，和服务能力的训练，都要靠教师来指导。所以做教师的人，不独要有丰富的知识，有高尚的人格，才能

---

① 朱伯孚：《教师生活杂谈》，《江苏教育》1942 年第 4 卷第 5 期。

'为人师表'，并且还要研究新知识，随时求进步，才会采用新教法，不至成为新时代的落伍者。"① 也就是说，教师的责任绝不仅仅是传授知识技能那么简单，儿童人格的培养和社会性的训练都由教师来承担。而这种责任绝不是"传声筒""留声机"似的教书匠，凭借填鸭式教学就能完成的，只有那些在知识、人格和能力方面都达到很高境界的人才能为人师表。

有人更直言，负有"成德达材"这种"形而上"责任的教师，与担任"形而下"工作的工程师、泥水匠本质上并不相同，把教师与匠人相提并论是对教师工作的误解。"本来'形而上者谓之道，形而下者谓之器'，教师有高深的学问，优美的道德，所谓'读书得闻'，'行道而有得于心'者，固非一种'技术人材'即所谓'匠'者之可比。'教师'也，而贬之为'匠'，是否认其形上之'道'，而只承认其形下之'器'。"② 也就是说，教师承担着远超于匠人的更复杂、更重要的责任义务，将教师等同于匠人，混淆两种工作之间的区别，这是不合理的。

其次，关于第二个方面，很多有识之士尖锐地指出，教师地位衰落更多的是外部环境不良和制度保障不力的问题，其中，对教师生活保障不力是焦点。

在民国乡村建设热潮中，乡村教师被寄予厚望，被期待成为改良乡村、建设乡村的领袖，但是，乡村教师应该做什么？他们实际能做什么？这两个问题之间却是存在矛盾的，解决矛盾的关键在于改善教师的生活。对此人们有比较清醒的认识："乡村小学教师的责任诚然是重大的，无论谁都不肯妄自菲薄的；可是每当一个'生活困难'的暗影袭来的时候，在责任观念的光明前途上，未免多了一层障碍。这是乡村小学教师生活和责任观念的矛盾。……乡村小学教师很敏锐地感觉到这种矛盾，一部分人因此便陷入于沉闷和颓丧，替正在没落的农村增加一重调和的色彩———一片灰暗。所以，乡村小学一切实际问

① 卢冠六：《教师和教书匠》，《国民教育辅导月刊（上海）》1947 年第 4 期。
② 李全佳：《"教师匠"读后感》，《宇宙风》1945 年第 139 期。

题的先决问题，还是教师怎样从灰暗的雾围里跳出来。"①

对于一个生活在水深火热中的普通教师个体来说，他不会热衷于夸夸其谈、盲目乐观，因为他深切地知道作为教师的责任义务是以他作为普通人的基本生活保障做前提的。所以，虽然他知道教师责任重大，但是他也清楚地体会到理论与现实之间的差距。"可是在眼前不容许我们乐观，中国的教师们似乎还负担不起这样大的使命。做教师的多半是工作繁重而待遇菲薄。……教师并非超人，他当然也有欲望，他也要生活，他也有父母妻子，终天愁着经济恐慌，试问那里还能想到教学改进，造福儿童青年？"所以，仅凭神圣的头衔、空洞的口号，不大容易激发起教师们忘我的工作热情。"我们时常在教师讲习会、教师进修会或播音机里听到一般教育家们对教师们勖勉着说：'教师是应该像春风一样的风人，夏雨一样的雨人。'又说：'教师对教育应该有信念和热忱。'可是我终觉得客观的环境不改善，热情是不大容易鼓起来的。"②所以，为改善教师生活做一些实事才是根本。

抗战爆发后，民族危机的影响下也有高涨的社会舆论呼吁重视教育和教师，小学教师的重要性得到最高频率的宣传，小学教师们一时之间也感到很振奋："昔之视为最无聊最没出息之生活者，今则视为最有意义最高尚之事矣！"但精神安慰终究替代不了客观生活的艰辛，教育事业的神圣面对"冷硬的青毡"也最终失去原有的魅力。"薪水微薄，固不必说，还要积欠，还要来一个折扣，因此天暖号寒，年丰啼饥，是免不了的事。荣耀的徽章，虽然佩在身上，而冷硬的青毡，却依然无法温暖。于是有些人对自身的事业，渐渐地怀疑起来：什么教育为国家之命脉？什么教师为文化之传递者？什么教育为高尚之事业？什么什么……不还是以前一样的无关重要么？他们怀疑的结果，对自身事业，也许会减去多少兴趣，减去多少努力，甚或身在魏而心在汉，待时而动，以学校为传舍，倒不是无其人。"③所以，使命的崇高终

①　《编后记：目前的乡小教师应该怎样》，《江苏省小学教师半月刊》1934年第2卷第5期。

②　白水：《谈教师（生活漫谈）》，《共信》1937年第1卷第14期。

③　顽石：《课余随笔·六、关于教师的话》，《教育生活》1936年第4卷第1、2期。

究抵不住现实的、日常的、细碎的生活刺痛，仅仅依靠精神力量势必难以持久，责任使命与现实生活之间的落差终究需要切实的措施来填补。

客观地说，教师身上某些消极表现也并不完全是其自身过于功利所致，而是源自现实生活的冷酷教训。有人就客观地指出，有些所谓教师堕落的现象背后其实是生活所迫。当时《申报》就报道过这样两则教师丑闻，一件是因家贫，一位已经年满 20 岁充任小学教师的青年还不得不与母亲同睡一张床，因邻居"在外扬言耻笑"，两家发生冲突，以致闹到警局，成为一则影响教师社会声誉的八卦新闻。另一件则是一位"中学教师兼图书馆主任"，因"生活费用猛涨，度日维艰"，竟然谋划绑架学生，勒索赎金。而且据说这两件事还不过是报刊上"屡见不鲜"的诸多事例中随便选录的两例，没有被报刊记载的还有很多。对于教师中所出现的这类道德伦理问题，教育界理性的态度是，不仅仅简单地从道德或法律角度来予以谴责，而是深挖这类教师失德、犯罪行为背后的社会原因。他们指出，这"并不单纯的是一个道德问题，而且道德问题所占的比值实在是非常轻微的"。教师的"甘冒不韪""知法犯法"，根本原因"便是经济的压迫"。① 所以，要从根本上杜绝此类失德犯法行为的出现，必须要从改善教师待遇、安定他们的生活做起，这样才能提高教师地位，改善教师形象。

最后，在对教师地位问题的反思中，教育界也提出了现象背后的根本性、原则性问题——教师的责任义务与其权利待遇不匹配。

教师自身对此是有切肤之痛的，所以他们会直接哀叹社会对待教师不公——责任太重，但待遇太低。"小学教师对于国家的责任又多么重大呀！而负责推行基本教育的重任的小学教师，却被社会视为没出息的傻子，给以比老妈子或黄包车夫更菲薄的待遇，无奇一部分优秀的教师为受不起这种冤屈而改了行，一部分虽然咬着牙干下去，心里却时时感到彷徨的苦闷。"② 有的教师则客观务实地指出：教师们不怕承担责任，只是需要必要的生活保障。"责任太大不要紧，工作太

---

① 端：《教师的生活和道德》，《教育建设（南京）》1941 年第 2 卷第 6 期。
② 林汉达：《小学教师的出路》，《教师生活》1945 年创刊号。

难不要怕，假若能有良好的环境和工具给教师们以充分的应用，教师们在太难的工作中仍可以尽他们太大的责任。但是我们且看实际，教师的苦工每日在五六小时以上，而他们生活的维持费每月不过十余元或至二十元。这样的微少的报酬，还不及中等的工人。"[1] 直接将教师的责任义务与其权利待遇联系起来，其实已经探触到当时教师地位问题的本质——教育体制之困，它揭示出如果不从体制上改善教师待遇，保障教师权利，一切责任义务都会成为空谈。

2. 探索改善教师地位的方法

首先，教育界为提高教师地位，改善教师生活，曾经发起过一些运动，但这些运动的影响只限于教育界的范围和舆论宣传层面，对教师地位并没有发生实质性影响。

1931 年，教育家邰爽秋等人鉴于教师责任重大，但生活不稳定，呼吁设立教师节。"爰拟定六月六日为教师节'以期群策群力，谋根本解决之道'，以'促政府之注意，社会之觉悟'并提出本节日运动之目标为（一）改良教师待遇，（二）（原文如此）保障教师地位，（三）增进教师修养，作为吾人努力之方向。"[2] 教育界呼吁设立"六六"教师节的直接起因，正是鉴于教师的生活现状被忽视，他们认识到："这种运动的意义，当然是因为一般人被成见所隐蔽，常态所习惯，对于一部分人生活上的苦痛，往往视而不见，听而不闻，因此没有普遍的运动不足转移风气和变更观念，而谋取改进的效益。"[3] 可见，教育界的目标从一开始就目的明确、务实，期望通过设立教师节这一社会性运动来引起社会对教师生活问题的关注，以切实改善教师生活，保障教师地位。

与之类似的还有中华儿童教育社在 1936 年的第六届年会上发起的"良师兴国运动"，其目标最终也是落实到改善教师生活上，其口号是："复兴国家，必先改进教育；改进教育，必先多得良师；欲得良

---

[1] 赵演：《教师的自救》，《教育杂志》1927 年第 19 卷第 1 期。
[2] 陈选善：《教师节特辑·教师节的意义》，《小学教师月刊》1939 年第 1 卷第 4 期。
[3] 丁士：《"教师节"谈教师》，《新动向》1943 年第 78 期。

师，必先努力修养；要多得良师，必先安定生活。"① 足见当时的教育界对于教师生活状况与教师地位之间的关系有很清醒的认识，并没有满足于空洞地唱高调、戴高帽。

其次，在保障教师生活问题上，教育界对当政者的态度非常不满，对他们在对待教师生活问题上的虚伪和敷衍态度深恶痛绝，并毫不客气地予以揭露和批判。

当时政府的各级主政者对教师现实问题的冷漠与忽视是客观存在的，像设立教师节这种呼声，往往也只是教育界"自拉自唱的做着'独角戏'"②，社会方面反应冷漠，应者寥寥。不仅社会方面，甚至与此事直接相关的教育行政当局对于教师节的态度也很冷淡。比如，吴县教育会举行第一次庆祝教师节的大会时，当时的社会反应冷淡，甚至抵触。"行政当局是故意躲避，置若罔闻，教育局长是拒绝与教师晋谒代表谈话，当地报纸更是在冷嘲热讽说着讴人的挖苦话。凡此种种，很可看出一般人对于教师节的态度是怎样的不清楚。换句话说，教师们的地位，连儿童都不如，而教师们的庆祝他们的节日，也是迹近反动，不守本分的行为了。吴县尚是如此，其他文化落后区域将不知受到什么样的非难和奚落呢？"③ 连教育比较发达的地区，其教育主管当局和一般社会观念都如此对待教育界的诉求，可见当时的官场风气和社会风气对教师主体诉求的忽视程度。

当时教育界有人进一步指出，忽视教师的主体诉求是近代教育发展史上由来已久的问题。他指出，近代以来，发展教育对于国家和民族的重要性已经形成社会共识，中小学教育也越来越受重视，教育救国论有很大的社会影响。但这种思潮的影响到 20 世纪 30 年代主要体现在理论和舆论方面，在教育实践方面的实际成效还非常欠缺。一个主要表现就是承担教育使命的主体——中小学教师没有得到应有的待遇，特别是对中小学教师的生活问题，国家层面还不够重视。他说：

---

① 徐锡璜：《教师节谈小学教师生活问题》，《江苏教育（苏州 1940）》1941 年第 3 卷第 1 期。

② 张溪愚：《教师的总检阅》，《人言周刊》1934 年第 1 卷第 25 期。

③ 张溪愚：《教师节》，《人言周刊》1936 年第 3 卷第 15 期。

"欧美及日本各国，对于小学教师的保障问题，都很重视。但我国在过去的社会中，因为向不重视儿童，所以连训练儿童的小学教师，也受社会的轻慢，虽然偶有小学教育专家，讨论或贡献意见，然教育行政机关，却都置若罔闻。"①

其实，当时从中央到地方的主政者也时常发表尊师重教的言论，对此有人毫不客气地指出，一堆荣誉头衔对于保障教师地位是没有实际作用的高帽子，解决教师地位问题的关键在于实际保障教师的生活。有人甚至直斥民国最高当局有关言论中的虚伪和空洞，他说："谈到教师等等地位和重要性，在抗战当中，我们的蒋主席就这样说过：'今天的教育家应该自认为披坚执锐的前线战士，应该自认为移风易俗的社会导师，应该自认为筚路蓝缕的开国先驱，应该自认为继绝存亡的圣贤豪杰。'这些话所给我的印象不是旁的，倒是'应该自认'这四个字！他的意思似乎是说，'如果人家不承认你们是这样那样的好货色，你们也应该自己承认，自我安慰，自找精神上的出路呵！'不过，说真的，即使是'大家公认'罢，这许多的荣誉头衔对于在饥饿线上的教师又有甚么用处呢？现在的教师们并不稀罕这些不能充饥的画饼的。……其实如果教师生活得到了合理的改善，教师生活有了保障，教师的地位便不提高而自提高了。因为教师是求活不求富的，'人到无求品自高'，教师在社会上当然是有他应得的地位的。反之，如果生活得不到保障，不能有合理的改善，这空洞的地位，难道可以当饭吃吗？"②

总而言之，对民国中小学教师社会地位的评价，离不开对教师日常的、实践的、细节的生活的考察。只有通过这些微观的、出自教师主体层面的审视，才能发现民国教师地位上的悖论：理论与现实的矛盾、权利与义务的不匹配。在抽象地谈论教师的社会角色的时候，无论是国家还是整个社会，甚至是教师本身，都认同中小学教师是培养

---

① 卢泽云：《小学教师生活问题讨论六篇·小学教师的保障问题》，《江苏省小学教师半月刊》1936 年第 3 卷第 18 期。

② 山彦：《漫谈·教师节后谈教师》，《风下》1946 年第 41 期。

国民的导师，是教育救国的战士，地位崇高，作用万能，责任重大，形象清高。而一旦涉及教师的实际生活和现实形象问题，社会评价则一下子变了调子，教师不仅与神圣、万能有相当大的差距，甚至还被视为穷困潦倒的"文丐"。这种矛盾的定位无疑会对教师造成很多精神困扰，外部期待过高，难以达到，则实践主体要么对这种期待视而不见，要么勉为其难，要么就作伪掩饰，其结果都会造成这种外部期待应有的约束性走向失效。所以，民国教师角色地位上的悖论凸显了中国教育现代化发展道路上的一个偏差——教育事业的载体是教师，而在中国教育发展过程中总是从工具意义上对待教师，以要求教师履行责任义务为主，从而忽略教师作为人的主体需求，甚至是其作为自然人的基本需求。

# 第二节　社会流动

社会流动指个人或群体社会地位的变化，即从某一社会阶层到另一社会阶层的变化，经常表现为从一种职业向另一种职业的转变。它是社会结构自我调节的机制之一。民国时期的中小学教师生活于一个社会急剧变革的时代，无论是出自社会结构的力量，还是出于教师个人的主观愿望，教师阶层都处在频繁的社会流动当中，而且，主要表现为职业流动。

## 一　教师职业流动的原因

造成民国时期中小学教师流动的社会原因，与民国时期的社会大环境和教育界自身的内部环境有很大关系。

### 1. 民国时期的宏观社会结构

民国时期社会总体结构是，军政阶层和工商阶层社会地位上升，中小学教师地位相对低下，这必然造成中小学教师难以安心教职。不仅是教师，当时社会上的人才总的流动方向都是向更有上升空间的政商界（主要是政界）流动。这是造成民国教育界人才流失的宏观环境方面的原因。

近代中国被称为是"断裂"①的社会，社会在转型，社会结构在调整，有些传统的精英阶层地位下降，比如士绅；有些过去地位颇低的阶层，地位在上升，比如军人阶层和工商业者。由于近代中国总的发展趋势是从过去单一的小农社会向近代工商社会转型，所以，工商业者获得更多的发展机会，社会能量也越来越大。而近代中国又是一个四分五裂的社会，军阀混战，外敌环伺，所以军人阶层的地位和社会能量也在增长。另外，中国自古以来就是一个靠庞大的官僚队伍和成熟的官僚制度所维系的帝国，所以官僚阶层一直握有很多社会资源，享有很高的社会声誉，到民国时期仍然是这样。②与民国时期军政阶层和工商阶层上升的社会地位相比，虽然教师作为"士"阶层的传统声誉仍在，但由于其现实生存状况——待遇低微、工作繁重的影响，造成作为一个职业人群的教师的实际社会地位并不高。受过教育的青年人无论是出于对国家民族的责任感，还是出于追求成功的个人抱负，都向往社会影响更大、待遇更好、职业前景更光明的军政界或工商界，对做一个清贫的教书匠往往是不甘心的。

有人这样描述民国时期中学教师界出现"教师荒"的成因，他说："由于待遇的菲薄，使得物质生活极端痛苦，这样当然会影响精神的不快。同时繁重的工作，更易使一个人的精神疲倦，又无其他的方法可调剂，结果便走上悲观和失望的途径。"一部分真正信仰教育事业、意志坚定的教师尚能坚持下来，"可是另一部分人，不能忍受精神上过分的压迫，或因事实上的不得已，便不惜离开中学教师界而往军政机关服务，以冀获得较高的待遇或更轻松一点的工作，遂造成此刻'教师荒'的现象。也有少数年龄较轻，血气极旺的教师们，彼等更是无法忍受种种精神上的压迫，几乎随时都打算离开学校，直接走上战场去"③。这段话客观说明了中学教师流向军政界的现实原因。

①　许纪霖：《"断裂社会"中的知识分子》，载许纪霖编《20世纪中国知识分子史论》，新星出版社2005年版，第2页。

②　许纪霖、陈达凯主编：《中国现代化史（1800—1949）》第1卷，学林出版社2006年版，第18—24页。

③　邓人撰：《一个中学教师的话》，《民意（汉口）》1941年第172期。

在小学教师方面，对现状不满的情绪似乎更强烈。据邰爽秋在20世纪20年代初对小学教员是否满足于现状的调查（被调查的87名小学教员中48人属于江苏，属安徽的17人，另有22人分别属于浙江、江西、山东、湖南、福建、山西等省）："以87人之中，竟有72人不满足于现状，有33人不满足于经济状况，要小学教育发达，岂非难之又难呢？"可见，当时绝大多数小学教师是不满足于现状的，而且最主要的不满之处在于经济收入。邰爽秋还调查了这些不满足于现状的小学教员想改业的方向，并做了一张图表——"不满足现状的小学教师的企图"。从这张图表的调查统计中大约可以看出当时的小学教师在职业流动上的主观愿望。因为"不满足现状的72人之中，未写企图或写得不明显者8人，所以上表里只有64人"。再剔除那些模糊不清的表达，如"另图他业""没法（维持生活）""希望教育发达（加薪）""要求加薪"之类，可以看到小教师向往的改业方向：希望升学（13人）和从事工商业（"实业方面着想"和"商业"共计14人）是小学教师比较集中和明确的目标；其次就是仍然属于教育行业内的改业——"中学教师""夜校""平民教育""职业教育"，甚至"私塾"等，约为10余人；其他占比很小的改业的方向则是务农、从军，或做记者、编辑之类。除以上正当行业之外，还有一些教师的情绪化表述颇为引人注目，就是"意欲谋点大事"和"鼓吹共产"①，这说明小学教师中有些人的思想状态颇为激进。

另据张钟元在1934年对苏、浙、皖、鲁、豫、闽、粤、冀、蜀等省570名小学教师的调查，占被调查教师总数的41.40%的小学教师想改变职业，这236名想改变职业的小学教师，向往的职业主要集中在军政界（政界小官吏、军官）和工商界（商店店员、农场职员或自己经营园艺者、工厂职员、银行职员、大规模工厂之工匠等）；而另有29.64%的小学教师想升学。调查者的结论是："想改业他就及径拟升学的竟占70%以上，足见现任教师在内心上彷徨的

---

① 邰爽秋：《小学教员的生计》，载李文海主编《民国时期社会调查丛编》（文教事业卷），福建教育出版社2004年版，第121页。

人数众多了。"① 从邰爽秋和张钟元的两个调查可以看出，当时中小学教师职业缺乏吸引力，教师对政、商两界充满向往。

但是，单就事实来说，民国时期教育界人才的流动方向并不仅仅是向政商界的单向输出，而是人才在政教两界的双向流动。就教师个人的主观愿望来说，教育界向军政界和工商界的流动多是主动的，而政商界向教育界的流动多是被动地选择。

由于教师地位低，教师不安于位，所以人才会主动流往政商界；另一方面，由于民国时期政局动荡，经济困难，一些人在军政界或工商界不可避免地也会频遭挫折，在他们失意的时候，常常把中小学当作暂时的栖身地，伺机东山再起。这批人暂居教职是将教职当跳板或过渡，随时准备离开，并不是真心有志于教育。"有些官僚政客，失意了，便在中等教育界暂时隐避；原来服务教育界的，年限久了，便极力钻营，图谋宦途显达。近数年来，由中等学校教职员而调任县长的，已数见不鲜，这都是后者事实上的例证。像这样'见异思迁''朝秦暮楚'，还想他在中等教育界有所建树吗？"② 这样形成的人才在政教、政商两界的双向流动在民国时期非常普遍，但并不是好现象，可以说已经成为影响教育发展的障碍，加剧了教育界的浮躁不安，对教育和教师职业都是潜在打击。"据最近调查全国中等教育教职员人数约七万五千余人。试问在这大批中学教职员中有多少是以教育为终身事业的？有多少在未从事教育事业以前有相当的准备与训练？我们若是详细调查，这类的教职员实是少数中的最少数；大多数的教职员都是以教师为过渡的职业，教学为潦倒的工作，一遇机缘便从事升官发财的勾当。在科举时代凡名落孙山无路可走的士子，都在本乡设私塾以谋生，在今日新教育时代，每年毕业学生争向政界军界商界及实业界找出路，一经失败，则群集教育界谋位置，作为暂时的栖息，此种现象无处不有。在这种现象之下，欲求中学教育事业之发达，真是

---

① 张钟元：《小学教师生活调查》，载李文海主编《民国时期社会调查丛编》（文教事业卷），福建教育出版社 2004 年版，第 182 页。

② 吕绍槐：《中学教师应有的修养》，《浙江教育行政周刊》1934 年第 6 卷第 9 期。

缘木求鱼。"①

比较而言，受教育程度更高的中学教师机会更多，人才流失的情况更严重，所以在谈到中学教师问题时，有人指出一种"理应从速挽救"的"严重的情势"："有许多从事教育的动机，殊不适宜。其中有一种观念与实行的错误，最足防害教育事业之发展，莫过于借教书为过渡之宝筏。这类的教师，一有较好的机会，便将其所业弃如敝屣；对儿童的福利，学校的进步，皆有极不幸的影响。"② 小学教师同样面临这种状况，所以当时教育界也反复呼吁和告诫："千万不可以小学校为旅馆，教书为候缺。"③

显然，这样的双向流动绝非教育之福，因为总体来说，军政界更有吸引力，人才更倾向于向那里集中；结果在教育界可能形成一种逆淘汰，心怀二心、不安于位者多，真正有志于教育事业的优秀人才则可能流失。所以有人说："中国是一个一团糟的国家，人不能尽其才是必然的现象。教界的人鉴于教师生活清苦，往往喜欢离开本位，往党政各界里钻，同样党政各界的人也把教界当做退一步的栖身之所，于是教育领域成了宣泄过剩人才的尾闾，因而以教育为终身事业的人往往有被挤掉的危险，有时虽欲安于贫困而不得，这又是何等悲惨的事态呢！"④

不满足于教师生活现状，期望在政治上有所作为，期望在改变整个社会面貌的基础上来改变自身的命运，这也是某些教师出身的小知识分子走上革命道路的一个原因。

前面论述教师的组织性社会活动时已经指出，小学教师这一职业身份似乎对于20世纪初期的中国革命来说有某种天然的亲和性，其中一个原因就是小学教师待遇低微，生活困苦，社会地位比较低，所以他们更不满足于现状，一旦接触革命思想或革命组织，很有可能走上革命道路。张明远在自己的回忆录中这样回忆自己从一个乡村教师走

---

① 黄溥：《中学教师的职业》，《长沙清华》1947年第6期。
② 熊铭青：《中学校的教师》，《师大月刊》1933年第4期。
③ 龙田：《小学教师与国难》，《文化与社会》1934年第1卷第7期。
④ 朱伯孚：《教师生活杂谈》，《江苏教育（苏州1940）》1942年第4卷第5期。

上革命道路的思想历程。他 14 岁在县师范讲习所毕业之后，做过教员、店员，也务过农，17 岁时正式开始了乡村教师的生涯。但这个村民视为"稳定的职业"，他却觉得"庸庸碌碌"，很难拴住他的心。对国家民族的忧虑，以及对个人前途际遇的不满让张明远常常陷入苦闷："出路究竟在哪儿呢？""在内战外辱日亟，国事日非，民生凋敝的形势下，我深感自己面对社会黑暗的无奈，虽救国有责却报效无门，但又不甘心为了生活而长此庸庸碌碌。面对家乡人民的深重困难和外界如火如荼的革命运动，我将如何作为？有谁来给我指明方向？我又一次陷入苦闷彷徨。"① 就是在这样苦闷彷徨的精神状态下，他接触到了大革命时期的国民党和共产党人，这批"回乡传播革命火种"的进步青年，将张明远引上了革命之路。②

　　当然，民国时期社会结构变迁对中小学教师流动的影响，不止政商界对教师有吸引力这么简单，近代社会转型所造成的影响是广泛而深刻的。比如在近代经济转型中，城乡分化、沿海与内陆分化越来越严重，沿海地区和城市经济更加发达，学校多，条件好，教师待遇高，在这种情况下，教师职业流动的总体趋势是向待遇更好、办学条件更好的沿海地区的城市学校流动。就像有人说的："过去上海小学教师的薪水，本来还可以勉强维持，所以一般乡村小学，和内地学校中待遇微薄而能力较为优秀的教师，便都纷纷的投奔到上海来。"③

　　2. 民国教育自身的问题

　　从民国时期教育的内部环境来说，中小学教师的任职环境不良。比如教师待遇低微，生活困窘，教师用人制度不规范，教师职业缺乏保障，教育界人才竞争激烈，等等，也是造成教育界人才向外流失的一个重要原因。其中，如果说教师待遇低、生活苦是造成教师流往政商界的主要原因，那么，教师任用上的校长负责制则是造成中小学教师在各校之间频繁平行流动的最直接的制度性原因。

① 张明远：《我的回忆》，中共党史出版社 2004 年版，第 19 页。
② 张明远：《我的回忆》，中共党史出版社 2004 年版，第 25 页。
③ 卢冠六：《上海小学教师的生活》，《小学教师月刊》1940 年第 1 卷第 10 期。

校长负责制是指当时中小学校长由教育局长任命，然后再由校长聘用教师的制度。由于当时教师任用标准执行不严格，所以在教师的任用上，校长的权力很大。而且，这种聘用方法使得学校教师的任用很容易受政局的牵连，这是因为地方教育局局长是由地方主政长官选用的，由于民国时期政局动荡，各地行政长官更迭非常频繁，连带着各地教育厅厅长、教育局局长和各校校长也随之频繁更换。而新校长一上任，无论是出于贯彻自己教育理念的公心，还是出于提拔自己人的私意，难免都会更换一批教师。"他们（作者注：指新校长）一经发表，便带着大批的亲戚去接事，师范生想去当个教员，如果没有几个要人的荐信，一定被摒于大门之外的。"① 这种校长负责制虽然也有一定的合理之处，但缺点更明显，会造成教育界任人唯亲的现象比比皆是，学校里"一朝天子一朝臣"的事情屡屡发生。"我国校长的任用，由行政机关负责。而一般教师由校长延聘，似乎是三十年来天经地义的办法，虽然教师延用后亦有核准，呈报备案种种手续，但却嫌有流于'官样文章的积弊'。固然，由校长任用教师制可收'易于合作''便于管理''量才致用'等的好处，但人才的认识，囿于一人的私见，而'一朝天子一朝臣'的态度，往往会从中而至。"② 校长聘任制成为校长安插亲信的借口，教师很容易地被辞退，结果会造成教师也难以获得职业尊严和职业保障，所以有人说，"学校待遇教师，等于待遇仆人，大有挥之使来，蹴之使去的怪现象。'如学校遇着校长一换，旧有教职员无论好歹，都纷纷改换。'"③ 总之，校长负责制在制度上注定了教师必然在各校之间频繁流动。

教师频繁地在各校之间流动，表面上或制度上都是经校长聘任的，其实背后都是人脉关系在起作用。或者因自己一派的校长下台，而不得不离职；或者是因自己的关系人握有权力，可以借此获得更好的职位，因而自动离职他就，私人关系是校长负责制背后的潜规则。看民

---

① 王雨三：《乡村小学教师应有的反省》，《基础教育》1936 年第 1 卷第 12 期。
② 陈藻芬：《教师组织与教师生活》，《民族教师》1941 年第 1 卷第 7 期。
③ 林锦成：《战时的中学教师》，《教育研究（广州）》1938 年第 83 期。

国时期许多教师频繁转换学校的契机时，都可以看到"得某人荐举"之类的表述。比如，一位青年教师6年里换了3个学校，而且这3个学校跨越多省，对于每次就职的契机，第一次他写的是应"同仁"的举荐，所以从老家到四川成都的一个中学任教；后来，"因了好友的介绍"到福建漳州的一个师范学校任教；再后来，"因为某重关系"再到江苏海门的一个女校。① 如此频繁地远距离换工作，在其间起牵线搭桥作用的都是亲朋故旧等私人关系。

校长负责制往往使教师不能久任，从业的教师朝不保夕，因而也就难有安心教职、为学校长远考虑的恒心，大量的精力都用在社会活动上。"现下一县的教育，似有些行政化了。谁上了台，一大批的夹带中人物，也全都上了台，而有学有能者不与焉。及至他下了台，那么他的随员们，也与之俱到，真弄得五日京兆，没有专业的精神。其无后台者，日惟忧其位置之陨越，于是对教委、督学，备极逢迎的能事，所以现下的小学教师，除应付儿童以外，又要来应付社会了。"② 所以教育界呼吁应该在制度上保障教师的任期，杜绝那种随意辞退教师的事情发生。"我国教师任期，向无保障，而乡村教师为尤甚，学校更换校长，旧教职员无论好坏，一概更换。因此任事时，无不抱着五日京兆的观念。无心教育，更无心作永久之计划了。深愿行政当局，速订任期保障的规程。如（1）新任教师应有一年至二年的试用期。（2）试用期过后，如无职务上及道德上之缺陷，当继续聘任，至老死或辞职或退老时为止。（3）辞退须在假期前相当之时间内通知，并具有充分理由。"③

教师聘任制度成为教师在各校之间频繁流动的最直接、最普遍的原因，表面上校长聘任教师也是本之于资历、学识等条件，而内里实际起作用的是私人关系。对于那些只有文凭或资历，但没有背景和人脉关系的普通教师来说，聘任制就是他们从业经历中避不开的一个

① 葛世雄：《一个青年教师的生活》，《青年生活（上海1935）》1935年第1卷第1期。
② 王思中：《小学教师生活写真》，《教师之友（上海）》1937年第3卷第6期。
③ 冯祖荫：《怎样改进我国乡村小学教师》，《中华教育界》1932年第20卷第3期。

难关。普通教师对这种走马灯一样不断更迭的任职环境也是深恶痛绝，因为在这种潜规则驱动下的流动对教师来说是被动的、过于频繁的，而且每个身陷其中的教师都不可避免地卷入教育界的派系纠纷之中，所以每个人的经历和感受可能都不愉快。"我们认为高尚的教育事业，也是黑幕层层。当我第一步踏进了社会，首先碰壁的就是'无门可入'。不论学识的好坏，若没有在教育界得力的人，是没有插足的余地。校长为了巩固自己的位置，不愿意聘请不相识的人。幸亏一面初级师范毕业的招牌，高中肄业的资格，和得力的朋友；终于得到 CL 小学的教员位置。但这比较所谓待遇厚点的完全小学，很引起了不少人的嫉视。于是社会上便有人活动，荐举。由嫉视而反对，由反对而捣乱。一学期过去，校长因环境恶劣，办事掣肘，不得已辞了职。手下的教员，当然也逃不了'一人更换全体解职'的惯例。"①

每年的寒暑假期经常是学校聘任到期的高峰期，人员的更换一般在假期里，为了得到新的聘书，或为了保住职位，教师们不得不在此期间竞相奔走，以致教育界有所谓"六腊（六月和腊月）战争"之说。所以外人羡慕"只有学界上的人们可享受的"寒暑假是"舒适""自由"的，其实在教师自己看来却是非常"难过"的。其中原因就在于教师们这时候往往都在担心自己的饭碗。"可是局外人，那知局中人的苦呢？做小学教员在这时期，好比一般劳工和商界上的伙友们碰到了年关小节还要难过哩！假期一到，各校的校长，都要变更，因此教员忐忑不定：谁会在这个时候搁浅，谁会安稳过去，一些都没有把握，只得付之命运了。"② 就职不稳定带给教师的精神压力非同寻常，其中艰辛外人常常难以理解。

当然，需要指出的是，"人往高处走，水往低处流"，这是人在社会生活中最质朴的本能。实现社会地位上升，实现自我价值，也是推动中小学教师流动的一个内在的主观动机。民国时期教育并不普及，

---

① 唐慰之：《一年的教师生活》，《江苏学生》1933 年第 2 卷第 1 期。
② 玉：《小学教师的滋味》，《益友》1938 年第 4 期。

中小学教师普遍都受过至少是初等教育，仍然是社会中稀有的知识分子。而且这些中小学教师普遍出身于普通家庭，身上不仅承载着自己的人生理想，而且承载着整个家庭，甚至是整个家族的希望，所以，青年教师一般都有强烈的进取心，这是民国教师流动的最原始动机。另外，民国时期动荡的社会环境对教师就业的影响是不可抗拒的因素，政治、军事和经济形势的影响，往往造成学校办学很不稳定，学校停办的事经常发生，这也是造成教师流动的一个客观原因。

**二　教师职业流动的方向**

民国时期中小学教师的社会流动从流动方向上主要可以分为水平流动和垂直流动，以及求学。如果有背景，有人脉，往政商界流动或转入一个待遇更好的学校是当时的中小学教师比较热衷的出路。当然，对于一些没有门路的普通青年教师，只要有经济基础和学业基础，通过升学获得更高的学历，以此为基础来争取一个更好的职业平台，也是一个切实可行的向上流动的希望。另外，受教育界内部环境的影响，中小学教师在教育界内部的水平流动也颇为频繁。

1. 中小学教师的水平流动

所谓水平流动，是指人们从收入、地位、权力和名声等方面基本相同的一种职业向另一种职业的横向流动。[①] 民国中小学教师的水平流动，是指教师在同层级的不同学校之间的流动。这里需要声明的是，虽然民国时期的小学教师与中学教师也存在阶层差别，但民国中小学教师与大学教师在权利待遇、社会地位、社会声望等方面存在的差别更明显，所以本文是将民国中小学教师当作一个同层次的整体来研究的，因此，这里所说的中小学教师的水平流动不仅包括小学教师在不同的小学之间流动、中学教师在不同的中学之间流动，还包括小学教师与中学教师之间的流动。

民国时期教师在不同学校之间流动是比较容易的，只要有校长发聘书就可以。由于各地教育发展极不平衡，一些文化基础比较好、比

---

① 张咏梅、宋超英：《社会学概论》，兰州大学出版社 2007 年版，第 241 页。

较重视教育的城镇，就可能吸引周边地区很多的教育人才来任职。再加上时局动荡，教育主管长官更迭频繁，学校的开办、停办或迁移也都比较频繁，学校用人上就更不稳定，所以经常可以看到中小学教师更换任职的学校，而且不仅是在同层次的学校之间的水平流动很常见，甚至是在不同层次的学校之间垂直流动任职的情况也很常见。职业流动频繁是民国中小学教师任职的一个特点。

李新回忆自己在 20 世纪 20 年代末于四川荣昌县有名的大观小学读书时，学校教师的流动性就很大，教师中外地人很多，尤其是中学里，外来的教师更多。"大观小学的教师也是来自各地，不止有本县人，也常有外县乃至外省人。在四川，因为多半是外省移民来的人，所以人口的流动性很大。佃户是流动的，商店和工厂的职工，流动性也不小。学校的教职员（特别是教师）流动性更大。一个著名的小学教师，常在本县和附近地方流动。至于中学以上的教师，本县人很少，常常要聘请外县以至外省的人来教学。"① 一位署名"炎"的教师记载自己从民国十三年（1924 年）八月到民国二十六年（1937 年）十一月之间，断断续续先后共有 8 年的教师从业经历，其间正式任职的学校就有 4 个，其中有小学、中学，还有学院。民国十三年（1924 年）八月作者中学毕业，因无力升学所以到某小学当教员，至民国十五年（1926 年）七月，学校因水灾而停办；民国十七年（1928 年）春，作者被聘为某中学军事训练教员两年；从民国十九年（1930 年）一月起，作者又担任某附属小学教员半年；从民国二十五年（1936 年）八月起至民国二十六年（1937 年）十一月，作者受聘某学院任教员，因淞沪抗战而结束。其间，除了在正式学校任教，作者有时在夜间还兼任平民学校或民众学校教员，暑假也做过家庭教师，零零星星约有一年时间，所有的教书生涯合计起来先后将近 8 年。②

民国时期虽然也有一些教师长期从教，但由于 20 世纪初教育界总

---

① 李新：《大观小学和荣隆场小学》，载傅国涌编《过去的小学》，同心出版社 2012 年版，第 20 页。
② 炎：《教师生活的回忆》，《教育通讯》1940 年第 3 卷第 32 期。

体就业环境不稳定，当时的教师也很少能够稳定地供职于某个特定的学校，而是不停地在不同的学校，甚至在不同层次的学校之间辗转流动，有时还短暂改业。比如绍兴第五师范毕业的许杰，毕业后，初任临海城内霞城小学教师，后转入上海，任旅沪安徽公学教员。从1927年开始至1937年，一直有志于献身教育、信仰教育救国的许杰先后供职于几个学校，每一个学校待的时间都不长。1927年春，他从上海回到家乡浙江天台县任县立文明小学校长，被误认为共产党被捕；被保释后任教于上海泉漳中学；1928年春，任教于浙江宁海中学，不久因农民暴动而回到上海；后受聘于南洋吉隆坡的华侨日报，任总编辑；1929年底，回到上海建国中学教书；建国中学是国民党办的，因许杰思想"左倾"，为避祸，所以1930年暑假期间受聘于广东中山大学，教国文预科；两年后，又受聘为安徽大学教授；3年后又受聘为上海暨南大学教授，直到1937年。后来，许杰又先后任教于浙江天台大公中学、广东省立文理学院、建阳暨南大学。另外，许杰在教育界任职期间，还始终从事写作。①

　　中小学教师更换任职学校的情况不仅很普遍、很频繁，而且有些教师就业的地域跨度还很大，不仅在各村、各县之间的学校流动，甚至在各省之间奔波。这种情况发生在中学教师身上的比较多。因为当时的中学比较少，合格的中学教师为获得一个理想的教职，往往要离乡背井。比如，有人讲到，从20世纪20年代末到30年代初的4年时间里他曾经身跨4省任教，主要是做中学教师，短期做过私立大学教师。这位教师先是任职于广东的一个中学，1929年到山西"太古铭贤大学讲文学史兼教高中二一班国文"，后又到福建集美学校在"高师毕业班及高三任课"，最后又到"沪宁线的一个省立中学"。② 葛世雄自述，他6年的教师生活中换了3个学校，从四川成都的一个中学做训育主任，到

---

　　① 许杰：《许杰自述》，载高增德、丁东编《世纪学人自述》第2卷，北京十月文艺出版社2000年版，第45页。

　　② 干臣：《求学与受罪：一个中学教师从学生那里得到的一些感想》，《中华教育界》1932年第20卷第6期。

福建漳州的一个师范学校，后来又到江苏海门的一个女校。①

教师的流动量缺乏全面的数字统计，但是有一些局部的、侧面的统计数字可以间接反映情况。在中学教师方面，"据陈氏（陈显光）调查，广东中等学校教职员在本校服务年限，新到校者竟占百分之四十三，服务半年以下者至百分之五十五，而服务在一年以上者仅占百分之四十五，二年以上者不过百分之二十九，三年以上者占百分之一十九，五年以上者占百分之九，十年以上者少至百分之三。可见中等学校教师多是每学期更换的，中学教师职业之无保障一至于此！"② 一个中学里任职不过半年的教师占55%，任职10年以上的只占3%，可见学校教师更换之频繁。

在小学教师方面，教师在各个小学间流动也颇为频繁。乡村小学教师任职的不稳定性也被许多调查数字所证明。比如，据1935年对南京市郊43所乡村小学所做的调查，被调查的188名教职员在一校任职的年数有如下情况："本年新到校的教师为最多数，达到全体数目1/3。再将表中一、二两项合起来，在1校任职年数不及1年竟超过半数。'人事无常'使乡校无长足的进展。"③ 同样的情况在其他地区乡村小学的调查中也有。同一时期对安徽和县第二区12所乡村小学教职员"在校任职年限"的调查显示："教职员在本校任职年限，最多者及15年，但仅1人，而任职仅1年及1年以内者占62.2%，足见教职员更动之频，在此等情况下，殊难望各教职员与其真正之责任心，敷衍搪塞之余，校事自益不堪问。"④ 显然，乡村小学也普遍存在教师任职年限短，新教师人数多的情况，这正反映出小学教师在各校之间流动得很频繁。但是，乡村教师不大可能像前面所述中学教师那样能够远距离迁徙，跨省任职，一般来说他们所任职的学校应该不会离自己的家

① 葛世雄：《一个青年教师的生活》，《青年生活（上海1935）》1935年第1卷第1期。
② 林锦成：《战时的中学教师》，《教育研究（广州）》1938年第83期。
③ 赵石萍：《南京市郊乡村小学之调查》，载李文海主编《民国时期社会调查丛编》（文教事业卷），福建教育出版社2004年版，第51页。
④ 辛润堂：《安徽和县第二区乡村教育初步调查》，载李文海主编《民国时期社会调查丛编》（文教事业卷），福建教育出版社2004年版，第70页。

庭所在地太远，一般就在本县或临近县任职。否则，以他们微薄的薪水是不足以支撑他们长期离家任职的生活成本的。以 1924 年对江宁县十学区的小学教师的家庭生活所做的调查为例，虽然可以看出，多数教师是异地任职，家庭所在地与其任职学校并不在一处，但是，"此九十六家教书家庭之住址，在外埠者，占半数之上，计五十一家，在南京城内者计十一家，余散居江宁县各区，计四十五家"①，即这 96 位小学教师中有 51 位是外地人，另 56 位教师就是江宁县人（其中有 45 位的家是散居在江宁县各区，另有 11 家住在南京城里，合计共 56 家）。这 56 位小学教师虽然不一定正好在自己家乡所属的学区村镇学校任职，但至少是在江宁本县任职，离家不会太远。

2. 中小学教师的垂直流动

垂直流动是指社会分层的不同结构中或不同阶级、阶层中，个人、家庭、群体在不同层次或等级间的流动。这种流动使流动主体在社会地位、收入、社会声望、权力等方面都产生实质性变化，从而形成在不同的社会分层或阶层之间的向上或向下流动。② 民国中小学教师的垂直流动主要表现为从中小学教师这一阶层向较高或较低的社会阶层的流动，即上升流动或下降流动，也可粗略分为业内垂直流动和改业两种类型。

首先来看业内垂直流动。民国中小学教师的业内垂直流动主要是指中小学教师与大学教师之间的流动。当然，严格说起来，中学教师与小学教师在学历要求、待遇报酬、社会地位等方面还是有所不同的，小学教师与中学教师之间的流动也可以视为垂直流动。但是本书的研究视角是关注民国时期中小学教师的共同性，因为当时的中小学教师都广布基层，中学教师与小学教师在工作、生活环境和样式上相似之处很多。事实上，因为民国时期许多中小学校在教师任职资格上卡得并不严，所以很多教师在中学与小学之间频繁流动，甚至有的教师可

---

① 龚启昌：《江宁自治实验县小学教师家庭生活概况》，《江苏省小学教师半月刊》1935 年第 2 卷第 14 期。

② 韩明谟：《社会学概论》，中央广播电视大学出版社 1997 年版，第 364 页。

以同时在中学和小学任职。比如陶世龙回忆，他 1938 年入四川省安岳县县立中心小学读书的时候，"教师多是富有经验的，特别是任课的多是在安岳县有声望的老师，有的老师也在中学上课"。他高小毕业时，他的小学校长邹恩溥先生"此时他不当校长了，到安岳县立中学教化学"①。相比之下，中小学教师与大学教师之间的阶层差异则比较大，因而民国中小学教师的业内垂直流动就只论述中小学教师与大学教师之间的流动。

中小学教师正常的业内向上流动，常规渠道都是通过继续教育提高学历，之后才得以进入大学任教。比如吕叔湘 1935 年考取公费留学英国而告别中学教职，他回国之后主要在大学任教。当然，也有一些大学毕业生，在刚大学毕业时，由于资历浅，人脉关系不广，所以也短暂任职于中学，一旦有条件，他们很快就离开中学，进入大学教书。

但是，民国时期无论中小学，还是大学，在教师任用方面都是很灵活的。校长聘任制下，校长权力很大，一旦获得校长赏识，即使教师本人并不符合大学任教的一般资格标准，仍然有可能获得大学聘任。这虽然是非常规操作，但这种情况在民国时期也不少见，许多杰出的学术人才正是由此脱颖而出的。比较著名的例子，如中国古典文献学家启功，在辅仁附中任教员时，曾因没有大学文凭而被校方负责人认为不够资格相继两次被解聘，但之后却在辅仁大学陈垣校长帮助下直接到辅仁大学任教达 17 年之久。再如国学大师钱穆从 1911 年开始任小学教师，1922 年受邀赴厦门集美学校任教，开始了任职中学教师的生涯，直至 1930 年他都主要在中学任教。1930 年，钱穆因写作《刘向歆父子年谱》而直接从中学教师被聘为燕京大学国文讲师，此后一直在大学任教。也就是说，个人才华再加上一些外部机缘——人脉关系和民国时期学校灵活的用人机制，使很多中小学教师实现了业内的向上流动。再比如，生于 1901 年，绍兴第五师范毕业的许杰，毕业之后，初任临海城内霞城小学教师，后辗转上海、广东、浙江等多地任

---

① 陶世龙：《我的小学生活》，载傅国涌编《过去的小学》，同心出版社 2012 年版，第 165—166 页。

教，做过中学教师，也做过大学教师。至抗战胜利时，他已经在西北建阳暨南大学当教授 4 年。新中国成立以后，他一直在大学中文系任教。虽然许杰个人学历出身并不是特别高，但是他在学校求学时，就已经开始发表小说和新诗，多年来笔耕不辍，不断发表作品，还曾短时间出任报刊编辑，正因为有这样的写作才能和实践，所以他最终才能在大学中文系立足。① 金景芳于 1923 年由初级师范本科毕业，先做小学教师，后做中学教师，抗战期间在四川三台的东北中学任职时，所撰写的著作《易通》获得"教育部 1941 年学术奖励三等奖"，"我获奖后，不但做中学教师合格，做大学教授也合格了"。再加上金毓黻的推荐，金景芳得以到同在三台的东北大学中文系做讲师。②

民国时期，有时候学校师资的调整也与时局变动有特定的关系，并非常规操作。比如，抗日战争期间，四川三台的国立十八中在臧启芳（时任东北大学校长）兼任校长后，学校的师资来源就有了很大优势，有很多教师是由东北大学调任的，尤其是学校的英语教师，可以随学生学习进展而每学期更换人，以各具专长的教师教育学生。③

当然，中小学教师的垂直流动有升也有降。由于时局动荡，学校办学不稳定，学校停办或迁徙的情况也时有发生，教师的任职也随之陷入动荡，很多教师因此也不得不随遇而安，为了生存在各个学校之间辗转任职。比如，在抗战前就已经在广东中山大学、安徽大学和上海暨南大学任教的许杰，抗战开始后一段时间里离开上海，回到浙江天台的家乡，主持一所中学的校务，很快他又接到广东省立文理学院的聘书，重回大学教书了。④

其次，民国时期中小学教师改业转行也是一个客观存在，从社会

---

① 许杰：《许杰自述》，载高增德、丁东编《世纪学人自述》第 2 卷，北京十月文艺出版社 2000 年版，第 45—48 页。

② 金景芳：《金景芳自述》，载高增德、丁东编《世纪学人自述》第 2 卷，北京十月文艺出版社 2000 年版，第 176 页。

③ 张思之：《绵绵师魂谁继？——追忆战时中学生活片断》，载傅国涌编《过去的中学》，同心出版社 2012 年版，第 227 页。

④ 许杰：《许杰自述》，载高增德、丁东编《世纪学人自述》第 2 卷，北京十月文艺出版社 2000 年版，第 45 页。

地位上来说，改业一般都会造成教师地位的上升或下降。"我国中学教师服务的年限虽无调查，但可推测能继续服务五年以上者必不多，十年以上者极少，终身从事教育者必更少。虽然其中的原因，不仅由于教师本身缺乏专业精神，但由教师本身志愿改业的当不在少数。"①

教师改业的方向是很多元的，中小学教师与政商界之间的职业流动在当时就是一种社会身份的垂直流动。对于很多中小学教师来说，摆脱困窘生活，获取一个更高的社会地位的希望就是进入军政界，这被认为是一种社会地位的晋升。不夸张地说，投入军政界是当时部分中小学教师孜孜以求的出路。所以有人说："请看中国今日的军政途中，有不少教育者，放落'高尚之冠'，去吹牛拍马，而跑做官之路呢。"② 教师有这种改业的动机，当时政界也愿意任用教育界出身的人，因为他们吃苦耐劳。"各机关爱用师范生的缘故，因为师范生素来刻苦耐劳，安贫乐道，充任机关职员，做事既负责，又守规矩，对待遇的要求也不高，这自然使人乐于任用。"③ 据教育部某视察报告，有一个税收机关曾将一个师范学校的毕业生，悉数招收录用。1941—1942 年，"湖南有五万个合格教师，年来已经走了一半"④。抗战开始后，由于一些中学教师"不惜离开中学教师界而往军政机关服务，以冀获得较高的待遇或更轻松一点的工作，遂造成此刻'教师荒'的现象"⑤。可见，当时中小学教师向军政界的流动现象很突出了。

步入军政界这条路也不是人人都可以走得通的，它需要一定的人脉关系。比如，金景芳个人穿梭于政教两界的成功，离不开金毓黻的赏识和提拔。金景芳于 1923 年 7 月由初级师范本科毕业，即从事教学

① 林锦成：《战时的中学教师》，《教育研究（广州）》1938 年第 83 期。
② 慎修：《闲话教师》，《教育生活》1936 年第 4 卷第 1、2 期。
③ 《教育部中等教育司长章益在师范教育座谈会上作关于师范教育状况与今后改进意见的报告》（1942 年 4 月），载中国第二历史档案馆编《中华民国史档案资料汇编》第 5 辑第 2 编教育（一），江苏古籍出版社 1997 年版，第 645 页。
④ 《教育部次长顾毓琇在师范教育座谈会上关于增加师范生来源与改进训练办法等问题的报告》（1942 年 4 月 1 日），载中国第二历史档案馆编《中华民国史档案资料汇编》第 5 辑第 2 编教育（一），江苏古籍出版社 1997 年版，第 643 页。
⑤ 邓人撰：《一个中学教师的话》，《民意（汉口）》1941 年第 172 期。

工作，至 1929 年，已经在初中和小学教书达 5 年以上了。但是，显然他也有当时的青年教师普遍存在的向往军政界的情结。适值当时的辽宁省教育厅长搞教育改革，"举办教育局长考试"，而他 5 年的教书资历正好符合报考条件，经过 3 场考试被录取，被委任为辽宁省通辽县教育局局长，自此具有了从事教育管理的经历。后在任辽宁省教育厅第二科第一股股长兼第四科第二股股长时，受到当时的教育厅厅长金毓黻的赏识，自此开始随之起伏而穿梭于政教两界。"自此以后，我受特知于金毓黻先生，前后近二十年，我在工作上、业务上，一直得到他的帮助。例如，'九一八'事变后，我在沈阳市第二初级中学任教，就是他介绍的。1936 年 8 月，我从东北逃往关内，事前也是同他约好了的。1937 年，金毓黻先生任安徽省政府委员兼秘书长，我做他的秘书。1938 年 2 月，我到鸡公山东北中学任教，是他介绍的。1941 年 11 月，我由东山复性书院，调到三台东北大学任文书组主任，1942 年转任中文系讲师，也是他介绍的。"①

当然，更多的中小学教师是没有这样的机缘获得这种社会资源的。他们不安于位，甚至连中小学教师的职位也难有保障，但又没有条件继续升学或转行，在彷徨无路的困境中，加上国家民族危机的外在刺激，有些人思想上就发生了巨变，从一心一意地追求个人的前途，转而逐渐走上了以改造社会为终极追求的革命道路。所以，走上革命道路也是一些不安于现状的青年教师改变命运，实现个人抱负的一条非常规道路。

张明远在 17 岁时正式开始了乡村教师的生涯，但结婚成家和"稳定的职业"都未能安顿他苦闷的心，对个人前途和民族命运的苦闷使他不甘心安于现状。就在这时他接触了大革命时期的国民党和共产党人，之后，张明远走上了革命道路。② 早年的黄克诚本来也是想成为一名教师的，但在 1925 年做师范生时接受了革命思想，成为一位革命

---

① 金景芳：《金景芳自述》，载高增德、丁东编《世纪学人自述》第 2 卷，北京十月文艺出版社 2000 年版，第 176 页。

② 张明远：《我的回忆》，中共党史出版社 2004 年版，第 18—24 页。

者，因而没有实践他最初设想的人生轨迹。他在自述中讲到，1923—1925 年他于衡阳省立第三师范读书时是他人生的"转折点"。本来能够就读于这样一个"当时湖南地区很有影响的"又是"免费"的中等专业学校，对于他这样一个贫寒家庭出身的学子来说是很高兴的事情，"入学之初，我情绪很高"，"但这种平静没有维持多久，思想上就发生了变化"。环境的改变、眼界的开阔，特别是阅读了很多报纸杂志之后，他渐渐不安于现状，"脑子里开始考虑很多问题：社会的弊端，国家的前途，个人的出路等等，使我无法平静下来"。而对于他这个师范生来说，他最担忧的个人问题显然是暗淡的就业前景。"展望将来，不知向何处去。读了师范又如何？对国家、社会、家庭能起什么作用？当时社会上就业很困难，我这个贫苦农民的子弟有什么办法去谋个职业？家族花那么大力气培养我，岂不使他们大失所望。要能考上大学也许会好一点，但路费、学费又从何而来？不能上大学，又不能就业，那么眼下学这些功课又有什么用？想到这些，脑子里像一团乱麻，总也理不出个头绪。"[①] 他苦闷的结果，就是接受了马克思主义，成为一个革命者。

至于有多少中小学教师走上革命道路，现在并没有直接而系统的统计，但有一些相关研究可以从侧面反映这个问题。比如丁留宝的研究就指出，乡村教师是安徽省中共早期党员（1931 年之前）的一个重要来源。他所做的"1927 年前后安徽早期党员统计表"显示，在他所统计的 107 位安徽省早期党员中，"有 35 人在入党前是教师或者说曾经当过教师"，"有 48 人在入党之前是学生"，而这些学生中的很多人在走向社会之后，其谋生的职业也是做教师，据上述统计表显示，这48 名学生中"有 30 名学生入党之后，当他们深入农村，进行革命活动时是以教师为掩护的"[②]。"1929 年安徽省党委曾经对全省的干部作了一次统计，资料显示，在 87 个党组织的负责人当中，除了 15 个职业

---

① 黄克诚：《黄克诚自述》，人民出版社 1994 年版，第 10 页。
② 丁留宝：《乡村教师：乡村革命的播火者——以安徽农村党组织建设为例（1923—1931）》，硕士学位论文，上海师范大学，2007 年。

不明者之外，从事教师这一职业则达到了42人，占可知人数的58.3％。"①中共早期队伍中教师职业占比之高，充分说明当时乡村教师向革命队伍的流动还是比较频繁的。

当时的中小学教师改业转行还有一种情况，就是教师因失业而不得不回乡务农。当然，在世俗眼光里，这是社会地位的向下流动，但这种情况也时有发生。

3. 继续升学

民国时期，做中小学教师往往是一些学子不得已的选择，就像一位小学教师所说的那样，做教师是"味同鸡肋的乞儿钵"②。从他们自身的愿望来说，他们向往读到大学或者留学，通过更高的学历，从而获得一个更高的职业起点。虽然对于在职的中小学教师来说，再次升学本身并不直接代表着社会地位的上升，但是却意味着向上流动的希望。

在职的青年教师如果想辞职继续升学，其实面临的困难很多，不然他们也不可能早年就中断学业，去做中小学教师了。对于当时一些有着强烈上进心的青年教师来说，阻碍他们继续升学的最大的客观原因就是经济压力。从《教育动向》所载的14篇潍县小学教师的自述来看，很多青年教师中学毕业后，选择就业、任职小学，主要原因就是迫于生计压力，从他们的初衷来说，他们都很向往继续升学，至少受大学教育。在他们的自述中都有类似的表述：高笙田——"回头想去，自从中学毕业以后，以经济的压迫，有志未遂，那学制高塔最高级的大学，只好看着那些资产阶级的子弟，攀登去了！屈指算来，抛开学生生活，到现在已经是十年的光景"；刘诚——"当我失学的一年，是我家庭破产的第二年，也是我走入儿童队里过学校生活的开始。在未做教师之前，先赋闲了半年，那时镇日处在生活恐慌的家里，使人不知为生活发生了多少困难。维持生活，不时叫我焦急，愁闷，甚

① 丁留宝：《乡村教师：乡村革命的播火者——以安徽农村党组织建设为例（1923—1931）》，硕士学位论文，上海师范大学，2007年。

② 梁运涛：《我的教师生活底回忆》，《教育生活》1936年第4卷第1、2期。

至要哭"；张光华——"在我中学毕业的那年，因为受了经济恶魔的压迫，竟不得不硬着头皮，开始作教师生涯了！"张振国——"中学的文凭，已拿到手中，站在十字街头的我，欲往何方去？升学的同学们，整日忙着他的投考各校，只流落了孤独而不前进的我，无奈没精打采的归到家乡。升学的欲望，已使经济和恶劣的环境打破，力尽而不达，不得不解决这生产问题，向谋生之路奔跑去！这时候，恰友人介绍我到本县的小学去服务，在这束缚圈套之下，只好支持去"。① 浏览民国时期中小学教师的早年人生经历，常常可以看到他们流露出对于自己当年不能继续升学的失落情绪。

许多青年知识分子都是受制于经济条件或家庭负担而不得不暂时栖身于中小学，他们不甘于命运的安排，期待改变的渴望十分强烈，所以一旦有条件继续求学，往往义无反顾。已经在广州城乡做过 7 年小学教师然后又准备到日本留学的梁运涛这样总结自己的心理动机和这次人生转机的机缘巧合："半老徐娘，才学人作嫁的我，本来对于留学方面，是失了时间性的；然而，穷措大的向学之心未死，则一息尚存，也想渡之太平洋，过过所谓'留学生'的瘾，同时，还想消却十年来'因贫失学'的一唉不平之气。因此，我便下了这东来的决心，同时，也可说适逢其会，我的先生，我的朋友，大家都同情而合力地给我以精神和物质的帮忙，于是乎我的味同鸡肋的乞儿钵才得打破，由衣裳褴褛的教师一变而为'立派'的东洋留学生。"② 从中可见，对于待遇低微、工作繁重的普通中小学教师来说，再次升学的机会十分可贵，寄托着改变命运的期望。

客观地说，民国时期的中小学教师多数出身寒门，特别是小学教师绝大多数都是贫寒的农家子弟，社会资源薄弱，如果他们不甘于穷困的小学教师职业，往往没有其他捷径可走，继续升学几乎被他们看作自己改变命运的唯一机会。但由于经济困窘，他们的继续求学之路走得异常艰辛，以至于他们身边的老师在面对这样的不屈不挠的学生

---

① 高笙田、赵庆云、刘继恒等：《我的教师生活》，《教育动向》1934 年第 19 期。
② 梁运涛：《我的教师生活底回忆》，《教育生活》1936 年第 4 卷第 1、2 期。

的时候，既报以深深的感动和同情，也会因此而产生对教育价值的怀疑。有位教师曾指出在自己的职业经历中有一个使他始终"感到难过"的现象："就是我所教过的许多学生中间，有许多不是在那里求学，而是在那里受罪。"他举的一个例子就是他在山西省太古铭贤大学任教时教过的一个学生，这个学生是一个有过几年小学教师经历的青年，因为不满足于"这种没有进展的小学教育事业"，所以又进入铭贤大学求学，然而经济的贫困使他的求学之路走得异常艰辛，为了节省 23 元的汽车车费，"他凭着一部破脚踏车，一路修补赶了五六天才到学校"。靠亲朋好友的资助他支付了第一学期的学杂费，而下学期的学杂费还没有着落，整天担心着下学期还能不能坐在大学课堂里。在这位学生的文章里满是忧虑，甚至连"言语举止都像变了常态似的"，每次与老师交谈，"一谈就像要出眼泪似的"，他精神憔悴，"头发三个月没有剃"，常常流泪。面对学生这样的窘境，这位教师不仅担心，而且对自己所从事的工作的价值感到深切怀疑，他担忧大学教育能不能让这位已经破釜沉舟的学生获得他所期望的回报。"我为他的谈话也使我讲课都失了精彩；心里老在想，这些于他有什么益处呢？""这是过的什么日子？求学呢？受罪呢？"他曾劝这位学生回去继续做小学教师或者耕田，但这位学生仍然不改初衷，秉持着毅力和勇气，坚持与恶劣的环境抵抗下去。[1] 从这位学生身上可以看出，当时对于那些不甘平庸的小学教师来说，升学寄托了他们多么深切的人生希望！又需要他们付出多么大的代价！

升学对于当时的青年学子的吸引力，还可以从以下例子中看出来。抗战时期教育部规定，师范大学和中等师范学校的毕业生，毕业后必须在中学或小学任教起码 1 年以上，方可报考研究生或官费留学（指大学毕业生）或大学（指中师毕业生）。有人回忆自己抗战时期在重庆北碚实验小学读书时，很多新教师是来自重庆师范学校的实习生，其中的优秀者往往任教期限一满就考学走了，北碚小学因之又有了新

① 干臣：《求学与受罪：一个中学教师从学生那里得到的一些感想》，《中华教育界》1932年第 20 卷第 6 期。

一届重庆师范学校的毕业生来实习任教，所以"形成车轮战之势"。作者自己就师从过这类来实习的新老师，其中他"印象深"的3位老师，有教理科的，有教国语的，教课都很有特点，但服务年头一到，这3位老师就都考大学走了。① 由此可见，与继续升学相比，中小学教职对当时的青年学子来说吸引力不大。

另外，民国时期中小学教师的社会流动机会是不均衡的，身处东南沿海经济和教育发达地区的青年教师比之内地青年教师，城市青年教师比之乡村青年教师，受教育水平高的青年教师比之受教育水平低的青年教师，政治热情高的青年教师比之政治热情低的青年教师，前者在教育界的流动概率比后者要高，离开教育界进入政界的概率比后者也要高。

民国时期教育界的内外环境导致教师的职业流动频繁，中小学教师任职很不稳定。社会结构因素导致普通中小学教师向往政商界和升学，教育界的内部机制则直接导致了中小学教师的水平流动。

---

① 白化文：《儿时北碚琐忆》，载傅国涌编《过去的小学》，同心出版社2012年版，第169页。

# 第六章　中小学教师的精神状态与自我认同

民国中小学教师的日常生活体验和基于日常生活感受之上所形成的自我角色认同，可以更深刻地反映出日常生活细节背后的意义。民国时期中小学教师日常的生活感受经常是消极的，总体精神状态比较低迷，他们自我认同的角色之卑微与游移，与社会和国家期待中的神圣、崇高的角色之间也有距离。

## 第一节　精神状态
### ——教师生涯的苦与乐

日常生活经历所造成的心灵体验必然影响教师的精神状态。那么，民国时期的中小学教师在想什么？他们对现实生活的感受如何？他们对自己职业身份的定位是什么样的？这些都可以从大量的教师自述和社会观察中反映出来。

日常生活对中小学教师精神状态的影响，可以概括为这样一个简单问题——教师生活是苦还是甜呢？民国中小学教师对这个问题的回答分为两类：一类认为中小学教师生活有苦也有甜，另一类则直言教师生活太清苦。而一心一意赞美和享受中小学教师生活的，可以说很少见。

### 一　教师生涯的乐趣

从民国中小学教师的主体感受与体验来说，教师生活有苦也有乐，很难一概而论。对于这种复杂感受，有着 7 年小学教师经历的梁运涛描述得很真实："世间没有绝对的美恶，大约比拟出来，正像食橄榄一样的味儿罢，有说不出来的苦，也有莫名其妙的甘。当夫床头金尽，疾病交乘，功课缠身，欠薪无着，有气没处呻的时候，任你是'箪瓢陋巷'的安贫守道者，也会感觉到痛苦难堪了；可是，小朋友们的烂漫天真，翕然受教，在每天早晚，总会有十余双小手执在掌握中，而那特别黑得可爱的小眼四面包围看自己，这种滋味，又岂一般富人显宦所能梦到的吗？"① 面对教师生活的不同内容、不同时刻，教师会有不同感受，可能像梁运涛这样变动不拘、起起伏伏的感受是中小学教师的常态。

从多数教师的自我感受来看，教师生活的乐趣主要还是来自教育职业本身所独有的成就感，特别是来自学生对教师的真诚爱戴与信任。很多教师在谈到教师职业生涯时都很真诚地感激来自孩子们的信任和爱戴。在教师看来，来自学生的无上信任和依赖几乎是繁忙、清苦的教师生活中唯一的精神安慰和动力。一位小学教师坦陈自己对小学教师生活有诸多失望——工作繁重，待遇低微，进修无望，最后他指出教师生涯的"一点甜蜜"就是来自孩子的真诚信任。"在繁忙的工作中，低微的待遇之下，我们的生活是清苦得无以复加了，我们的学习也牺牲得不堪回首了，可是在精神上我们却也得到了很大的安慰，因为我们所教育着的一班孩子们，他们每一个都是天真活泼的，非常可爱的。我们平时对他们说的话，所处决的问题，以及所要求他们做的事，只要是合理的，无偏依的，可能做到的，他们都诚恳的接受，无条件的服从，很认真的去做。没有丝毫的反抗、不满或敷衍。有时他们做错了事，或者是因为懒惰惹得我们气起来了，我也会把他们大骂过，可是骂过之后，不一会儿，他们又喜眉笑脸地'老师！老师！'喊得你亲亲密密了。他们这种态度，完全是出自本性的天真，没有丝毫的虚伪或掩饰。"② 作为教师，能够对儿童的成长施加影响无疑是自己职业生涯的最大收获。有

---

① 梁运涛：《我的教师生活底回忆》，《教育生活》1936 年第 4 卷第 1、2 期。
② 励文：《一个小学教师的自白》，《青年生活（桂林）》1943 年第 4 卷第 4 期。

乡村教师说，小学教师虽然只是"孩子王"，但"三间屋的小朝廷"自有其乐趣。"伴着三十多个小孩子，为一个团体的孩子王，倒是怪有意思的事。'三间屋的小朝廷'，才不是假话啦！你到东，他们跟你到东，你到西，他们跟你到西，教师的一举一动，都能影响并决定他们以后的行径的，那么做为将来国家主人翁的小孩子，小学教育的重要性就可想而知了。"①

一位生病住院的小学教师记述，自己在冷清寂寞的病中得到学生的探望，孩子们真诚地问寒问暖，让他身边的病友都深表羡慕："'萧先生！你们这样的职业，可说是最有兴趣了吧！'对面的赵君开口了！……我点点头。'你看孩子们挚诚的、没有虚伪的爱，是只有你们才能够充分的享受。''这也是我们惟一的安慰，惟一的酬劳。'我带着得意的笑容。"② 显然，这份教师独享的荣誉增强了教师的自我认同。

对于乡村教师来说，还有一重独有的欣慰是乡民尊师重道的传统所营造出来的氛围。孩子的真诚，乡民的朴实，他们对教师的恭敬与信任，是对生活艰辛的乡村教师的心灵抚慰和鼓励。梁运涛回忆，在自己离职时，"学生们往码头送船，大家好像丧了考妣地悲痛"；一位与家长发生争执的女学生，家长"无从约束"，来学校请他评判，而作为教师的他"用了几句简单的说话，已能令她俯首无言了"。每到学期开始或放假之前，总有学生期望着他能教他们班的课。这种信赖与爱戴，甚至让梁运涛自己感到"难为情"。师生之间的感情，被他认为是自己这7年中最真实的收获和成绩。"大抵我在七年来教师生活所得的成绩，最成功的是能和学生联络感情，凡我所到的地方，无不有学生追随左右，因此，虽在穷乡僻壤，依然不感寂寥，这不能不算是我的情感教育实施后的效果。"③

正因为有来自孩子们的安慰，所以即使中小学教师生活困苦、社会地位不高，但还是有很多教师能够安于贫困，自觉地投身教育。

---

①　李宇鲁：《初次做教师》，《小学与社会》1936 年第 2 卷第 29、30 期。

②　绮烟：《教师生活写真·安慰》，《江苏省小学教师半月刊》1936 年第 3 卷第 10 期。

③　梁运涛：《我的教师生活底回忆》，《教育生活》1936 年第 4 卷第 1、2 期。

　　虽然社会习见对小学教师职业的评价比较低，"目下最时尚的口号是：'教学生活太刻板也太单调'"，但并不妨碍有些教师真诚地热爱教育，真心享受与儿童相处的乐趣。有一位以学生的大姐姐自居的青年教师以自己的亲身经历和切身感受，生动地描述了一个生机勃勃、异趣横生的儿童世界，她说："爱静不好动的女学生，最爱谈天说地，母亲是怎样一位精明强干的人，而父亲却是蠢头蠢脑的笨汉；从小弟弟的周岁热闹说起，叨叨不休的要牵涉到远祖三代；她们也最爱分数，试卷发下以后，往往因为分数退后而大为扫兴；男生却满不在乎，得了五十分尚且自鸣得意的陈述因为聊天没有温习功课以致名落孙山的经过。""课后的时候，低级部的小朋友，会送一只剪贴成功的猫或小狗来，他们用羡慕而又惊讶的眼光盯着你，好似欲看穿你的神秘一样；甲说'老师，某某会偷东西'，乙又附会的'某某，适才遭林老师打的'，而丙更献殷勤'打了手心还不哭'，一种人类扬恶的劣根性，从大家的不隐蔽不掩饰的语言间赤裸裸地流露了出来，老师无法，只是苦苦付之一笑。高年级的学生，似乎已经谙熟人情世故了，常会运用各种方法去迎合老师的心理，比方说吧……"小孩子对老师的无保留的信任、尊敬和爱戴是十分动人的，难怪这位教师会发自内心地感叹："这种生活是刻板么？单调么？不也是错综复杂而也机趣横生的么？"[①]也许正是因为她能够全身心地投入学校生活，所以才能在与小朋友的相处中体味到做教师的独特意趣。相信如她所描述的师生间纯真的情感交流与互动绝不仅仅是个例。

　　当然也有些教师的心态既务实又乐观，他们懂得从另一个角度来看待清贫艰苦的教师工作。

　　虽然教师生活清苦是当时公认的事实，但也有教师客观地讲，与儿童相处的单纯快乐，培育人才所带来的成就感，寒暑假所提供的自由空间，都使得教师职业具有独特的优势与乐趣。"我劈头要在一般呼喊著'小学校教师生活是清苦的'口号下，唱几句小学教师生活乐，也得给一般人知道：一、课余之暇，带几个或几十个活泼天真的

---

　　① 江秋萍：《小学教师的生活片断》，《求是（南京）》1944 年第 1 卷第 2 号。

儿童，一起游戏；嘻嘻哈哈，几乎忘掉一切；这是一乐。二、耳闻或者目睹自己曾教导过的学生，在中学里，大学里，成绩优异，堪成大器；甚或他们服务社会，有伟大的贡献，为大众所推崇；这是二乐。三、寒假暑假，可以偷闲地看我须看的书，写我要写的文，做我愿做的工，访我欲访的友；这是三乐。"①

正因为做教师有其独有的成就和价值，所以做教师也被一些人视为一个理想职业。有一位从16岁起就开始做乡村教师，然后又相继做过中学教员，直至后来做过大学教师的老从业人员，基于他自己的经历，这样评价当时的乡村教职："后来，我在好几个地方的小学里教过书，觉得小教的生活虽是清苦，但那些天真活泼，又诚实的乡村小孩，大都是可爱的。他们也写得出很好的文字。并且如果做小学校长，他在那一支学校里，也算是一个王国，手下有这些小兵小将，都可以由他支配。假使一个人有几十亩田，家庭开支，不一定全靠学校，那就在一支附近家村的小学里终身，做一世太平的'众小猴之王'，我以为也无所不可。"② 显然，做一个"孩子王"是很快乐的，只是有一个前提条件，就是不能指望以此职业谋生。

也有人在对比中发现教师职业的现实价值。他指出，在当时局势动荡、经济凋敝的大环境下，与工、农等劳工群众相比，教师这个职业也有其独特的优势。就以当时生活最清贫、地位最低微的乡村教师为例，他们的生活除了清苦这一点之外，也有其可以理解和接受的地方。"（一）谁说乡村教师苦？农夫割禾汗滴雨；七月一日便放假，教师归家去歇暑。（二）谁说乡村教师苦？工人痛苦不堪数？每天上课几小时，带着儿童歌且舞。（三）谁说乡村教师苦？弱国难做大腹贾；生意萧条开店难，教师毕竟有薪水。（四）谁说乡村教师苦？军人要将性命赌；教师指导小朋友，手舞足蹈得其所。（五）谁说乡村教师苦？乡民畏官如畏虎；教师资格高一等，有谁敢向他欺侮。"③ 比上不

---

① 罗子欣：《小学教师生活问题讨论六篇·小学教师生活的检讨》，《江苏省小学教师半月刊》1936年第3卷第18期。
② 南容：《教师生活的回忆》，《江苏教育》1942年第4卷第5期。
③ 涂闻政：《敬赠乡村教师》，《江西省立南昌乡师半月刊》1936年第1卷第3期。

足，比下有余，某种程度上说，这确实也是当时中小学教师客观的社会地位与一些教师的主观思想状态的真实反映。

教师是从直接经验中总结自己的直观感受，而教育家则从理论上辨析教师职业的乐趣和意义其实是来自教育本身的主体价值。"孟子说：'得天下英才而教育之，一乐也。'这种快乐，乃是由'自我的扩充'而来。……只有教师才有扩充自我的最大的可能！……这是教师独有的快乐，不是其他任何职业所能企及的！"所以，作者认为教师职业与医生、工程师、银行职业相比，"它的趣味价值也远在一切职业之上！"因为教师面对的对象是活生生的、充满无限可能的儿童，所以教师工作是富有创造性的，学生日新月异的成长会给教师带来独有的成就感，而这是其他职业不能比的。"医生的对象是病人。病者新创旧痛，哀泣悲号。医生终日与伤疼死亡等事相接触，其心灵的痛苦，实非常人所能忍受。再以工程师论，其所应付者或为木石，或为机械，专司一器一件之制造，所得的反应皆是被动的。终身生活犹如一机匠，极少变化之艺味。至于银行行员所司者不过收付登录盈亏计算诸事，其生活之单调，尤远过于工程师。……但是，教师的对象，则是儿童青年活泼泼的心灵，每一颗心灵所蕴藏的智慧是各异的，每一智慧所含包的变化又是无穷的。学生如幼苗，教师如园丁，天天皆有新的生命向上开展教学相长，日新月异，这种丰富的生命趣味，只有做教师人，才能够享受，也正因为如此，所以做一个教师，远比做一个工程师，或医生为困难。……正因为做教师不是一件容易的事情，所以它的趣味价值也远在一切职业之上！"①

正因为教师职业有这样独有的价值，所以针对当时社会上一般都认为教师生活清苦的论调，朱思滐辨析说教师职业是"清而不苦"。他认为教师两袖清风自然是"清廉"的，但是教师生涯却并不"苦"。他认为，从与其他职业的对比和与教师职业的历史状况的对比来看，无论是精神收获，还是物质享受，教师生活都有其独特的优越性。从精神方面说，"教学总比许多职业部门好"，因为教师整日与纯洁天真

---

① 陈剑恒：《教师是一个可贵的职业吗?》，《升学与就业》1944 年第 1 卷第 1 期。

的孩子打交道，得到无限快慰，所以"没有宦途中的险恶倾轧，他没有战场上的屠杀残刻，他没有商场上的投机受创，他没有农业上的天灾虫害"。何况教学有助于获得新知识，能够不断地增益自己。即使从物质方面说，教师生活也有其优越的地方："教师生活，就是物质方面的享受也不俗。旧式教育，已成过去，我们不必说他；现代教育，注重环境，例如校舍的卫生，运动的场所，图书仪器的供应，其他用具的设备，凡关于员生们的健康、修养和作业，没一样不顾虑到。教师置身学校，舒适的程度，和家庭也差不多，有时也许会好过。再看看！农夫、工友、商人、军队等，他们的生活圈里，会有这些享受吗？"① 这种看法虽然不一定能被所有教师认同，但毕竟提供了一个看待教师生活的不同角度，能让人更全面更深入地了解和理解教师生活与教师职业。

另外，教师职业生涯中的偶然因素，比如教师所处的职业环境——学校的校风、同事的素质等因素，也会影响教师的心理感受。有位教师就这样回忆自己在教学生活中的"烦恼与趣味"，在第一次做小学教师时，自己曾经"兴味很浓"，为了将校园天井中的杂草清理干净，他以身作则带领学生拔草，但旁边的一位同事却袖手旁观，并不帮忙，在有些学生对此表示不满的情况下，该教师拂手而去，导致学生也一哄而散，除草工作半途而废。诸如此类的事情反复发生，导致这位教师不得不离开这个小学。后来他再次做小学教师的时候，因校长是他的同学，并且"办学经验很丰富"，所以每次校务会议上他的提案都能通过，并得到实施，因而"这时我的精神很愉快，觉得孩子们很有趣味"②。所以，合适的学校环境、顺畅的职业经历也会导致愉快的职业体验和感受。

总之，中小学教师的职业生活是苦乐参半的，左右教师精神状态的因素很多。但教师主要的精神安慰来自教育事业的特性，获得来自学生的爱戴与信任是他们主要的快乐之源。

---

① 朱思涤：《教师生活谈》，《竹秀园月报：复兴版》1948 年第 16 期。
② 杜少义：《我做小学教师的烦恼和趣味》，《教育周报（桂林）》1933 年第 38 期。

## 二　教师生涯的苦闷

虽然教师生涯有苦也有甜，但无论是从教师的自我感受还是从旁观者的角度来看，都会发现中小学教师精神状态普遍比较苦闷、低迷。教学的成就感、儿童诚挚的敬爱，都难以抵消日常生活的艰辛，青年教师的理想与热情往往被残酷的日常生活所打败。"小学教师有一种很普遍的心理，教师烦闷的心理；从他们的思想上而言，是悲观的，从他们的态度上而言，是苦闷的，从他们的行为上而言，是消极的。"[①]

### 1. 对生计艰难的愁苦

工作重，待遇低，环境差，生活苦，社会地位低，是教师比较普遍的职业感受。其中，最突出的问题无疑是待遇低、生活苦，这种情况不仅为客观统计所证明，而且也是中小学教师最具切肤之痛的生活体验和心理感受，这种经验和感受是造成中小学教师精神状态低迷的主要原因。

民国时期有从教者如此戏谑教师的日常生活："有署名昭陵叟者，作'教书苦'新乐府一章云：'教书苦，教书苦，舌焦唇敝，搜肠枯肚，兀兀终日，无间寒暑。一年薪俸几何多，仰事俯蓄而无补。既不如老农，又不如老圃，复不如行商，更不如坐贾。妻寒不能煖，儿女不能抚。有钱之人嗤以鼻，邻里乡党羞与伍。况复末世趋颓风，今日人心已不古。教育居然有派系，不论人才论门户。洁身自好遭排挤，曲事逢迎得称许。怀才慎勿露锋芒，恐防校长猜疑汝。今年末了患明年，明年教书在何所？君不见大学教授亦闹穷，纷纷还闻解聘中。'此非操粉笔生涯者，不能道出。然语语辛酸，不忍卒读！"[②] 从工作到生活，再到社会地位，再到教育内部生态，这位"昭陵叟者"都予以揭露和讽刺，字里行间充满了对教师生涯的不满和无奈。民国时期甚至还有这样一首歌曲——《小学教师值几钱》，也是小学教师的苦闷

---

① 束荣松：《小学教师生活烦闷之原因及其解决方法》，《江苏省小学教师半月刊》1936 年第 3 卷第 18 期。

② 喻血轮：《绮情楼杂记》，载沈云龙主编《近代中国史料丛刊续编》第 96 辑，台北：文海出版社 1983 年影印本，第 61—62 页。

心声。这里略去曲谱，只录歌词：“小学教师值几钱？五元钱一天，教一天，算一天，请假一天扣工钱，不管你喊哑喉咙，不管你绞尽脑汁；不管你坐弯背腰，不管你饿痛肚皮。预支不可以。小学教师值几钱？要求提高待遇，还没有这种福气。”[1]

普通教师对自己艰苦生活的诉说和抱怨可以说充斥着民国时期的报刊。

一位有多年从业经历的教师，这样描述自己艰辛的日常生活处境："古人说'贫贱也，衣食于奔走。'差不多这句话是专为我一人写照的。自从到外干糊口生涯之后，几乎十年不返乡，父母的事奉，妻孥的畜养；简直是等于零。曾试过要典当春衣始得一饱的；也曾试过四处张罗，始能备办亲朋礼物的；自从经过七年来的教师生活，我特别明白了当铺的行规和柴米的价格。教师在社会上的地位，因地方的不同便有种种的区别，譬如在广州市一般人对小学教师或者中学教师，常常用着一句'不穷不教学'的口头禅去讥诮。"[2] 待遇低微，生活清苦，再加上工作繁重，难免使教师对自己的工作产生抵触和抱怨。"小学教师的待遇，既如此菲薄，论其工作，却极其繁重。其每周教学时间，虽逾千分钟以上，但这并不觉得苦，苦在处理簿本。一种种，一堆堆，线订的，洋装的（按指练习簿言）；早上才发清，晚间又山积。今天午夜睡，明日三更眠；还要起个早，才能理得清。此外，还有开会忙，处理公文忙，举办识字班忙，应付视导员忙。一旦没有米，缺少薪，又逢囊空如洗，更要火上加油忙！读者试想，其待遇的菲薄如彼，而工作的繁重又如此，小学教师也是'人'，并非真是'神圣'，怎得不连声喊'苦'？"[3] 比起那些地处繁华都市的学校教师来说，乡村教师的苦恼还有更特殊的一层，那就是寂寞和枯燥。一位乡村教师这样描述自己的生活处境："试想在一个破落的庙宇里，伴着几个枯黄面孔的孩子，并且整天埋头在纵横的纸堆中，时光一分一秒

① 乃英：《小学教师值几钱》，《教师生活》1946 年第 3 期。
② 梁运涛：《我的教师生活底回忆》，《教育生活》1936 年第 4 卷第 1、2 期。
③ 罗子欣：《小学教师生活问题讨论六篇·小学教师生活的检讨》，《江苏省小学教师半月刊》1936 年第 3 卷第 18 期。

的过去，这样度日如年的生活，真是多么的难受。"①

对于中小学教师的精神状态，一位小学教师说了这样一句实话："今日大多数小学教员，因困于受教不多，进修无门，设备不全，生活不安定等种种恶劣环境的限制，虽欲不丧其气，不馁其志，不可得也。"② 就是说，小学教师生活境遇不佳，精神状态也很难不萎靡。生活的艰辛所带来的苦闷和倦怠是普遍存在的，而不是个别情况。比如当时一个师范生这样忧虑地描述自己未来的职业前景："从前我在曲阜师范求学的时候，常听同学们愁闷的说：小学教员的生活，真是再痛苦没有，再无聊不过！尤其在那穷寒的乡村小学里，设备简陋，待遇低微。一个人兼着校长教员工友三重职务，终天忙得七死八活，跟那些龌龊的木头似的孩子们在一起，心中话无可告诉者，已够苦恼的了；再加上一般乡愚们的百般纠缠，什么地亩文约咧，信咧，启咧，挽联咧，喜帖咧，等等琐碎的事，都来麻烦你，真是多么痛苦啊！"③ 师范生是教师的预备队，他们还未走上工作岗位就已经对自己的未来存在如此深切的担忧和抵触，说明当时小学教师的萎靡消极状态是持续和普遍的，几乎成了常态。还有一位小学教师自己做过一个粗略调查，也能反映相似的普遍性。他在一年内写信给 200 余同学（都是任小学教师的），详细询问他们"感觉生活的情形"，并且嘱咐每一同学再询问他们身边的小学教师同仁，结论总结起来就是，他们共同所感觉到的苦闷，无非来自两方面："经济压迫"与"任课太多，不能自修"，也就是"穷"和"忙"，仅这两条就足以压垮教师的热情和生机了。"可是光这两条大的铁链，足能够紧紧地捆绑得小学教师的四肢，不能颤动，连血液的循环，也几乎要停止，这样怎能不形成半身不随，或奄奄待毙，日趋坟墓里去呢？"④

客观来说，中学教师的生活可能比小学教师稍微好一点，但也是

---

① 高树元：《读者园地·做了教师以后》，《国讯》1937 年第 158 期。
② 《一封值得公开的私信：一位内地小学教师的呼声》，《教育杂志》1934 年第 24 卷第 4 期。
③ 卢进之：《初次的小学教员生活》，《基础教育》1936 年第 1 卷第 7 期。
④ 甄怀宸：《小学教师感觉苦闷的来源与解决的途径》，《基础教育》1936 年第 1 卷第 7 期。

艰苦的，其精神状态也同样苦闷压抑。抗战期间，中学教师的生活状况更是艰苦到极点，精神状态也低落到了极点。就像有人描述的那样："由于待遇的菲薄，使得物质生活极端痛苦，这样当然会影响精神的不快。同时繁重的工作，更易使一个人的精神疲倦，又无其他的方法可调剂，结果便走上悲观和失望的途径，像文化界□□洪深先生此刻尚因为经济和事业各方面的压迫，以至于全家服毒。这是一幕多么悽惨的悲剧。我想中学教师，在精神上所感受的苦闷和压迫，或许□洪先生更甚。"① 在这种令人压抑的精神状态下，部分中学教师离开了教育岗位，走入军政界，或者有的直接上了战场，教育界因此出现"教师荒"。

当然，除了日常生活的磋磨之外，教师毕竟是知识分子，20 世纪上半期中国社会的各种矛盾冲突势必也牵动着他们的神经，加剧了他们的苦闷。但无疑，来自日常经济生活的压力是他们经常面临的苦恼。

2. 对教师职业价值的怀疑

除了生活清苦所带来的痛苦之外，很多教师还面临着更深一层的精神苦恼，即对当时中国教育状况的失望，以及对教师职业价值与前途的怀疑。当时甚至有人认为，经济社会中教师职业都在衰落。"世人都有不屑教书的观念，也许现今万能的黄金已经剥蚀了昔日'为人师表'的尊严的缘故，谁也不愿意使大劲地干这种既清且苦的生涯了；大学教授，中学教员尚且不免遭白眼，受奚落，更何况区区的小学教师哩！"②

现实生活的艰辛足以打败多数青年教师的理想和热情。青年教师在职业经历之初都是怀抱理想和充满热情的，但之后往往会被现实兜头浇一盆冷水。一位青年教师这样描述自己所经历的"幻灭"过程：在入职前，他对小学教育工作是持有很崇高的信仰和期待的，"在新生活还没有开始以前，我已经做过了不少的美梦——在一个生气勃然的小世界里，我怎样领导着一班天真的小灵魂工作、游戏……我憧憬

---

① 邓人撰：《一个中学教师的话》，《民意（汉口）》1941 年第 172 期。
② 江秋萍：《小学教师的生活片断》，《求是（南京）》1944 年第 1 卷第 2 号。

着将来的生活，该是多么的慰乐啊！并且，这慰乐的得到，又是怎样的光荣呢?!"在入职仅仅两三周之后，他对乡村教职的评价就在现实打击下发生了质变。学校客观条件之恶劣、教学的困难、学校日常管理事务的繁重等所造成的"精神痛苦"和"身体疲劳"就使作者病倒了，在病中，作者彻底否定了自己先前的理想。"当时，我恨透了我自己的业务；我绝对地否认了小学生的可爱；并且发现了一切理论上关于小学教师神圣的欺骗。我甚至立誓说不当再做小教。我切实地体味到常为一般人所说的'小学教师不是人做的'的话。"①

很多教师对自己的工作效果不满意，觉得现实与他们最初所追求的理想之间相差甚远。比如一位中学校长这样总结自己 5 年的办学生涯："我来本乡教书，到今年二月一日，刚好是五年半头。我犹忆踏着苍石桥边的石板路，初跨进这个学校的大门的时候，是满怀着'你不好，打倒你，我来做'的革命精神。仅凭着这点幼稚的但是纯洁的热情，我曾不顾利害，不顾一切的打击与非难，明枪与暗箭，牵制与挑剔，望着前面出发了。埋首于工作之中，要做的事都渐次做了。现在，我们也算已有了一个足以欺人的外表。而谁知我所收获的，却是空虚，寂寞，与自弃。"这位校长的不满和苦闷都来自自己 5 年的乡村教育实践，一方面，他怀疑现实中学校教育的意义，比如他同情那些辛劳、贫苦的农民，认为是他们"养活"了教员，但这些农民的子弟却根本没有机会进学校，有机会进学校的是那些"娇养惯的男女青年"，而这些"孱弱，狭隘，自私，卑怯，贪图安逸"的青年，一回到乡村，则成为乡村中的"赘疣"和"残废者"。另一方面，他痛恨教育当政者的"无聊"和"目光短浅"，比如省督学挑剔学校纪念厅上挂着"忠勇仁爱信义和平"而不是"忠孝仁爱"的标语，并由此"推知我们的党义教育真是一团糟"，大帽子一扣，这位校长不得不"写了一封很长的信"去向他们解释。作者由此感叹自己有限的生命和时间不得不用在这种无意义的、形式主义的事情上。② 所以，空虚、

---

① 裘：《一个小学教师的自述》，《教师之友（上海）》1935 年第 1 卷第 8 期。
② 从宜：《随笔·教师生活·校长》，《中学生》1934 年第 42 期。

寂寞与自弃，是他五年半职业经历的精神收获。

前述这位中学校长的心路历程并不少见，许多青年教师都经历过从心怀理想、热血沸腾，到理想幻灭、苦闷烦躁、自我否定，再到疲沓、倦怠、苟且这样一个心理过程。在本书的第二章第二节论述转型期的教师伦理时，就引用过一位有 14 年中学教学经历的教师的自述，他这样总结自己 14 年教学生涯的心路历程："在第一个阶段中，以为教育就是创造，从事教育的人，就是理想社会的创造者。他负有创造善良环境的重大使命。他所创造出来的善良环境，就是青年们的乐园。……教育虽不是交易，但卖主和买主的关系实在教者和受教者当中存在着的。于是我转到第二个阶段中，认定需要来讲求供给。……进到第三个阶段，好比是人的由壮而老，我只是感到疲乏和倦怠。……我找不到出路。"①

当然，不仅是个人的工作现状和生活问题磋磨着教师的意志，20世纪 30 年代国家民族的危机、中国社会的衰败也困扰着青年教师，家事、国事，处处刺激着他们的神经，常常使他们感到苦闷和绝望，难以保持对教育事业的坚定信仰。俞异君用"空悲愤"来描述他所接触到的青年教师的精神状态，大到中国的前途，小到自己所从事的教育事业，普遍都对这些青年教师形成强烈的精神刺激，使他们感到愤懑、无奈和绝望。"我们是由乡间小学之被漠视，不发达，谈到乡村中应兴应革的事项，又由之谈到国家的大事、中国的前途等等。他们说了不少的话，可是接触到事实，探究到问题的核心的话却不多。而且，他们大都是悲观论者，认为中国的一切都是漆黑一团，没有办法，最后，面上是充满了悲愤之色，算是结束了他们的谈话。"② 还有一位青年教师努力地想把自己从困惑和绝望中拯救出来，他"每天除了敷衍追着屁股的事情外，什么时候都在痴想，无论想到个人，家庭，国家，只觉得前面一团黑"。苦闷和绝望之下，这位青年教师想找明白时事

---

① 晞如：《随笔·教师生活：在倦怠中》，《中学生》1934 年第 42 期。
② 俞异君：《空悲愤有用么？——向乡村小学教师进一言》，《民众周刊（济南）》1933 年第 5 卷第 28 期。

的同事交流一下，期望得到一个有意义的开导，结果"他们的回答很少使我满意。更有些人一听到我的话，便滔滔不穷的说出他心里的话来，原来他比我还苦闷着几倍！"原来苦闷是普遍的。

在这种内外交困的心理状态下，青年教师很难感受到日常教学工作的意义，时常陷入自我怀疑当中。"昨天在班上，我很起劲的说鼓儿词似的讲着鸣机夜课图记，学生们都很静心的听着，笔记着，我忽然感到这样教死书，是不是现在教育厅取的途径？讲这样的东西对于救亡图存有什么助力？立刻便觉得自己好像作了什么不光明的事似的。"其实，这些青年教师很清楚，作为平民，他们自己对国家和社会面临的危难恐怕是无能为力的，但作为知识分子，天然的社会责任感使他们深陷苦闷，难以自拔，而这种清醒的苦闷更是加倍的痛苦。"其实我还不知道吗？越明白时事的人，越为国家担忧，越苦闷，越生气。"面对自己无能为力的局面，很多教师只能采取最消极但又最现实的态度——逃避现实的鸵鸟政策，就像作者的一位同事开导他的那样："这不是一半个人的事，也不是一半个人的力量所能办的，像你这样，岂不是白白的折磨了自己吗？老弟！还是一推六二五吧！管他娘的这些个呢！"① 在教育内外环境都让一个普通人无能为力的情况下，许多教师就只能选择得过且过了。这就是内外交困中的许多青年教师真实的精神状态，苦闷、疲倦、彷徨、愤怒，有时候近乎绝望。就在这种恶劣情绪的主宰中，机械地重复着作为教师的常规的教学生活，机械地履行自己作为教师的责任。

总之，民国时期中小学教师的心态是消极的。如果忽略教师的主体感受，就很难真正理解他们行为背后的逻辑。从民国时期中小学教师的心灵体验中可以看到，他们工作和生活中的一点点收获基本都是精神性的奖励，是来自孩子们的认可和拥戴；而他们生活中的挫折却是实实在在的。可以看到，每个教师的主观角色体验都与普通人无太大差异、衣食住行、柴米油盐等日常生活也是他们基本的苦乐之源；仰事父母、俯畜妻子，也是每个教师必须承担的责任。所以，对待教

---

① 蚊子：《这几天——一个中学教师的手记》，《青年文化（济南）》1936年第4卷第1期。

师不能只看到其职业标签，比如导师、园丁之类，还必须将教师看作活生生的"人"，要设身处地地为他们解决现实困难，关心他们的心理感受。

# 第二节　自我认同
## ——"教师是清高的吗"

民国时期是个动乱的年代，经济凋敝，一般民众的生活都是动荡不安的，中小学教师的职业生涯也充满艰辛，其日常生活体验必然对其心态和思想观念产生影响，进而直接影响教师的自我职业认同。好的生活体验导致中小学教师对教师职业、教师角色的积极认同；不好的生活体验导致他们对教师角色的消极评判，从而可能造成教师的自我认同与社会期待的角色之间发生一定的偏差或游移。这种自我认同角色上的偏差并不是没有意义的，它很可能成为对教师理想社会角色的修正。

### 一　教师自我定位的迷茫——清高与自贬并存

前面已经论述过，从社会旁观者的角度来看，教师的现实生活已经使教师跌落神坛，"不配谈神圣二字"。而从教师主体的感受和体验来说，他们对自己社会角色和身份的认同也在游移当中。比如，当时社会层面对教师还有一个约定俗成、习以为常的评价，就是教师职业是"清高"的。比起"神圣""万能"等赞誉来说，"清高"更偏重教师的主体角色体验，但是，民国时期的教师却对自己自古以来就享有的"清高"赞誉产生了疑问。

当时，在一般中小学教师听来，恭维教育界"清高"是别有意味的，反正教师本人听了都不会觉得自己被恭维、被尊重，反而无比尴尬，甚至生出自卑之感。"无论是谁，当他知道了你的职业是小学教师后，总要点头称赞上两声：'教育界清高得很！'这句话出自不同的人的口中，也就含着不同的意味：一个有良心有正义感的人在这句话里是含有同情和安慰的；但假使这句话是出自一个市侩的口中，'清高'不过是'落拓''穷酸'的代名词，是含着无限的憎厌与鄙视的。但不管说这句话的人用意何在，被誉为'清'的人，当他听了这称赞以后，心头是酸是苦，凡是小学教师，都能体味得到。所以回答这称颂的，往往是一张苦笑的面孔。"① 显然，当时无论是教师本人，还是社会人士，无论是有正义感的人，还是庸俗的市侩，提到教师"清高"都暗含着对教师现实地位比较卑微这一潜在事实的认定。所以，教师本人听到"清高""神圣"之类对教育界的专属恭维时都会觉得变了味，第一反应往往不是高兴与自豪，而是猜疑和生气。"在社交场中，如果有人偶然问起你的职业，你说'是教书的'，那么包你会听到了什么'清高''为国育才''建国时期，教育第一'……一串一串的恭维话，一顶一顶的高帽子跟着也过来！只要你不是阿Q，你总会感到有点'那个'。"②

来自日常生活现场的体验和感受，是教师自我角色认同的来源和标准。辛苦、穷困、没有发展前途，是教师对工作和生活现状的评价。卑微，甚至自惭形秽，往往是教师们在日常生活中的真实体验和感受。

有人这样转述几位乡村教师对自己生活的抱怨和牢骚："听聚在一块的好几个乡村小学教师的谈话：不是这一个说生活不能维持，就是那一个说学董待遇不忠实不恭敬；不是这一个说乡村的学生不易训练，就是那一个说一切烦重的工作，实在累杀人。这话对啊，真的，指挥监督学生的工作，舌敝唇焦的教授学生课程以后，还有自做工友，自任厨房，不能说乡村教师是不劳而食丰的事业！还不及做个官僚政客……升官发财快些。况且还要成天价和孩子厮混，俗语说：'家有三石粮，不做猢狲王！'真是对极。"③ "潦倒"及与"升官发财"无关，是有些教师对自己职业前景的评价，事实上，将教师职业作为过渡，时刻准备跳槽是他们做教师的真实心态。"大多数的教职员，都是以教师为过渡的职业，教学为潦倒的工作；一遇机缘，便从事升官

① 文苇：《论清高》，《教师生活》1945年创刊号。
② 《教师闲话·（一）何必神经过敏？》，《教师杂志》1947年创刊号。
③ 鸡肋：《乡村小学教师生活的回忆》，《民众周刊（济南）》1933年第5卷第43期。

发财的勾当。在科举时代，凡名落孙山，无路可走的士子，都在本乡设私塾以谋生；在今日新教育时代，每年毕业学生与未毕业学生，争向政界、军界、商界、及实业界，找出路；一经失败，则齐集教育界谋位置，作为暂时的栖息。此种现象，无处不有。"①

在许多有资历的教师看来，与其他社会行业相比，从教在当时并不是一个值得选择的、吸引人的职业。

一位有着 20 余年教学经历的"学问很不错""待人也很诚恳"的重庆省立重庆中学的"老英文教师"这样描述自己的教书生涯："教得来裤儿无裆，裙儿无边，只有'穷酸'两字而已！有人说：先穷而后酸，有人说：先酸而后穷，我也不知道究竟那个在先。可是他们是难兄难弟，永不分离。"对于教师的穷，他有一"诗"做出形象调侃："'单衣蔽身，两袖清风，三餐不饱，四肢无力'；结论是'教书干不得'。"② 直到 20 世纪 40 年代中期，一个有过 17 年从教经历的老教师在谈及青年人的职业选择时，还在指出这样一种现象——劝青年人做工程师、银行职员等都不需要废口舌，与之形成对比的是劝人做教师却非常之难。"唯独，'做教师'，因为在表面上是一个没有魔力的职业；在目前更是一个最清苦的职业，所以却需要一番解说：现在劝人做教师，犹如劝人出家修道是难于动人的。"③

在当时，对比学机械工程、教育、法政等专业的发展前景和实际地位，教师职业的清贫影响了教师职业的吸引力，而且，这是一些从教一辈子的老教师的经验之谈。有人记述了这样一件事："今天一个朋友来看我，他是学机械工程的，谈论间他说出他的初衷来：原来他是想入教育系的，预备做一辈子教师来过日，后来觉得教师的生活太苦了，才决意学机械工程；这一席话惹起一位老同事的一番牢骚。他说：'这还亏你转机得快，不然的话，像我们这一辈子教书匠，一世操心，一世寒苦，为的什么来？俗语说得好，"唔穷唔教学"，像你的

---

①　黄溥：《中学教师的职业》，《长沙清华》1947 年第 6 期。

②　吴光复：《教师匠》，《宇宙风》1943 年第 135、136 期合刊。

③　陈剑恒：《教师是一个可贵的职业吗?》，《升学与就业》1944 年第 1 卷第 1 期。

境遇，根本就要入政经系，才有个远大的前程；否则就学机械，还算适应潮流；如果入教育系，倒是最蠢不过了'！"① 显然，学政经的将来可以做官，是当时最有前程的职业；学理工符合社会潮流，就业前景也强过学教育当寒苦的教书匠。

在现实生活重压下，社会层面的歧视和由此造成的教师的自我贬低是客观存在的事实，这并不是教师神经过敏，而是因为一般世俗社会的眼光本就是势力的，往往是单纯从经济地位上衡量社会地位的。可以看到，因为生活穷困，不仅社会层面经常有人将教师与底层苦力相提并论，连教师自己也经常会将自己与底层苦力工人相比拟。黄包车夫、茶房、店员、差役、门房、小伙计、邮差，甚至当兵的等等各色底层苦力，几乎曾经被用来比附过困苦生活中的中小学教师。比如，有人记载自己家乡的小学教师时常报怨："唉！我们这种生活简直拉黄包车也不如！"在谈到小学教师想做什么其他职业时，"有的说，要去开店做生意！有的说，要到衙门寻个差使；有的说，要去当兵"。宁可去当兵，从事"那掠夺的生活"②，也不愿做教师，虽然可能是过激之言，但也是一种非常让人惊讶的现象。中学教师的生活可能比小学教师稍微好一点，但他们的收入也仅能维持温饱，这种生活水平下的中学教师也被人评价为不过一个"教育工人"而已，与小学教师被比为苦力工人的处境差不多，"中学教师所做的，是'百年树人'的大事，并不是一时可以见功的；至于所过的生活，也不过是一个中等的'教育工人'，在一般'贪名好利'者的心目中，是认为不屑为的"③。

民国时期的中小学教师到底是怎样认同自己的职业角色和身份的呢？在教师面对现实的自我感受中，这是一个很不稳定、很不清晰的概念：是教书匠？教育工人？底层苦力？总之，都离清高的自我感受和社会评价比较远，迷茫是普遍的。

---

① 蔡逢甲：《教师之乐》，《教育生活》1936 年第 4 卷第 1、2 期。
② 姚纲章：《小学教师想谋差使——想当兵》，《生活》1926 年第 2 卷第 18 期。
③ 吕绍槐：《中学教师应有的修养》，《浙江教育行政周刊》1934 年第 6 卷第 9 期。

## 二 对教师职业定位的探索——世俗化

民国中小学教师的现实生活体验是卑微的，其自我角色认同是游移的，与外部世界所称颂的清高的角色身份之间存在差距，这种矛盾现象不可能不引人注意。一些教育专家开始对那些习以为常的对教师角色如清高、神圣、崇高、万能之类的赞誉进行反思，这些反思意味着教育界开始主动走下神坛，教师身份开始祛魅化，教师职业开始世俗化。

1. "教师的职业清高吗?"

传统的"师"这一角色身上具有与传统社会相适应的某种神秘光环，"师"是与"天地君亲"并称的、几乎被神化的形象。而随着近代中国由传统小农社会向工商社会的转型和教育的普及化，教师角色身上的神秘色彩、特权色彩势必逐渐淡化。与传统的"天地君亲师"一体的观点相比，民国社会开始倾向于从现代社会分工细化、专业化的角度，将教师当作一个专门从事教育教学工作的职业。当时有些教育专家并没有一味简单抱怨教师地位衰落，而是清醒务实地从教师角色身份转型的高度来看待当时中小学教师所面临的困境。他们敏锐地将问题焦点对准教师的传统身份符号——"清高""神圣"等赞誉，理性辨析了这些头衔、名号中的某些超现实的、非现代的成分，比较清晰地框定了教师的责任义务和权利。其直接作用是反对用这些模糊不清的名号对教师进行道德绑架，肯定教师作为现代职业人的基本权利，其深远意义是使现代教师的角色形象更加清晰明确。

对于教师职业是不是清高这个问题，教育家刘百川特意写了《教师的职业清高吗》一文予以辨析。在文中，他首先指出这样一个客观现实：所谓"清高"已经被异化为教师作茧自缚、教育主政者推卸责任、社会舆论道德绑架的工具。"中国一向认为做教师是清高的，政府及社会人士，是这样的承认，教师自己也常常以清高自许。因为政府及社会人士认为教师是清高的，所以便希望教师都做'谋道不谋食'的君子，无论教师的待遇是如何的坏，生活是如何的苦，总希望教师本着孔子'安贫乐道'的精神，无限制的忍受。因为教师自己也承认自己的职业是清高的，也都本著'食无求饱，居无求安'的精神，咬紧牙关，忍受一切的痛苦，因为不如此，便要失去清高的地位。假使有人提议要争取改善待遇，或者有人提议以罢教来做为争取改善待遇的行动，那多数的教师们，便觉得'饿死事小，失节事大'，如果为争待遇而罢教，便有失教师的尊严，清高的荣誉也就保不住了。"所以，他认为有必要"重行估计一下"教师的"清"和"高"，为此，他条分缕析地阐释了所谓"清"和"高"的应有之义，同时也揭示了其中的荒谬之处。

在他看来，"清高"的"清"只能是"清白""清修"的意思，而清白、清修不仅仅是对教师的道德要求，还是对所有国民的素质要求。而"清高"的"高"则有四种意思："第一是'高贵'的意思"，即地位高，但在民主社会人人平等，教师并没有什么特别高贵的；"第二是'崇高'的意思"，即使命崇高，但在教师生活困窘的现实下，说教师崇高形同挖苦讽刺；"第三是'高超'的意思"，即教育和教师超越世俗而独立，但教育独立这一理念本身就不成立；"第四是'高明'的意思"，即技艺高明，但是事实上教师也并不比其他职业人群有特别高明之处。因此，他的结论是教师职业并没有什么"特别清高"的地方。

那么，到底该如何定位教师职业呢？刘百川指出："本文的目的，是要指出教师职业的性质，希望政府及社会人士对于教师的一切，重作合理的考虑，不要以空头荣誉来欺骗教师。更不要以'神'来看教师，神可以有求必应，而且可以只享荣誉，不吃人间烟火，教师是不能的，也希望教师自己了解这一点：我们的工作，我们要绝对负责，我们的生活，也要求得合理的解决。不要再以'清高'来欺骗自己，同时我说教师不清高，只是说教师并没有什么特别清高的地方，并不是要我们教师，都学贪官污吏，用不正当收入去满足自己的需要，而贻害社会及人民，千万不要误会了！"所以，作者的态度很明确：一是要求国家与社会不要过度神化教师，要正视教师面临的现实问题；二是奉劝教师也不要被空头名誉所迷惑，既要勇于承担自己的社会责任，同时也要理直气壮地主张自己的权利。总之，在作者的认知中，教师角色既不神圣，也不庸俗；既有明确的社会责任义务，也应有相应的权利保障。①

民国时期，与对教师责任使命的高要求相伴随的，是对教师功能的泛化。特别是在抗战这一特殊环境下，社会对于小学教师的责任要求是非常宽泛的，绝不仅仅是一个以培养儿童为己任的专业人才，民族复兴、社会改良、乡村振兴等政治责任、社会义务几乎都寄托在小学教师身上。虽然在当时的时代背景下对教师抱有这种高期待有一定的合理性与必然性，但也有教育界人士务实且一针见血地指出：社会对小学教师的这种要求几乎已经达到"万能的"地步了，而"万能的教师"却是超现实的。他说："一个小学教师是否是万能，这是另一问题；但事实上，环境所要求的却是万能的教师。我们看：一个乡村小学全校只有一位教师。国语、算术、社会、自然、音乐、体育、劳作、美术，无论什么功课都是他教。在事务方面，他兼办着校长、文书、庶务、会计，以至工友的工作。此外，乡村小学教师又被称为改造社会的领袖；因此乡村卫生、农事改良、户口调查、土地丈量、自卫训练，又都有他的一份责任。在如此的要求下，小学教师除非是超人，大有穷于应付之感。……我由以上的事实所引起的感想，是万能的小学教师为不可能的，不但我们不应当把学校以外的工作加在小学教师身上，即单以功课而论，似乎也不能让生旦净丑统由一人担当。"②

正是在对"清高"和"万能"的角色设定做出这种澄清的基础上，"清高"对于教师的自我定位也具有了全新意义。

当时有人这样重新定义教师的"清高"，他认为"清高"就是清清白白做人的意思，而清白做人是新时代的国民都应有的责任，在这个意义上，小学教师与工人、农民、战士并没有什么不同，所以小学教师既不应自高自大，期待别人另眼相待，也不应因为生活的清苦而自甘堕落、逃避责任，而是应该勇于承担自己作为国民的责任。在这种自我角色认同下，教师既保有自己作为合格的国民应有的自尊和自

---

① 刘百川：《教师的职业清高吗》，《中华教育界》1949 年复刊 3 第 3 期。

② 陈剑恒：《小学教师应当是万能的吗》，《小学问题》1937 年第 4 卷第 30 期。

信，听到"清高"的恭维时，也不用神经过敏；而面对自己清贫的生活时，教师也应该坦然接受。就像作者说的那样："其实，当整个国家民族作着生死搏斗的大时代中，过'清苦'的生活，是每一个中国人民必然的命运；'清清白白'，不做危害国民的事，不认贼作父，卖身作狗，是每个中国人起码的条件，没有什么值得夸耀称颂的，小学教师在他自己工作的岗位上，贡献出他的体力与脑力，这不论在前线，在后方，无数的战士，工人、农人，知识份子和爱国者，都在同样地做着，小学教师未必见得比他们还要'高'出一筹。所以，我们不必自命'清高'，以此来自慰，更不需要人家这样过分的来夸奖我们。但我们也决不自卑，决不轻视自己，我们不否认我们的责任是重大而艰巨的，我们坚信新中国的建设不能缺少我们的力量，当我们有了这样的责任感以后，我们有自己的信心，勇气与骄矜。"①

而且，当时教育界对教师角色的这种自我反思和觉悟，不仅表现在思想上，而且也落实到行动上。在 20 世纪 20 年代初广州小学教师要求加薪的运动中，政界也有人拿教师的身份说事，以教师职业崇高为借口来搪塞教师索薪的正当要求："省长说：'诸君均具有教育学识，宜不可斤斤注意加薪；应牺牲些小，以发展教育之神圣。'"结果主政者的言论遭到了教育界理直气壮地反驳，他们据理力争，拒绝道德绑架："人家饭都吃不饱，做人生本位的躯体也快要因没有营养料而停止活动，长官们却还把神圣的责任抵死的套在人家头上，就难道说，一个人当了小学教员，便是钻进了神圣责任的压力里，连生命也不许顾惜么？"②

民国时期教育界对教师传统名号的祛魅化反思，顺应了现代教师角色转型的规律，具有一定的划时代意义。它澄清了附加在教师身上的各种神圣名号的应有之义，剔除了其中那些过度神化、似是而非、模糊不清的成分，批评了原来教师角色中那些超现实的、过度理想化的责任和义务，从而避免了教师被笼统的道德绑架，也赋予了教师主张自己职业权利的理由；但同时它又保留了教师作为现代知识分子应

---

① 文苇：《论清高》，《教师生活》1945 年创刊号。
② 既澄：《教育评坛·广州教师的加薪运动》，《教育杂志》1922 年第 14 卷第 2 号。

有的社会责任感和使命感，明确了教师的公共责任，使他们能自觉地与庸俗的吃饭主义、功利主义划清界限，由此，他们作为现代教师的角色边界逐渐清晰起来。有了这样坦然而清醒的自我意识，教师就能做到既能自觉地承担责任，又能坦然地捍卫自己的权益；既能勇敢地拒绝道德绑架，又能直面清贫的生活。至少再听到"清高"之类的恭维时，教师不必那么神经过敏了。

2. 教师职业世俗化——对"利"的态度

民国时期对教师角色的祛魅化反思中有一个关键问题，就是教师对"利"的态度。民国时期的中小学教师经过了 20 世纪初几十年的职业磨炼和社会洗礼之后，对"利"的态度变得越来越理性和务实，他们开始理直气壮地主张自己的经济权利。虽然其中确实也有部分教师庸俗化、陷入拜金主义的成分，但是不可否认其中也蕴含着教师角色现代化转型的意义。当然，在"利"这个问题上，教师阶层还没有形成统一且稳定的认识，在面对经济利益时，他们常常面临来自内心和外部世界的双重质疑和考验。

民国时期，教师对"利"的态度越来越世俗化，这在 20 世纪 20 年代初的教职员索薪运动中表现得最明显。

20 世纪 20 年代初，民国北京政府拖欠教育经费，导致北京国立八校拖欠教师薪水，最终导致八校教职员罢教索薪。而且由于当时政府拖欠教育经费行为的普遍性，所以教职员索薪运动波及全国，一些欠薪严重的省份如河南、湖南、四川等省也曾出现过教职员索薪运动。直到南京国民政府时期，教职员索薪运动也一直时断时续，几乎成为民国时期教育界的一个常态。历来读书人都是羞于谈钱、谈报酬的，民国时期的教师，甚至是大学教师，居然为了薪水而大规模罢工，这是闻所未闻的事情，引起社会轰动，也有一些非议。但是，当时教育界对教职员索薪是普遍报以同情和理解态度的，他们认为教师维护自己的经济权益是合理的举动，并无损于教师的职业尊严。"教育是神圣的事业；但是要执行这种'神圣事业'，还需待肉体的人来。我们应当分别事业和执行事业的人。所谓'神圣的事业'这个好名词，不能使做教员的精神上得一种安慰与归宿——即是给他一个高尚的理想——不能满足他的物质生活的需要；因为肉体的教师需要物质的东西来维持他的生活。而且专就精神生活说，也非待生活之物质的方面已臻安全舒适的地位，不能完全表现。本于这种理论和大家公认的事实，我们对于教员之要求加薪，十分表同情。"① 神圣的事业也需待"肉体的人"来执行，作为人的自然需求必须得到满足，教育界认为这是常识。但是让全社会承认和接受这个常识，并不是一件简单的事情。

也有人进一步指出，正因为教师责任重大，所以才需要社会予以实实在在的待遇和尊重，这样才能保障教师践行自己的使命。他说，"教师是三百六十行的人中间最保持自己的尊严的一类人之一"，因为教师的工作不仅仅是传授知识技能，更是帮助别人明是非、辨善恶，帮助青年发展健全的人格；"师严而道尊"，只有教师具有健全的人格，保有十分的尊严，才能教青年人成为一个健全的人。那么怎样才能保持教师的尊严呢？作者认为"这是一个重要的社会问题，也是一个重要的个人修养问题"，即除了教师主观上要有恪尽职守的自觉以外，还需要社会层面对教师的保障，作者认为保障教师的物质待遇是首要的和必须的，"必须设法使他们能获得必要的衣食以养其廉"。② 也就是说，在陷入生活重压下的教育界看来，一定的社会角色需要相应的权利来保障，教师的权利待遇应当与其崇高的责任义务相匹配。

有人则更进一步把批评矛头直接指向了教育的举办主体——政府，指出不讲职业保障、只片面强调教师责任义务的言论是虚妄的空话；政府和社会忽略保障，而只讲教师的奉献则是逃避责任。"我们常常听到有人这样说；教育生涯是如何清高，教员的责任是如何重大。教育者对师范生天天所训诫的，也是这类的话。一个政治家高兴时也会这么来一套：国家的建立在一切教员的肩上。希望教员安心教育事业，差不多已是世界上所有国家政府的企求了。然而，在这样机构底下的社会，政府还有没替教员完全解决衣食住等等问题，而要教员安心去

---

① 导之：《教育评坛·对于小学教员要求加薪之平议》，《教育杂志》1923 年第 15 卷第 3 号。

② 潘菽：《教师的尊严》，《教育通讯（汉口）》1943 年第 6 卷第 24 期。

吃粉尘，那确是一件不好办的事，反而言之，作教员的没有修炼成神仙，学得'避谷之术'，也休想自欺欺人，煞像有介事的！"①

　　在叶圣陶的分析中，教师的权利意识更清晰，也更具理性深度。在教职员索薪运动中，叶圣陶曾直指问题的核心，即中国知识分子如何对待利与义的关系问题。他指出，利和义不是绝然对立的关系，二者是可以统一的。教师在不损害自身职业道德和职业规范的前提下，凭借自身的职业技能谋取利益，那就是正当合理的。他甚至认为，备受批评的所谓"饭碗主义"也并不全是消极的，而有一定正当性。他说："我不信一辈人唱的高调，以为教育是神圣的事业，不是为糊口计的。事业尽管神圣，只要我们，能尽职，正不妨藉此糊口，而且惟有这样糊口才是正常。所以看教师事业为一个饭碗，若不再消极的意思加上去，决不能算是卑鄙可耻。"② 也就是说，只要尽职尽责，就应该有合理的报酬，这才是教师职业的一个正常状态；只谈义务而不讲报酬，则是唱高调。

　　对"利"的这种全新认识，必然触及对教师角色的重新定位，再加上受新文化运动中流行的劳工神圣观念的影响，这时候有人就明确提出这样的观点：教师是普通劳动者、世俗职业人，他们追逐自己应得的职业报酬并不可耻。这种观点与前述有些教师因生活清苦而自贬为苦力工人的抱怨并不是一个意思，因为它并没有放弃对教育事业的信仰和尊重。

　　在北京国立八校教职员罢教索薪运动发生后的第一个劳动节，有人就借机提出：教师也是劳动者，应该效仿工人成立工会的行为，也成立保障教师利益的职业工会。这也是一个认识上的重大突破。因为在中国传统观念中，读书人作为从事精神事业的"劳心者"，一直是社会的特殊阶层，身份具有神圣性，他们与底层劳力者从不会被视同一类人；也正是出于这种观念，所以教师竟会仿效工人为了薪水而罢

---

　　① 奋鸣：《从索薪说到教育生涯》，《新大声杂志》1935 年第 1 卷第 6 期。
　　② 叶圣陶：《教育评坛·教师问题——希望于师范学校和师范生》，《教育杂志》1922 年第 14 卷第 7 号。

教，被有些人视为一种堕落行为。但是，这种陈腐的看法在索薪运动中受到教育界的批评。教育界指出，所谓"劳心"和"劳力"之间并无绝对界限，自然也无贵贱之分；因此"教育家"与"劳动家"被截然分成两个阶级也是不合理的。"世界上那里有一件事情，可以只用心，而不用力，或只用力而不用心就可以做成的？又那里有一个人可以一辈子只用心不用力或一辈子只用力不用心就可以做得人的？要做人，要做事就得要心力并用。用的时候，心的职分或力的职分可以有多有少，但终是暂时分别，不是长久不易的分别。但为这种暂时的比较的关系分别，要把事业或人类分极端的或绝对的两种，不但在道理上，就是在事实上，亦实在说不过去。教育事业，在习惯上都把他看作一种纯粹的精神事业，所以世界上的教育家，直到现在尚很少和劳动家接近。而劳动家亦因此不很承认教育家可以和他们合成一气。"作者认为这次北京教育界的罢教运动是个转折点，它在以下两点上开启了教育界的新时代："（一）不承认'精神'和'劳动'的绝对的分别，承认教育事业亦是劳动事业的一种；（二）打破教育界中，以教育事业专属于'精神事业'的迷信，我们的罢课可说替他们开一个先例。"① 作者的上述逻辑或许还有待商榷，但作者明确了将教师视为异于普通劳动者的特权阶层是一个陈腐过时的观念，这显然是一种思想进步，他主动将教师请下了神坛。在他看来，教师与普通劳动者一样，都是社会分工中的普通职业人，教师凭借自己的专业劳动来获取报酬是正常的职业行为。

总之，民国时期教师的自我角色认同正在经历一个祛魅化、世俗化的过程，传统的"师"身上那些神圣化、特权化的色彩逐渐褪去。教师对自己职业的看法更加理性、务实，他们捍卫起自己的权利既果断又坦然，这种思想和行为都说明，与他们的前辈——传统塾师、经师相比，民国中小学教师群体更认同自己作为教师的职业身份，他们愿意凭借自己的专业技能来谋生；而不再像旧式塾师那样身兼"士"

---

① 《附录·北京国立学校"教育经费独立"运动经过情形纪要》，《教育丛刊》1921 年第 2 卷第 4 集。

与"师"的双重身份，并受传统士大夫"谋道不谋食"的观念束缚，不屑或不敢放下身段以一个世俗职业人的身份去主张自己的经济权益。所以，民国时期教师的职业观念和职业伦理更加清晰明确，敢于为了自己的经济权益而斗争，从这个角度来说，民国中小学教师已初步形成了以职业为核心的内聚力，教师社会角色中的职业特性更突出。

但是，也不否认，民国中小学教师的职业意识还有许多模糊不清的地方。比如，教师到底是世俗职业人，还是"士大夫精英"？如何平衡现实中客观存在的教师的责任使命与其权利待遇之间的关系等问题，当时的教育界对这些问题的认识还存在相当多的不确定之处。比如，当时教育界提出的权利与义务必须相匹配的观点就受到一定的批评与质疑。批评的声音认为，在全民抗战、国民都在承受重大牺牲的大背景下，教师如果过于强调自身的权利和待遇，这就难免有自私自利、不合时宜的嫌疑。所以他们劝告教育界："权利义务对待的观念要看得淡薄些。"他们认为："新教育制度的建设最失败的一件事，就是将以前教育上人的关系减弱，制度的关系加强。"人与人之间的关系，包括师生关系都变成了赤裸裸的财产利害关系，人人皆不肯苦干、奉献，其结果是于国不利的。① 可见，在近代民族危机的大背景下，作为基层社会稀有的知识分子的教师不可避免地要背负"国民导师""基层干部""圣贤英杰"之类的责任，是近代中国社会赋予教师这样一个集传统士大夫的公共责任与现代职业人的专业职能于一身的复合型角色。虽然这种泛化、混融性的责任与教师日益世俗化、专业化的角色之间是有冲突的，但这种复合型角色又是不能逃避的，教育界难免纠结其中。事实上，对于民国教育界自身来说，完全将教师职业视为一个挣钱吃饭的工具，他们也很难心安理得地接受。比如在罢教索薪运动中，很多教师其实面临着内在的心理冲突。胡适日记中就记载："仲甫（陈独秀）来一长信，大骂我们——三孟、抚五、我，——为饭碗问题闹了一年的风潮，如何对得起我们自己的良心！我觉得他骂的句

---

① 李清悚:《教师的精神动员》,《教育通讯（汉口）》1938 年第 14 期。

句都对。这一年半，北京学界闹的，确是饭碗风潮。"①

民国时期，从国家社会的主流舆论当中，教师的理论角色、抽象地位无疑是崇高的、神圣的，但是作为一个活生生的人的中小学教师，其主体的角色体验却主要来自清苦而琐碎的日常生活细节。教师自我的现实角色体验是苦闷和卑微的，与国家和社会所期待的角色之间有偏差，反映出当时中小学教师角色定位的游移。而这种偏差和游移现象并不是毫无意义的。一方面，它可能督促我们注意教师发展中的制度保障问题，因为毕竟社会角色中的最大规约力是来自国家法定制度的保障，而民国中小学教师的自我认同的角色与外部期待的理想角色之间发生偏差，与当时动荡的政局下民国政府的教育教师制度不完善有很大关系。另一方面，这种角色偏差和游移，实际上构成对教师理想角色的检验和修正。当时教育界对外界一直以来对教师角色的高标榜进行的理性反思，有助于澄清教师角色的内涵，明确其边界，从而使得教师的职业角色前所未有地清晰起来——这时候的教师比过去任何时候都更贴近一个世俗职业人。这无疑是顺应现代社会教育事业更加专业化的趋势的，所以，教师庸俗化和祛魅化的双重变奏也暗合着教师角色世俗化、职业化转型的潮流。当然，民国时期教师的世俗化、职业化转型也面临极大的内在困境，比如，在国家民族危机的大背景下，教师的社会责任往往会压倒教师职业的特殊性和专门性，从而使教师成为一个融合了传统士大夫和现代职业人的双重功能的混融性角色，而如何平衡教师的职业角色与其公共责任之间的关系还是一个悬而未决的问题。所以，总体上来说，民国中小学教师身上的现代教师角色虽有一定的清晰度和成熟度，但也有一定的不确定性，离形成稳定的、内外统一的社会角色尚有一定距离。

---

① 曹伯言整理：《胡适日记全编（1923—1927）》（3），安徽教育出版社 2001 年版，第 363 页。

# 第七章　民国中小学教师的日常 生活与社会角色

　　民国中小学教师群体是随着近代新式学校教育兴起而新出现的职业人群。以往对他们的关注多出于教育史视角，从中国教育现代化视角下考察民国中小学教师，关注的往往是相关制度和教师整体的发展，所以，教育史背景下的民国教师是一个宏观的社会角色符号，他的基本角色内涵——责任、义务、行为规范是清晰的。这些研究的不足之处在于，教师毕竟是活生生的、有主观能动性的人，他们必然会对他们的生存环境做出反应，而教育史视野下的民国教师显然缺乏与其生活背景之间的必要互动，因而难以反映民国中小学教师角色的立体性和复杂性，很难成为活生生的"人"的历史。

　　在关于民国中小学教师的研究方面，日常生活史与社会角色理论是两个不同但又可以互补的研究视角。

　　首先，日常生活史与社会角色理论所关注的点各有侧重：日常生活是指人维持和延续生命的惯常的活动，显然日常生活史除了关注研究对象的职业生活之外，也同样关注或者更加关注其作为普通人的世俗生活——收入和消费、婚恋家庭、社会交往、日常心态等，它是琐碎、细节的，也是生动、立体的。而"社会角色"是"与人们的某种社会地位、身份相一致的一整套权利、义务的规范与行为模式，它是人们对具有特定身份的人的行为期望"①。显然，社会角色是指国家、

① 郑杭生：《社会学概论新修》，中国人民大学出版社1998年版，第139页。

社会和时代对某一个体或群体的期待，因而社会角色是宏观的、概括性的，偏于抽象的。

其次，日常生活史和社会角色理论这两个不同的研究视角又可以相互借鉴，产生互补的作用，原因在于：

第一，日常生活的展开与社会角色的运转是高度重合的，这是二者可以相互借鉴的前提和基础。

以民国中小学教师为例，他们的日常生活既包括教师的经济生活、家庭生活、社会交往及日常心态，同时也包括其以课堂、校园、师生关系为中心的职业生活，当然前者更能体现教师作为普通人的基本生活面。而每一个社会成员的社会角色其实都是一个角色集，因为他可能同时承担着多重角色，如职业角色、家庭角色、社交角色等。民国教师同样如此。一个教师既是一个家庭的父亲、儿子或丈夫，同时也是某个社会圈子里的消费者、朋友、领导、同事之类的其他社会角色，而且教师的职业角色与其作为普通人的世俗角色之间是相互渗透、相互影响的统一体。所以，民国中小学教师的日常生活范围与其作为一个社会角色的活动范围是重合的。

进一步来说，在多重角色中职业角色往往是起决定性作用的，因为只有扮演好职业角色，才能有能力、有资格履行家庭角色和其他社会角色，所以民国中小学教师的社会角色首先是指教师的职业角色。而民国时期国家和社会对教师的职业角色期待又是高度综合、高度混融的。比如，蒋介石在抗战期间发表的"慰勉小学教师"的电文中概括小学教师的角色为："故诸君兹后之任务，不仅应为培养现代儿童健全之师保，更已进为担当建国之基干，训育全民之导师。"① 社会舆论上也经常这样宣传："今日的教师，应该自认冲坚折锐的前线战士，移风易俗的社会导师以筚路蓝缕的开国先驱，继绝存亡以圣贤英杰。"② 这种集儿童的师保、国民的导师、基层干部甚至战士于一身的角色，显然并不是一个局限于校园和课堂范围内的、单纯地从事教育

---

① 蒋中正：《慰勉小学教师电（专载）》，《教与学月刊》1940年第4卷第10期。
② 陈藻芬：《教师组织与教师生活》，《民族教师》1941年第1卷第7期。

教学的专业人员，而是一个承担广泛公共责任的、功能混融的社会人才。这种广泛的职业角色设定意味着教师职业角色的扮演也是覆盖教师日常生活的，教师的职业规范不仅约束着教师在职场的活动，同时也影响着教师的日常生活，家庭、朋友圈、地方社会都是展现教师职业角色特征、实现其角色功能的场域。可以这么说，民国中小学教师的职业角色就是在日常生活中展开的。

第二，日常生活史与社会角色理论可以高度互补。

首先，因为角色的承担要有一个确定的过程，或者说需要经过角色主体的"认同"，证明一个人的实际地位、身份等与其承担的角色相一致。角色确定是在长期社会互动中，通过日常生活细节来完成的。也就是说日常生活史是社会角色的全方位展开和立体化呈现，日常生活史无疑能将干巴巴的、概念化的社会角色丰富、充实起来。透过日常生活细节不仅可以立体化呈现教师角色，使其作为人的形象丰满、生动起来，而且还可以呈现某一社会角色中最隐微的角落，反映角色中平常看不到的一些问题，甚至是一些本质性问题。

其次，从社会角色这一宏观视角考察日常生活史，则会过滤掉日常生活中那些无意义的细节，凸显那些有丰富内涵的关键细节，从而体现日常生活现象背后的本质意义，从而避免日常生活史研究经常被人诟病的缺陷——碎片化。这一点无疑是符合历史研究的终极价值的。所以，把社会角色理论引入民国中小学教师日常生活史研究很有必要。

那么将民国中小学教师的日常生活与其社会角色联系起来，可以获得什么历史启示呢？

## 第一节　教师日常生活中的角色印记

教师的社会角色中其职业角色无疑是最强势的，不仅因为只有扮演好职业角色，才能有能力、有资格履行家庭角色和其他社会角色，而且还因为教师的职业角色是经国家法定的制度和社会主流舆论所建构的，具有更强的规约性，因此它多多少少总会影响教师于校园和课堂之外的日常生活。可以看到，民国时期中小学教师作为普通人的世俗生活中总是主动或被动地带有职业角色的印记，其日常生活行为受到教师职业角色与身份的规约。

虽然民国时期有关教师的法律法规中很少有涉及教师于课堂、校园、师生关系之外的行为规范，教师于职业之外的其他社会角色扮演基本都是开放性的，但是事实上，当时的社会文化氛围中对教师的日常生活仍然存在很多约定俗成的规范或习惯，让教师自觉或不自觉地在日常行为中有所垂范。所以旁观者很难把一个教师与他身边的普通人等而视之；换句话说就是，教师的很多行为特点让人一看就知道他是一个教师。

从民国中小学教师的职业角色看，民国政府通过法律法规，社会通过舆论宣传建构了一个不同于旧式塾师的、几乎全新的师职形象——现代的、专业化的、公共的知识分子。这种职业角色印记几乎表现在他们作为普通人日常生活的各个侧面，从衣、食、住、行等物质生活，到婚恋家庭、社交娱乐休闲等社会生活，教师都表现出一些不同于普通民众的地方。

第一，衣食住行是普通人最基本的生活内容，在这个最日常的生活层面，民国中小学教师明显带有自己的职业标记。

最直观的例子就是教师的穿衣打扮。民国时期，中小学教师的穿衣可不只是一个遮身蔽体的问题，几乎可以说，衣着是标识教师身份的最直观、最物化的标志符号。"长衫阶级"可以称为民国中小学教师阶层的固定代称，这是因为在中国的基层社会，长衫乃是读书人的传统服饰。比如，塾师历来必须穿长衫，甚至一直到清末民初，私塾先生也是必备长衫；夏季极热的三伏天，塾师在学馆偶尔会脱掉长衫，只穿一套短褂裤，但"外出却得套上长衫"。所以人们都知道："一件长衫，是身份和文化的标志，所关非浅啊！"① 到民国时期，在基层社会已然取代了塾师社会位置的中小学教师，自然对塾师的社会身份也有所沿袭。穿长衫，在周围的民众眼里就标志着中小学教师对塾师的

---

① 王楷元：《辛亥革命前后的私塾生活》，载全国政协文史资料委员会编《中华文史资料文库》（第17卷教育），中国文史出版社1996年版，第23页。

知识分子身份的替代和沿袭。即使在最偏僻的乡村，教师也像旧式塾师那样必须穿长衫，不能穿着随便，更不能穿短衫，因为短衫更似体力劳动者的专属。所以民国时期人们习惯上用"长衫"来代指中小学教师。比如，媒体描述抗战期间陷入经济困顿中的教师为"穿着破长衫饿肚子"，将离开教育界称为"脱却褴褛的长衫"①，小学教师改业称为"脱下长衫"②。

　　民国时期毕竟是一个日渐开放和思想文化多元的时代，所以这种长衫阶级的定位中也必然增添了很多时代信息。比如，当时浙江上虞的春晖中学里的教师一般都穿长衫，唯独夏丏尊特立独行地穿着"白土布短衫裤"，而他穿土布、短衫的意思大家都懂，这是他在表达自己同情劳动者的思想情感。③ 再比如，民国时期社会经济的发展，带来城乡分化的加剧，甚至城市教师和乡村教师的工作环境与生活模式也不同。从衣着上看，乡村教师多穿朴素的土布长衫，而城市里的教师由于经济条件稍好和城市多元化社会环境的影响，穿绸缎长衫或中山装、西装的比较多。所以，那时的教育界，土布长衫几乎成为乡村教师的专属。在这种环境下，一个穿着他惯常的土布长衫进城的乡村教师，可能会呈现出一种特别的社会效果，从而引起他本人很不自在的感受。就像一位小学教师说的那样："当我初入市校办事时，校长着我作第一次的训话，当时全校教员，都西其装而革其履地表露出一种俊伟的仪容；只有我身穿一套旧企领（企领长衫），脚蹬一对令人讨厌的旧胶底鞋，尤其是漂泊半生，乡音未改，有谁不见而生厌呢？后来几经奋斗，才得脱去那'乡下仔'的绰号。"④ 这位乡村教师因自己的打扮而自惭形秽，其实是近代城乡分化在社会生活上的折射。在城乡经济、文化二元分化的大环境下，土布长衫已经成为乡下、土气、落后的表征；西装革履则成为城市、时尚、现代的表征。

　　教师日常物质消费中还有一点不同于普通人，就是教师是读书人、

---

①　萧庄：《暑假闲话教师（二）》，《上海周报（上海1939）》1940年第2卷第7期。

②　卢冠六：《上海小学教师的生活》，《小学教师月刊》1940年第1卷第10期。

③　钟子岩：《夏丏尊在春晖》，载傅国涌编《过去的中学》，同心出版社2012年版，第241页。

④　梁运涛：《我的教师生活底回忆》，《教育生活》1936年第4卷第1、2期。

脑力工作者，他们的工作生活中自然离不开书，所以一般来说，买书是教师最基本的消费内容之一。书，并不是普通人日常生活的必需品，所以它几乎也是教师作为文化人的身份象征。但民国时期这个象征却是通过一个尴尬的反例表现出来的。1924年龚启昌对江宁县小学教师的家庭消费情况做过的调查显示，被调查的96家小学教师家庭的消费中，"书报文具邮件费"极少，这一情况使调查人员都感到不适，不得不提醒教师加以重视和改进。"书报为灌输新知识之工具，纸张文具亦为读书人不可少之物，每年每家平均值开支为数甚微，此反映教师除执教之外，自己无甚进修之机会，要知智识不进则退，新智识之灌输，端赖书报，于此不可不加注意焉。"①

第二，教师在工作以外的休闲娱乐也明显受到教师身份的约束，必须表现出他们是文化人。

教师都有较长的假期，理论上是属于教师个人的闲暇时光，这是教师职业的福利之一。那么民国时期的教师是如何利用假期的呢？据张钟元对苏、浙等几省570名小学教师的调查，围绕教师职业而进行的校务活动和自修活动占比最大，这之外，才是属于教师私人的休闲时光。② 而且教师的休闲娱乐也不是随心所欲、无所顾忌的，一般的社会舆论和教师自己都认为教师的娱乐必须符合他们的身份。以张钟元对小学教师"擅长的娱乐技能"的调查来看，占前几位的娱乐依次为：下棋、风琴、室外活动、胡琴、笛、钢琴、口琴、箫。③ 显然，这些娱乐或属于脑力博弈，或有一定的技能要求、比较高雅、具有陶冶精神作用的活动，很符合教师文化人的身份。有意思的是，这个统计结果是教师自己所标榜的自己所擅长的娱乐方式，或许这并非事实。但是，无论这个调查结果是不是反映了当时教师娱乐技能的真相，哪

---

① 龚启昌：《江宁自治实验县小学教师家庭生活概况》，《江苏省小学教师半月刊》1935年第2卷第14期。

② 张钟元：《小学教师生活调查》，载李文海主编《民国时期社会调查丛编》（文教事业卷），福建教育出版社2004年版，第172页。

③ 张钟元：《小学教师生活调查》，载李文海主编《民国时期社会调查丛编》（文教事业卷），福建教育出版社2004年版，第170页。

怕其中带有一点教师的自我粉饰，它都说明，当时的教师是很在意自己作为文化人的身份和形象的，至少在主观意识上他们想对自己的日常行为有所约束。

其实，当时中小学教师日常娱乐问题之所以引人关注，其中一个原因正是教师的娱乐状况并不令人满意。在当时的社会舆论看来，教师的休闲娱乐方式不达标、不健康，这反映出当时的社会看待教师日常生活的眼光是很严厉、很苛刻的。所以，当时教育刊物上有一个讨论热点，就是探讨什么样的休闲娱乐方式才是适合教师的。关于这个问题的结论也并无多大意外，那些被认为有助于提高教师知识文化水平的、带点研修性质的活动，像参观、游览之类，和有助于陶冶精神的脑力活动、体育锻炼等都被认为是可行的。徐大镛就提出一个原则，"不费精神、钱、时，而更能足以长进的"的休闲才是适合小学教师的休闲活动，以此标准衡量，他提出像运动、谈笑散步、摄影、无线电、看有价值的小说、加入学生游戏队等娱乐活动都可以提倡，而对那些普通人热衷的打牌、喝酒、接近异性、喝茶听书、看戏、信佛等活动，他则认为不适合教师。① 可以看出，社会层面对哪怕是教师私人的、日常的行为，也与普通人划出了界限。从中都不难看到教师职业所带来的规定性：教师的娱乐活动必须符合教师的职业特性——文化性和研修性，以能够提高教师的专业素质和精神境界为目的。在这种社会环境下的教师，其私生活必然会有所节制，甚至会自我粉饰。

第三，在婚恋和家庭生活方面，民国中小学教师最不同于一般民众的地方，就在于他们毕竟是现代知识分子，所以追求恋爱自由、婚姻自主，在家庭生活中夫妻关系更加平等，更加重视子女教育。虽然并不是所有的中小学教师都这样开明、开放，但这些新风尚能够在基层社会里生根发芽，则肯定有中小学教师的贡献。这些都是他们作为现代知识分子的新标签，既不同于普通人，也不同于以往的读书人。

一般来说，自由恋爱在受新教育出身的城市青年中比较普遍，而

① 徐大镛：《小学教师的休闲生活》，《教师之友（上海）》1937年第3卷第6期。

民国时期的基层社会，如县城、乡镇、农村里，所谓新青年人数并不多，青年教师正是基层社会中稀有的新青年，所以自由恋爱虽不是青年教师的专属，但是可以说，在基层社会开拓和引领自由恋爱新风尚的人群中，中小学教师肯定是其中的重要一员。比如，20世纪20年代山西太谷县的铭贤学校的男女教员之间就发生了自由恋爱，在当地社会激起很大的非议，"弄得满城风雨，因而掀起一次风潮，群起要赶他们出校"①。幸亏得到该校的实际控制者——孔祥熙和宋霭龄的保护，自由恋爱的青年男女教师得以喜结良缘。当时这种自由恋爱的故事在基层社会可以说是"惊世骇俗"的，这件事的圆满解决客观上起到了开风气之先的作用，是对当地封闭保守的社会文化进行的一次新伦理的启蒙。其实，当时的主流社会舆论一直期待中小学教师能够依靠他们分散在基层社会中的优势，成为传播新文化、新伦理的中心，而这次事件不正是中小学教师履行这种义务的一次实践吗？也正因为青年教师是在基层社会中传播新文化、新伦理的代表，反对旧式包办婚姻，追求婚姻自主的事在青年教师身上发生得比较多，所以民国时期很多文学作品在讲自由恋爱的故事时，往往是以青年教师做人物的职业背景。最典型的例子就是柔石的《二月》，其中的男女主人公萧剑秋和陶岚都是小镇里的中学教师。这样的职业背景设定就是合情合理的，为后面萧陶恋爱以及恋爱所引起的社会文化冲突做了合理铺垫。

在家庭生活中，重视子女教育无疑是教师的职业角色在家庭生活中最显著的映射。从江苏省立第一女子师范学校毕业的任桐君，在此后的30年时间里断断续续一直在做小学教师。她自己很明确地认识到，对于自己的儿女们，自己绝不只是一个传统意义上的慈母，她主动地"把对自己儿女的教育视为责无旁贷的义务"。她与儿女之间的关系就像她自己说的那样："我以慈母兼教师的姿态生活在他们中间。"②

---

① 刘道生：《孔祥熙与铭贤学校》，载马玉田、舒乙主编《文史资料存稿选编》（教育），中国文史出版社2002年版，第546页。

② 任桐君：《一个女教师的自述》，生活·读书·新知三联书店1989年版，第270页。

她的几个孩子都在学业上获得了成功，对此，她视为自己在做母亲和做教师方面的双重成功："我做母亲的虽然是穷教书匠，看看孩子们也有一份自豪。"① 当然，重视子女教育虽然是教师家庭的显著特征，但并不能代表民国中小学教师家庭角色的最主要特征，因为传统的塾师、经师家庭往往也具有读书的家风，重视对后代的教育。

民国中小学教师家庭生活中最具时代性的变化，就是夫妻关系变得更加平等。据陈鹤琴对江浙地区几所学校（以师范学校为多）中已婚男学生的调查，这些男学生对待他们妻子的态度虽有差别，"然笼统说来，这些青年学生待遇妻子总算很平等，很尊敬的，比其余各界人士厚得多了"②。这些师范生是教师的预备队，他们的夫妻关系可以反映当时中学教师家庭中的夫妻关系状况。当然这种平等的夫妻关系并不是普遍发生在所有教师家庭中的，而是以一部分教师家庭为主，尤其是那种妻子也受过新式教育，而且还有自己的职业的家庭中最为明显。比如，任桐君不仅是支撑他们这个七口之家的贤妻良母，而且在事业上也是一个卓有成就的职业女性，她在夫妻关系中并不像传统妇女那样一味地依赖丈夫。她的丈夫很尊重她，在任桐君的自述中，几乎从未看到她的丈夫阻拦她出去工作，或对她专注于事业而有所抱怨，无论是工作还是生活上她的丈夫都乐于听取她的意见。像任桐君这样的教师家庭，在夫妻关系、母子关系方面自然不同于传统的以父权和夫权为中心的家庭，女性在家庭中的地位显著提高。而这种地位的提升与其受过的教育和从事的职业有直接关系。这一类教师家庭中夫妻关系的变化，对于中国近代妇女解放和家庭关系的转型无疑具有表率和示范意义。

第四，民国时期的中小学教师的日常社交也带有一定的职业身份特点。比如，那时的中小学校里，教职员之间钩心斗角、拉帮结派的活动很盛行。在派系纠纷中，有一个教师职业的显著印记，那就是教

---

① 任桐君：《一个女教师的自述》，生活·读书·新知三联书店1989年版，第298页。
② 陈鹤琴：《学生婚姻问题之研究》，载李文海主编《民国时期社会调查丛编》（婚姻家庭卷），福建教育出版社2005年版，第9页。

师内斗的方式很"高级"——利用学生对老师的信任和依赖，鼓动学潮，排除异己。注重师生关系，甚至拉学生做后盾，或许可以称为民国时期中小学教师的社会生活、日常人际交往方面不同于其他阶层的特点，当然这并不是一个良性的表现。

在中国的文化传统中，师生关系历来极其密切而且有一定的依附性，虽然民国时期师生关系已经变得相对疏远和比较平等，但教师凭借自己的学识和在师生关系中的主导位置仍然保持着对青年学生的强烈影响。而且，民国时期社会矛盾尖锐，无论教师还是学生对学校内外事务的参与热情和参与度都很高，学界"风潮"不断。在这些风潮中，确实存在某些教师出于私欲有意笼络学生、拉帮结派、排斥异己的成分。而学生受到教师的影响、鼓动，甚至是唆使，也时常卷入逐校长、赶教师等学界纠纷中。

民国时期的教育界师生联合卷入派系纠纷的事情不仅比比皆是，当时打着各种旗号的教职员运动，无论是教职员索薪，还是公开的派系斗争，几乎都有相应的学生运动予以配合，师生呼应才能形成风潮，壮大声势。安徽颍上县的文史资料曾经记载，民国时期颍上县各派权势人物都想把持住校长职务，以便在学校里安插自己的人。各派斗争的手段就是挑动学生闹学潮。"由于派别的对立，用挑动学生闹学潮的手段垮掉对方校长的事件也有几起。"[1] 1928 年河南省立第一高中因更换校长引起的学潮中，学生公开反对新校长，不断地"哄教员"，"有一个班，一学期'抬'（即哄赶之意）了 9 个物理教员"[2]。在这类利益纠纷中，可以说教师把自己的职业"优势"发挥到了极致。

任何人的日常生活都是社会大背景下的微观日常，哪怕是一些看似个体的、主观的行为其实背后也有历史的逻辑在发挥作用。从教师职业角色的高度来看待民国中小学教师的日常生活，就可以过滤掉很多无意义的生活碎片，显现出民国中小学教师作为一个社会角色的日

---

① 谢绍民：《颍上朋党之争简介》，载安徽省颍上县文史委编《慎城春秋》第 1 辑（内部资料），第 71 页。

② 高韦伯：《解放前的开封高中》，载全国政协文史资料委员会编《中华文史资料文库》（第 17 卷教育），中国文史出版社 1996 年版，第 204 页。

常特征：一方面，民国中小学教师继承了传统塾师在基层社会中的知识分子的身份和地位。即使在最具世俗意义的物质生活层面，无论在衣食住行还是日常休闲娱乐方面，教师都比较注意保持自己的高雅形象和超越普通大众的社会身份。另一方面，民国中小学教师也表现出他们作为新式知识分子不同于他们的前辈——塾师的时代性。特别是在社会生活层面，他们在基层社会扮演着传播新文化、开辟新风尚的文化先锋角色，而不是像旧式塾师那样与传统社会和谐共处，水乳交融。

## 第二节　教师日常生活中的角色冲突

民国中小学教师的日常生活状况还反映出，教师作为普通人的世俗角色与其职业角色之间并不是始终和谐一致的，而是时常存在冲突。教师世俗生活中的某些表现妨碍着教师职业角色的实现。这是民国中小学教师丰富的日常生活细节对理解其社会角色最有价值的启示。

第一，经济生活的困窘损害了教师的地位和尊严。

经济生活是人生存的基础，是社会身份地位的保障和直观体现。民国时期中小学教师的经济生活一定程度上是受到国家法定制度和社会身份规约的，在国家和社会设定当中，教师在社会经济结构中至少应该是中间阶层。比如，1936 年教育部修正小学规程规定，"小学教职员之俸给应根据其学历及经验而为差别，但至少应以学校所在地个人生活费之两倍为标准"[①]，也就是说教师不应该像底层劳动人民那样生活得那么拮据、困窘，这样才能保证教师作为知识分子的基本尊严，使之能有效地践行自己为人师表的责任。但事实上，民国中小学教师的总体经济生活存在很大问题。

民国时期多项针对中小学教师生活的调查都显示，中小学教师入不敷出是常态。20 世纪 20 年代林振镛对覆盖 10 省 18 县的小学教员生

---

① 中国第二历史档案馆编：《中华民国史档案资料汇编》第 5 辑第 1 编教育（一），江苏古籍出版社 1994 年版，第 548 页。

计情况进行调查的结果显示，多数教师入不敷出。[①] 龚启昌对江宁县十学区 96 家的小学教师的家庭生活所做调查结果显示，"教师家庭以大部分之费用，用于食品方面，欲于衣住及休娱方面求其生活之改进，甚为困难"，甚至连购书的费用都极少。[②] 张钟元 1930 年对江、浙、鲁、闽、冀、豫、粤、皖等省小学教师生活状况的调查显示，教师每年亏空"达八五元"[③]。这种经济困境必然折射到日常生活中，可以看到，当时中小学教师经济困窘到连基本的衣着体面都成为他们生活中的负担，甚至有教师羡慕体力劳动者可以随便穿穿——黄包车夫可以穿"五个铜子一双的草鞋"，夏天甚至是一条短裤即可，而小学教师却不得不穿"长衫""棉袍"。[④]

经济困窘势必影响教师的角色形象和现实地位，因为现代经济社会的社会评价标准是世俗化的，拜金主义流行。

民国时期的各种研究、观察都指出，中小学教师经济生活的困窘导致教师实际社会地位的卑微。有从教者如此戏谑教师的困苦形象："有署名昭陵叟者，作'教书苦'新乐府一章云：'教书苦，教书苦，舌焦唇敝，搜肠枯肚，兀兀终日，无间寒暑。一年薪俸几何多，仰事俯蓄而无补。既不如老农，又不如老圃，复不如行商，更不如坐贾。妻寒不能煖，儿女不能抚。有钱之人嗤以鼻，邻里乡党羞与伍。'"[⑤] 可见教师生活之苦和一般社会眼光的势力。一位老英文教师对于教师的穷有一"诗"做出形象调侃："'单衣蔽身，两袖清风，三餐不饱，四肢无力'；结论是'教书干不得'。"[⑥] 所以，教师的"穷"影响的不只是教师个人的生活和形象，它实际上伤害了整个教师职业的形象和地位。

---

① 林振镛：《小学教员之生计（调查）》，载李文海主编《民国时期社会调查丛编》（文教事业卷），福建教育出版社 2004 年版，第 144—146 页。

② 龚启昌：《江宁自治实验县教师家庭生活初步调查》，载李文海主编《民国时期社会调查丛编》（文教事业卷），福建教育出版社 2004 年版，第 239 页。

③ 张钟元：《小学教师生活调查》，载李文海主编《民国时期社会调查丛编》（文教事业卷），福建教育出版社 2004 年版，第 164 页。

④ 王鲁白：《一位小学教师之悲愤的喊声》，《教育杂志》1929 年第 21 卷第 4 期。

⑤ 喻血轮：《绮情楼杂记》，载沈云龙主编《近代中国史料丛刊续编》第 96 辑，台北：文海出版社 1983 年影印本，第 61—62 页。

⑥ 吴光复：《教师匠》，《宇宙风》1943 年第 135、136 期合刊。

有时候，经济困窘对教师尊严的伤害是间接而致命的。民国时期一些所谓教师失德现象、教师庸俗化现象的出现，其背后的深层原因其实是生活所迫。所以一些有识之士指出教师失德行为的出现，"并不单纯的是一个道德问题"，根本原因"便是经济的压迫"①。这种理性的声音揭示出这样一个经常被忽略的事实：中小学教师也是活生生的人，只有在作为人的基本需求得到满足的基础之上，其作为职业人的角色功能才能正常发挥。忽略教师作为自然人的正常需求，一味强调其责任义务，是不可能从根本上防止教师陷入庸俗化的。

第二，教师伦理衰落妨碍其成为社会道德表率。

毋庸讳言，民国时期的中小学教师中确实存在一定的职业道德问题，教师变得庸俗化，吃饭主义流行。之所以出现这种情况，一方面如前所述是由于客观的经济压迫，另一方面确实也有教师自身方面的原因。无论如何，教师伦理道德的衰落既影响了他们在学生心目中的形象，也妨碍了教师在社会生活中"扮演"知识分子的角色。

在中国的文化传统以及近代中国的社会结构中，理论上中小学教师一直是基层社会中的知识分子角色。民国时期国家和社会对教师的角色设定当中，中小学教师应该是"国民导师""圣贤英杰"之类的角色。显然，这种期待中的专业特性并不浓厚，反而包含了鲜明的对教师道德素质方面的高要求，因为国家和社会既然期待教师做国民的导师，那么教师自己自然应该是一个思想道德方面的标兵，这样才能做国民的表率。所以，吃饭虽然是人的正常需求，社会上其他人群可以把吃饭主义当作人生哲学，但教师中盛行吃饭主义则备受诟病。

民国时期，社会舆论对教师道德伦理现状的失望、批评之声非常多。

从古至今，教师一直保持着清高的声誉。清高意味着教师人品高洁，耐得住寂寞清贫的生活，富有牺牲精神。而民国时期，由于内忧外患的刺激和教育救国思潮的推动，社会对教师作为知识分子和道德表率的期待变得更加强烈。但事实上，由于民国时期教师的客观生存

---

① 端：《教师的生活和道德》，《教育建设（南京）》1941年第2卷第6期。

环境恶劣以及一些其他原因，很多教师对教育事业缺乏真诚的信仰，对自己的职业也缺乏发自内心地尊重，相当一批人仅仅将从教视为一份赚钱吃饭的职业，甚至拜金主义成为他们的生活哲学。所以有人讽刺："现在的教师，从讲坛上望下来所见到的不是学生们的脸庞而是一块块的大洋钱。"① 这类教师在工作和生活上显而易见的表现就是缺乏责任心和工作热情，工作态度敷衍、搪塞，得过且过。这种教师在当时也很普遍。"通常一般的中学教师，大都是：'做一日和尚撞一日钟'，视学校为商店，以学业为商店，得过且过，满不在乎，他们教书的动机在拿薪，在吃饭，至于他们对学生有无影响，学生所受益于他们者何在，他们是顾不了这么多，而且无暇顾到这么多，此今日中学教师中之一类也。"② 一些工作作风油滑的教师在工作中被形容为"老油子"③。

如果教师对自身的职业没有发自内心地尊重，那么他们不仅在工作上松懈应付，日常生活上也缺乏必要的自律和自觉。比如有人基于自己的观察，发现现实中的中小学教师经常从事的娱乐主要有打牌、喝酒、运动、喝茶、听书、信佛等。这些娱乐方式本身虽没有太大问题，但世俗意味很浓，很难从中看到教师作为国民导师能够引领社会风俗改良的自觉意识。④ 有人则揭示现实生活中的中小学教师流行趋炎附势的生存哲学："中国教师要擅长'三拍'才能备员全身。所谓'三拍'，就是指的一拍校长，二拍学生，三拍督学。"⑤ 总之，工作和生活中的各种庸俗化表现，使得中小学教师离社会期待中的清高、神圣的角色形象还有一定的距离，民国中小学教师经常被质疑："清高何在？神圣何在？"⑥ 被批评为："不配谈神圣二字。"⑦ 如此形象，如何做国民表率？

---

① 季文：《从改称"老师"说到师生的关系——教师随笔之一》，《中学生战时半月刊》1939 年第 13 期。

② 唐突：《中学毕业会考与中学教师》，《汗血周刊》1934 年第 3 卷第 10 期。

③ 朱伯孚：《教师生活杂谈》，《江苏教育》1942 年第 4 卷第 5 期。

④ 徐大镛：《小学教师的休闲生活》，《教师之友（上海）》1937 年第 3 卷第 6 期。

⑤ 朱伯孚：《教师生活杂谈》，《江苏教育》1942 年第 4 卷第 5 期。

⑥ 唐突：《中学毕业会考与中学教师》，《汗血周刊》1934 年第 3 卷第 10 期。

⑦ 朱伯孚：《教师生活杂谈》，《江苏教育》1942 年第 4 卷第 5 期。

第三，教师公共责任能力欠缺难以引领社会。

在国家和社会期待中，中小学教师应该在国家建设和社会改良方面起领导作用，这必然对中小学教师的公共活动能力提出更高的要求。但现实是，民国时期中小学教师的专业化程度在提高，而公共责任能力则相对欠缺，这使他们很难成功地扮演一个公共性角色。

近代中国期待教师成为一个承担广泛公共责任的社会角色，这一要求在中小学教师身上表现得尤为突出，这是因为中小学教师有分散在基层社会的优势，而基层社会本来就缺少智力和文化资源，中小学教师就是稀有的知识分子，所以社会对他们的期待就更高。加上近代教育救国思潮的影响，中小学教师几乎被期待成为一个改良社会的万能角色。他们不仅应该在教育教学方面是专家，而且在抗战建国、改良社会风俗、继承发扬文化道德等方面，都应该承担广泛的责任。所以说教师是万能的，一点也不夸张。这就导致了一个问题——要成为这样一个合格的教师，除了出色的教育教学能力之外，其作为普通社会人的处事能力也要达到一定的高度，即所谓的人情练达也是成为一个合格教师的必备条件。但是事实上，随着民国时期现代教育的发展，中小学教师的专业能力普遍在增强，而他们对社会的了解、与各色社会人物打交道的能力、参与社会公共事务的能力则相对欠缺，这就造成他们在承担公共责任时更困难一些。一个教学能力强、专业素质高的教师不一定能成为社会期待和认可的成功的教师，这一点在民国乡村教师身上表现得最为典型。

民国时期，乡村教师不仅是乡村教育的承担者，而且还被期待在乡村建设、社会改良中发挥领导作用。在这个泛化的功能期待中，乡村教师对于乡村社会的了解与适应、参与乡村社会事务的深度和能力是保证其成功的关键。对于这一点，整个社会是形成共识的，许多乡村教育专家都曾指出交际应酬对于乡村教师的重要性。比如有人说，乡村小学教员"非有应付农民的灵活手腕，是不能够永久在乡村服务的"①。乡村教师参与社会事务必备两方面技能。一是应付乡村民众礼俗生活

---

① 杨连璧：《作小学教师的实地经验谈》，《基础教育》1936 年第 1 卷第 7 期。

的技能，比如写一些应用文之类的。这些技能虽然新式教师一般都比较欠缺，但如果下决心学，还是很容易的。二是生存于乡村社会的社交能力。这就很深奥了，民国时期的中小学教师普遍在这方面比较薄弱。因为社会活动能力不是短时间内靠勤学苦练就能培养出来的，它依赖的是日常社会生活经验的积累——对地方社会和人性的了解，处理复杂社会关系的经验和技能，甚至还包括为公众服务的精神等。而这些却恰恰是新式教育所欠缺的。因为自清末教育转型启动以来，从教师的培养到教师的选拔任用，其标准都在强调教师基于现代学科分类基础之上的专业知识技能，而这些专业知识技能的获得都要花费大量的时间和精力，学生必须长年累月地把自己封闭在象牙塔里学习。这就造成每一个新式学校毕业、准备从事教师职业的青年，比起旧式塾师来说，他们都更关注专业范围以内的问题，更缺乏对自己生存背景的了解，也缺乏与身边社会的必要互动，所以，他们的社会生存经验和技能都要欠缺一些。再加上，他们所受的现代教育理念与传统的基层社会之间本来就存在巨大的割裂，从而造成他们在观念上与基层社会格格不入。所以，别说让新式青年教师承担起改造乡村社会的领导责任，就是让他们融入乡村，与乡村社会顺畅地交流，都需要一定的时间历练。事实上，民国乡村教师不仅很难融入乡村、引领乡村，反而经常受到乡村社会的排斥和改造。

民国乡村教师以其自身日常生活中的痛苦教训，证明了单纯的高学历、好成绩是不足以成为一个成功的乡村教师的。许多成绩优异的师范生，在从事教职之后，都曾经在处理社会事务上栽过跟头。有视导员总结乡村教师的工作经验时，就说："新教师们最感痛苦的，除了待遇之'清'和生活之'苦'以外，就要算人事方面的应付了。"而这种所谓"人事方面的应付"，就是指与乡村社会各色人等打交道的能力。① 以青年教师的经验来说，与乡村社会打交道的最大困难在于如何处理与当地乡绅的关系。当时，由于乡绅掌握乡村学校的办学

① 敬远：《与新教师谈甘苦——告将毕业的师范生》，《教育建设（南京）》1941 年第 1 卷第 6 期。

大权，教师的聘任、学校的招生、学费的催缴等事务都由他们控制，所以与乡绅在日常交往中处好关系，往往成为乡村教师立足乡村的第一要务。但由于青年教师普遍比较欠缺这方面的经验和能力，所以民国时期乡村教师与地方势力之间的关系出现很多不正常、不健康的情况。比如，有乡村教师反映，由于一般青年乡村教师是在外乡任职，在学校当地无根基，社会经验又不足，所以在与当地乡绅打交道时，他们有时会用请酒、送礼等方式主动与他们拉近关系，久而久之，一些土劣竟然形成向乡村教师"打秋风"的习惯，借机敲诈教师。"每逢阴天下雨稍有闲暇的时候，便到学校里猜梅花拳，差遣学生打酒买肴遥街去跑，'夜以继日，不醉无归'，学校成为茶坊酒肆，学生已经成了茶坊酒肆的小买办。"① 显然，教员与乡绅之间这种表面上的日常社交其实质类似于行贿，这种关系非但不是现代化的教师引领和改造乡村，反而是乡村腐朽势力压制了教师。所以，要成为引领社会改良的中心，民国时期的中小学教师还有很长的路要走。

总之，民国中小学教师在世俗生活中的表现——经济生活的困窘、道德素质的衰落、公共活动能力的欠缺，都妨碍着中小学教师社会角色的实现，教师的世俗角色与其理想角色之间是冲突的。这些问题的出现，既有教师方面的原因，更有制度、社会结构方面的原因，与新式教育发展中的不足、社会整体经济和文化环境的落后有重要关系。要改变上述状况，一方面需要中小学教师深刻领悟教师角色的责任义务，增强自身履职尽责的自觉性；另一方面需要国家和社会能够从教师主体出发，关注教师作为普通人的生活，给予教师和他们的角色义务相匹配的、实实在在的支持和保障。

日常生活史关注的是人们微观的世俗生活细节，社会角色体现的是人们在宏观社会结构中的生活样式。将二者结合起来，就能透过日常生活现象，发现现象背后的本质或意义。

一方面，从民国中小学教师的日常生活细节来看，他们对自身"为人师表"的职业角色和与之相适应的现代知识分子的社会身份是

---

① 翟芝轩：《一般乡村小学的实际写真》，《基础教育》1936 年第 1 卷第 12 期。

基本认同的，在日常生活中能够自觉体认和践行这种外部设定的角色规范，在艰苦的世俗生活中他们仍然对自己有所要求，对自身的角色义务也有承担。可以说，这种主要由国家教育制度和新的社会文化潮流所建构起来的社会角色，已经部分内化为中小学教师的自我角色认同了。这说明民国中小学教师的社会角色有一定的稳定度，这是近代教师角色转型中的成功之处。

另一方面，琐碎而丰富的日常生活细节也凸显出教师角色中隐微而又至关重要的问题。不可否认，民国中小学教师在现实生活中的形象和他们的自我感受与国家和社会期待中的理想角色之间存在一定的差距，而且，这种差距主要是由外部客观因素导致的，并不是教师的主观努力能够改变的。比如，当时教师物质生活的困窘、经济地位的低下主要是国家和社会对教师的保障体制不完善的问题；教师公共责任能力的不足，则与近代教师养成机制中的内在矛盾——教师的专业性与教师的公共性之间的矛盾有很大关系；而民国教师道德伦理衰落问题则更复杂一些，表面上看，这只是一个教师自身素质的问题，但事实上，在近代经济社会教师角色的世俗化转型是一个必然趋势，如何在世俗化大潮中避免陷入庸俗化，既是教师的主观选择问题，更是一个国家与社会需要理性对待的问题。从这个角度来说，当时的中国社会对教师角色的期待和设定是超现实的，甚至是存在内在冲突的。这个问题是近代以来中国教师角色转型中始终存在的，如果不透过教师的日常生活来考察，很难揭示出近代教师角色中的这种隐秘的模糊性。对这种模糊性的坦白揭示，有助于我们正视近代社会转型中的一些关键性问题。它至少可以帮助我们理解，教师作为一个重要社会角色的建构绝不是一个孤立的教育内部的问题，而是一个综合性的社会工程。在这个工程中，如果一直忽视教师的主体感受和诉求，就很难建构起一个既有社会认同也有主体自我认同的、内外统一的、稳定清晰的教师角色。

# 参考文献

## 一　著作

陈明远：《文化人的经济生活》，文汇出版社 2005 年版。

陈翊林：《最近三十年中国教育史》，上海太平洋书店 1930 年版。

杜佐周：《教育与学校行政原理》，上海：商务印书馆 1933 年版。

冯友兰：《三松堂全集》，河南人民出版社 1985 年版。

古楳：《乡村教育新论》，民智书局 1933 年版。

韩明谟：《社会学概论》，中国广播电视大学出版社 1997 年版。

胡适：《丁文江传》，东方出版社 2009 年版。

黄克诚：《黄克诚自述》，人民出版社 1994 年版。

姜朝晖：《民国乡村教师社会角色研究》，人民出版社 2016 年版。

姜朝晖、董欣宁：《民国初期教育经费困境研究》，长江出版社 2020
　　年版。

蒋纯焦：《一个阶层的消失——晚清以降塾师研究》，上海书店出版社
　　2007 年版。

金林祥主编：《中国教育思想史》第 3 卷，华东师范大学出版社 1995
　　年版。

李华兴主编：《民国教育史》，上海教育出版社 1997 年版。

林毓生：《中国意识的危机》，贵州人民出版社 1988 年版。

马叙伦：《我在六十岁以前》，生活书店 1947 年版。

任桐君：《一个女教师的自述》，生活·读书·新知三联书店 1989 年版。

柔石：《二月》，刘会军、林乐齐等编《现代中篇小说选（1921—1949）》

第 1 辑，宝文堂书店 1984 年版。

陶钝：《一个知识分子的自述》，山东人民出版社 1998 年版。

陶孟和：《北平生活费之分析》，上海：商务印书馆 1933 年版。

许纪霖、陈达凯主编：《中国现代化史（1800—1949）》第 1 卷，学林出版社 2006 年版。

杨懋春：《一个中国村庄：山东台头》，张雄等译，江苏人民出版社 2001 年版。

张明远：《我的回忆》，中共党史出版社 2004 年版。

张仲礼：《近代上海城市研究》，上海人民出版社 1990 年版。

张咏梅、宋超英：《社会学概论》，兰州大学出版社 2007 年版。

郑登云：《中国近代教育史》，华东师范大学出版社 1994 年版。

郑观应：《盛世危言》，中州古籍出版社 1998 年版。

郑杭生：《社会学概论新修》，中国人民大学出版社 1998 年版。

朱斯煌：《民国经济史》，银行学会银行周报社 1948 年版。

## 二　资料汇编

安徽省颍上县文史资料委员会编：《慎城春秋》第 1 辑（内部资料），1986 年版。

北平市社会局教育科编：《北平市教育法规汇编》，北平市社会局 1933 年版。

陈学恂主编：《中国近代教育大事记》，上海教育出版社 1981 年版。

陈学恂主编：《中国近代教育文选》，人民教育出版社 1983 年版。

曹伯言整理：《胡适日记全编（1923—1927）》（3），安徽教育出版社 2001 年版。

杜元载主编：《抗战前中等教育》，台北："中央"文物供应社 1971 年版。

傅国涌编：《过去的小学》，同心出版社 2012 年版。

傅国涌编：《过去的中学》，同心出版社 2012 年版。

高增德、丁东编：《世纪学人自述》第 2 卷，北京十月文艺出版社 2000 年版。

广东省地方史志编纂委员会编：《广东省志·教育志》，广东人民出版社 1995 年版。

国民政府教育部编：《教育法令特辑》，正中书局 1938 年版。

华东师范大学教育系编：《中国现代教育文选》，人民教育出版社 1998
年版。

湖南省教育委员会教育志办公室编：《湖南省教育史志资料》，湖南省
教育委员会 1986 年版。

教育部编：《教育法令汇编》第 1 辑，上海：商务印书馆 1936 年版。

教育部教育年鉴编纂委员会编：《第二次中国教育年鉴》，上海：商务印
书馆 1948 年版。

教育部中国教育年鉴编审委员会编：《第一次中国教育年鉴》，上海：
开明书店 1934 年版。

李文海主编：《民国时期社会调查丛编》（婚姻家庭卷），福建教育出
版社 2005 年版。

李文海主编：《民国时期社会调查丛编》（文教事业卷），福建教育出
版社 2004 年版。

马玉田、舒乙主编：《文史资料存稿选编》（教育），中国文史出版社
2002 年版。

璩鑫圭、唐良炎编：《中国近代教育史资料汇编》（学制演变），上海
教育出版社 1991 年版。

璩鑫圭、童富勇、张守智编：《中国近代教育史资料汇编》（实业教育
师范教育），上海教育出版社 1994 年版。

全国政协文史资料委员会编：《中华文史资料文库》（第 17 卷教育），
中国文史出版社 1996 年版。

上海市教育局编：《上海市教育统计》（1933 年），上海市教育局 1933
年版。

沈云龙主编：《近代中国史料丛刊续编》第 96 辑，台北：文海出版社
1983 年影印本。

舒新城编：《中国近代教育史资料》上册，人民教育出版社 1981 年版。

宋恩荣、章咸选编：《中华民国教育法规选编》，江苏教育出版社 2005
年版。

天津市政府统计委员会编：《天津市统计年鉴》，1935 年。

吴汝纶编录：《李文忠公全集·奏稿》卷五十三，上海：商务印书馆
　　1921 年影印本。

许纪霖编：《20 世纪中国知识分子史论》，新星出版社 2005 年版。

苑书义、孙华峰等主编：《张之洞全集》第 2 册奏议第 37 卷，河北人
　　民出版社 1998 年版。

中国人民政治协商会议湖北省宜昌县委员会文史资料研究委员会编：
　　《宜昌县文史资料》第 5 辑（内部资料），1991 年。

中国第二历史档案馆编：《中华民国史档案资料汇编》第 5 辑第 1 编
　　教育（一），江苏古籍出版社 1994 年版。

中国第二历史档案馆编：《中华民国史档案资料汇编》第 5 辑第 2 编
　　教育（一），江苏古籍出版社 1997 年版。

中国人民政治协商会议贵州省六枝特区委员会文史资料委员会编：《六
　　枝文史资料选辑》第 4 辑（内部资料），1990 年。

中国人民政治协商会议江北县委员会文史资料研究委员会编：《江北县
　　文史资料》第 2 辑（内部资料），1987 年。

中国人民政治协商会议嵩县委员会文史资料委员会编：《嵩县文史资料》
　　第 5 辑（内部资料），1990 年。

中央档案馆编：《中共中央文件选集》第 1 集，中央党校出版社 1989
　　年版。

### 三　现代期刊

陈育红：《二十世纪二三十年代小学教师的薪水及其生活状况》，《民
　　国档案》2004 年第 4 期。

陈育红：《战前中国教师、公务员、工人工资薪俸之比较》，《民国档
　　案》2010 年第 4 期。

陈蕴茜：《论民国时期城市家庭制度的变迁》，《近代史研究》1997 年
　　第 2 期。

慈鸿飞：《二三十年代教师、公务员及其生活状况考》，《近代史研究》
　　1994 年第 3 期。

代小芳:《民国时期中学教师流动初探》,《教育与教学研究》2017 年第 3 期。

杜维鹏:《民国时期乡村教师的收入状况与生存状态——以华北地区为中心的考察》,《历史教学》2015 年第 4 期。

郝锦花、田正平:《民国时期乡村小学教员收入状况考察——中国教育早期现代化问题研究之一》,《教育与经济》2007 年第 2 期。

姜朝晖、朱汉国:《民国时期乡村教师的生存状况》,《史学月刊》2015 年第 4 期。

姜朝晖、朱汉国:《1930 年代中期新旧教育二元并存格局初探》,《齐鲁学刊》2013 年第 3 期。

李柏林:《民国时期中学教师的社会流动——以湖北为中心》,《湖北师范学院学报》(哲学社会科学版)2011 年第 3 期。

李彦荣:《民国时期上海教师的薪水及其生活状况》,《民国档案》2003 年第 1 期。

鲁卫东:《20 世纪二三十年代安徽小学教员及其生计初探》,《安徽史学》2011 年第 4 期。

吴琼:《民国时期教师薪俸的历史演变》,《教育评论》1999 年第 6 期。

杨云兰:《民国时期中学教师生活状态之变迁与反思》,《吕梁学院学报》2012 年第 3 期。

## 四 学位论文

常静:《南京国民政府时期的武汉中学教师研究(1927—1937)》,硕士学位论文,华中师范大学,2009 年。

陈光春:《制度生成与实践失范——民国时期中学教师管理制度研究(1912—1949)》,博士学位论文,华中师范大学,2012 年。

丁留宝:《乡村教师:乡村革命的播火者——以安徽农村党组织建设为例(1923—1931)》,硕士学位论文,上海师范大学,2007 年。

范星:《民国时期山东小学教员检定研究》,硕士学位论文,山东师范大学,2010 年。

高海燕:《1927—1937 年间江苏小学教师研究》,硕士学位论文,南京师范大学，2008 年。

郝锦花：《新旧之间——学制转轨与近代乡村社会》，博士学位论文，山西大学，2004 年。

胡悦晗：《日常生活与阶层的形成——以民国时期上海知识分子为例（1927—1937）》，博士学位论文，华东师范大学，2012 年。

李柏林：《民国时期湖北中学教师群体研究》，博士学位论文，华中师范大学，2010 年。

李艳莉：《崇高与平凡——民国时期大学教师日常生活研究（1912—1937）》，博士学位论文，华中师范大学，2015 年。

刘常娟：《南京市小学教师待遇研究（1927—1937）》，硕士学位论文，南京大学，2012 年。

刘京京：《民国时期中学生生活研究（1912—1937）》，博士学位论文，华中师范大学，2015 年。

刘强：《1927—1937 年安徽教师群体研究》，硕士学位论文，安徽大学，2011 年。

路涛：《二十世纪二三十年代中学教师的待遇与生活状况研究》，硕士学位论文，河北大学，2007 年。

徐广丽：《民国时期普通中学教师管理制度变迁研究》，硕士学位论文，南京师范大学，2013 年。

许研：《1927—1937 年河南教师群体研究》，硕士学位论文，河南大学，2008 年。

杨学功：《战时四川省小学教师生存境况的考察》，硕士学位论文，南京师范大学，2007 年。

曾超群：《民国时期长沙中学教师群体研究（1927—1937）》，硕士学位论文，湖南师范大学，2015 年。

曾崇碧：《20 世纪 30 年代四川小学教师状况研究》，硕士学位论文，四川大学，2003 年。

张明武：《经济独立与生活变迁——民国时期武汉教师薪俸及其生活状况研究》，博士学位论文，华中师范大学，2010 年。

张汶军：《教师专业化的初步尝试：民国后期小学"教师检定"的定

制与实践》，硕士学位论文，华中师范大学，2009 年。

## 五　民国期刊

白水：《谈教师（生活漫谈)》，《共信》1937 年第 1 卷第 14 期。

《编后记：目前的乡小教师应该怎样》，《江苏省小学教师半月刊》1934
年第 2 卷第 5 期。

彬然：《听了一位老中学教师的话》，《中学生》1945 年第 86 期。

蔡逢甲：《教师之乐》，《教育生活》1936 年第 4 卷第 1、2 期。

陈东原：《女教职员之研究》，《教育杂志》1928 年第 20 卷第 9 号。

陈鹤琴讲，汪一士记录：《现代的教师》，《上海青年（上海 1902)》1936
年第 36 卷第 40 期。

陈剑恒：《教师是一个可贵的职业吗?》，《升学与就业》1944 年第 1 卷
第 1 期。

陈剑恒：《小学教师应当是万能的吗》，《小学问题》1937 年第 4 卷第
30 期。

陈新民：《会员的话·一个教师受到无理解聘是全体教师的耻辱》，《今
日的教师》1948 年两周年纪念特刊。

陈选善：《教师节特辑·教师节的意义》，《小学教师月刊》1939 年第
1 卷第 4 期。

陈藻芬：《教师组织与教师生活》，《民族教师》1941 年第 1 卷第 7 期。

陈振名：《广州小学教师生活之研究》，《教育研究》1936 年第 69 期。

春二甲潘济江：《给我印象最深的一位教师》，《清华校刊》1941 年十
周年纪念刊。

从宜：《随笔·教师生活·校长》，《中学生》1934 年第 42 期。

大岳：《国文教师眼里底国文教师》，《中学生》1935 年第 56 期。

导之：《教育评坛·对于小学教员要求加薪之平议》，《教育杂志》1923
年第 15 卷第 3 号。

邓人撰：《一个中学教师的话》，《民意（汉口)》1941 年第 172 期。

丁士：《"教师节"谈教师》，《新动向》1943 年第 78 期。

东方晦：《中学教师生活举例》，《现代教学丛刊》1948 年第 4 期。

杜少义：《我做小学教师的烦恼和趣味》，《教育周报（桂林）》1933 年第 38 期。

端：《教师的生活和道德》，《教育建设（南京）》1941 年第 2 卷第 6 期。

《对于乡村教师的希望》，《民众周刊（济南）》1934 年第 6 卷第 36 期。

樊星南：《我最敬爱的中学教师：记朱凤豪先生》，《今日青年》1940 年第 8 期。

奋：《乌龟先生》，《中国学生》1937 年第 12 期。

奋鸣：《从索薪说到教育生涯》，《新大声杂志》1935 年第 1 卷第 6 期。

冯汉臣：《一个乡村小学教师的经过》，《基础教育》1936 年第 1 卷第 10 期。

冯祖荫：《怎样改进我国乡村小学教师》，《中华教育界》1932 年第 20 卷第 3 期。

《附录·北京国立学校"教育经费独立"运动经过情形纪要》，《教育丛刊》1921 年第 2 卷第 4 集。

干臣：《求学与受罪：一个中学教师从学生那里得到的一些感想》，《中华教育界》1932 年第 20 卷第 6 期。

甘南引：《中国青年婚姻问题调查》，《社会学杂志》1924 年第 2 卷第 2、3 号合刊。

高笙田、赵庆云、刘继恒等：《我的教师生活》，《教育动向》1934 年第 19 期。

高树元：《读者园地·做了教师以后》，《国讯》1937 年第 158 期。

革日水：《形形色色——山西太谷县的小学教员》，《生活周刊》1929 年第 5 卷第 45 期。

葛世雄：《一个青年教师的生活》，《青年生活（上海 1935）》1935 年第 1 卷第 1 期。

龚启昌：《江宁自治实验县小学教师家庭生活概况》，《江苏省小学教师半月刊》1935 年第 2 卷第 14 期。

古天估：《我们的一位国文教师》，《世风半月刊》1938 年第 2 期。

顾克彬：《农村师范应养成何种小学教师》，《中华教育界》1924 年第 6 期。

韩昭：《邹平村立学校的现状及其改进》，《基础教育》1936 年第 1 卷第 10 期。

《河北霸县乡村小学教师生活的写照》，《众志月刊》1934 年第 1 卷第 3 期。

河北省政府秘书处编辑：《河北省政府公报》1929 年第 164 期。

黄秉宸：《二十年的河南省立第五小学》，《河南教育月刊》1932 年第 2 卷第 4 期。

黄溥：《中学教师的职业》，《长沙清华》1947 年第 6 期。

黄志诚：《生活素描·一个乡村教师之自述》，《生活教育》1934 年第 7 期。

鸡肋：《乡村小学教师生活的回忆》，《民众周刊（济南）》1933 年第 5 卷第 43 期。

纪新青：《南京市小学教师服务状况研究（续）》，《新青海》1935 年第 3 卷第 12 期。

季同：《小学教师诸问题》，《民族教师》1941 年第 1 卷第 8、9 期。

季文：《从改称"老师"说到师生的关系——教师随笔之一》，《中学生战时半月刊》1939 年第 13 期。

既澄：《教育评坛·广州教师的加薪运动》，《教育杂志》1922 年第 14 卷第 2 号。

江秋萍：《小学教师的生活片断》，《求是（南京）》1944 年第 1 卷第 2 号。

蒋予洁：《谈"打"的问题》，《教师之友（上海）》1936 年第 2 卷第 1 期。

蒋中正：《慰勉小学教师电（专载）》，《教与学月刊》1940 年第 4 卷第 10 期。

《教师的仪表》，《浙江小学教育》1936 年第 4 卷第 7 期。

《教师闲话·（一）何必神经过敏？》，《教师杂志》1947 年创刊号。

《"教育"和"教书"》，《学校教师月刊》1941 年第 3 期。

金平：《学校风光·这是人的生活吗》，《教师生活》1946 年第 3 期。

敬五：《小学教师的寒假生活》，《现代教学丛刊》1948 年第 5 期。

敬远：《与新教师谈甘苦——告将毕业的师范生》，《教育建设（南京）》

1941 年第 1 卷第 6 期。

李清悚：《教师的精神动员》，《教育通讯（汉口）》1938 年第 14 期。

李全佳：《"教师匠"读后感》，《宇宙风》1945 年第 139 期。

李尤坤：《漫谈新旧小学教员》，《东北教育》1949 年第 2 期。

李宇鲁：《初次做教师》，《小学与社会》1936 年第 2 卷第 29、30 期。

励文：《一个小学教师的自白》，《青年生活（桂林）》1943 年第 4 卷
　　第 4 期。

梁运涛：《我的教师生活底回忆》，《教育生活》1936 年第 4 卷第 1、2 期。

梁兆康：《中国教师组织运动》，《民族教师》1941 年第 1 卷第 7 期。

林辰：《一个中学教师的控诉》，《中学生战时半月刊》1940 年第 34 期。

林汉达：《小学教师的出路》，《教师生活》1945 年创刊号。

林锦成：《战时的中学教师》，《教育研究（广州）》1938 年第 83 期。

刘百川：《教师的职业清高吗》，《中华教育界》1949 年复刊 3 第 3 期。

刘百川：《母亲与教师》，《民众教育通讯》1934 年第 4 卷第 7 期。

刘诚：《中学教职员服务状况之调查与研究》，《哲学与教育》1933 年
　　第 2 卷第 1 期。

刘俊田：《不可忽视的几个小学教师的问题》，《基础教育》1936 年第
　　1 卷第 12 期。

刘叔琴：《追怀二位中学教师》，《中学生活》1939 年第 1 卷第 4、5 期。

龙德渊：《杂题一束：乡村教员领薪水的手续问题》，《江苏省小学教
　　师半月刊》1934 年第 2 卷第 5 期。

龙田：《小学教师与国难》，《文化与社会》1934 年第 1 卷第 7 期。

楼兆馗：《婚姻调查》，载《国立中央大学半月刊》1930 年第 1 卷第
　　14 期。

卢冠六：《教师和教书匠》，《国民教育辅导月刊（上海）》1947 年第 4 期。

卢冠六：《上海小学教师的生活》，《小学教师月刊》1940 年第 1 卷第
　　10 期。

卢进之：《初次的小学教员生活》，《基础教育》1936 年第 1 卷第 7 期。

卢泽云：《小学教师生活问题讨论六篇·小学教师的保障问题》，《江
　　苏省小学教师半月刊》1936 年第 3 卷第 18 期。

陆庄：《上海市小学教师课馀生活之研究》，《大夏》1934 年第 1 卷第 3 期。

吕绍槐：《中学教师应有的修养》，《浙江教育行政周刊》1934 年第 6 卷第 9 期。

罗子欣：《小学教师生活问题讨论六篇·小学教师生活的检讨》，《江苏省小学教师半月刊》1936 年第 3 卷第 18 期。

马精武：《教师生活·小学教师如何利用暑假》，《小学教师月刊》1940 年第 2 卷第 3 期。

毛凤安：《教师生活写真·星期日的生活》，《江苏省小学教师半月刊》1936 年第 3 卷第 10 期。

梅焕涑：《闲话私塾》，《江西地方教育》1941 年第 215、216 期合刊。

乃英：《小学教师值几钱》，《教师生活》1946 年第 3 期。

南容：《教师生活的回忆》，《江苏教育》1942 年第 4 卷第 5 期。

念远先生：《我的女学生们》，《女声》1933 年第 1 卷第 24 期。

潘景佳：《提高国民基础学校教师的待遇问题》，《广西教育通讯》1941 年第 2 卷第 5、6 期。

潘泯：《教师生活写真·村居》，《江苏省小学教师半月刊》1936 年第 4 卷第 1 期。

潘菽：《教师的尊严》，《教育通讯（汉口）》1943 年第 6 卷第 24 期。

潘之庚：《浙江二十年度教育统计概述》，《浙江教育行政周刊》1933 年第 5 卷第 6 期。

平：《为教员枵腹断炊说的话》，《新教师》1936 年第 1 卷第 3 期。

绮烟：《教师生活写真·安慰》，《江苏省小学教师半月刊》1936 年第 3 卷第 10 期。

钱一鸣：《兼课教师》，《中美周刊》1941 年第 2 卷第 21 期。

秋子：《做了教师所感得的》，《中学生》1932 年第 25 期。

SW：《教师园地·收支相抵》，《小学教师月刊》1939 年第 1 卷第 8 期。

山彦：《漫谈·教师节后谈教师》，《风下》1946 年第 41 期。

尚由：《中学教师》，《教育界（杭州）》1932 年第 2 期。

沈屏周：《理想中的小学教师》，《江苏省小学教师半月刊》1937 年第 4 卷第 22 期。

沈铸：《吴先生》，《教师之友（上海）》1935 年第 1 卷第 8 期。

慎修：《闲话教师》，《教育生活》1936 年第 4 卷 1、2 期。

十君：《我的教师生活》，《教师之友（上海）》1935 年第 1 卷第 8 期。

《时论选载·敬告中小学教师》，《浙江教育行政周刊》1931 年第 3 卷
　　第 2 期。

束荣松：《小学教师生活烦闷之原因及其解决方法》，《江苏省小学教
　　师半月刊》1936 年第 3 卷第 18 期。

宋震寰：《山西乡村教育概况之调查》，《新农村》1934 年第 13、14 期
　　合刊。

孙福熙：《教育评坛·致全国小学教师》，《教育杂志》1926 年第 18 卷
　　第 9 号。

孙鉴如：《一个小学教师的忏悔录》，《教师之友（上海）》1937 年第 3
　　卷第 6 期。

孙廷莹：《国家兴衰与小学教师》，《师大月刊》1936 年第 7 卷第 29 期。

谭维翰：《论教师》，《大众（上海 1942）》1943 年第 8 期。

唐突：《中学毕业会考与中学教师》，《汗血周刊》1934 年第 3 卷第 10 期。

唐慰之：《一年的教师生活》，《江苏学生》1933 年第 2 卷第 1 期。

唐醒黄：《小学教师生活问题讨论六篇·规定小学教师服装问题》，
　　《江苏省小学教师半月刊》1936 年第 3 卷第 18 期。

陶希圣：《江风塔影》，《传记文学》1962 年第 1 卷第 2 期。

仝菊圃：《归田教学去》，《河南教育》1934 年第 4 卷第 3 期。

涂闻政：《敬赠乡村教师》，《江西省立南昌乡师半月刊》1936 年第 1
　　卷第 3 期。

顽石：《课余随笔·六、关于教师的话》，《教育生活》1936 年第 4 卷
　　第 1、2 期。

王璧岑：《小学教师的服装》，《教师之友（上海）》1937 年第 3 卷第 2 期。

王炳亮：《在乡村小学我所感到的三个难题》，《基础教育》1936 年第
　　1 卷第 11 期。

王干勤：《我的教师生活》，《教师之友（上海）》1937 年第 3 卷第 6 期。

王鲁白：《一位小学教师之悲愤的喊声》，《教育杂志》1929 年第 21 卷

第 4 期。

王思中：《小学教师生活写真》，《教师之友（上海）》1937 年第 3 卷第 6 期。

王雨三：《乡村小学教师应有的反省》，《基础教育》1936 年第 1 卷第 12 期。

王廷弼：《谈余杭的教育》，《东南日报》1934 年 9 月 29 日第 4 张。

蔚若：《有意义的娱乐》，《江苏省小学教师半月刊》1937 年第 4 卷第 10 期。

文苇：《论清高》，《教师生活》1945 年创刊号。

蚊子：《这几天——一个中学教师的手记》，《青年文化（济南）》1936 年第 4 卷第 1 期。

吴光复：《教师匠》，《宇宙风》1943 年第 135、136 期合刊。

吴和士：《短编实纪：教师泪语》，《江苏教育（苏州 1940）》1941 年第 2 卷第 2 期。

西安日报：《最近本省重要言论·教育经费之确立与独立》，《新陕西月刊》1931 年第 1 期。

晞如：《随笔·教师生活：在倦怠中》，《中学生》1934 年第 42 期。

萧蕴玉：《学校风光·如此学校》，《教师生活》1946 年第 3 期。

萧庄：《暑假闲话教师（二）》，《上海周报（上海 1939）》1940 年第 2 卷第 7 期。

《小学教师的自救》，《现代农民》1940 年第 3 卷第 2 期。

辛且勤：《初任教师的第一天》，《教师之友（上海）》1937 年第 3 卷第 7 期。

熊铭青：《中学校的教师》，《师大月刊》1933 年第 4 期。

熊寿文：《中学教师态度应有的改进》，《教师节特刊》1937 年特刊。

徐伯璞：《第十三区短期小学视导感谢》，《基础教育》1936 年第 1 卷第 2 期。

徐大铺：《小学教师的休闲生活》，《教师之友（上海）》1937 年第 3 卷第 6 期。

徐国启：《怎样改进小学教师的生活》，《教与学月刊》1936 年第 1 卷第 9 期。

徐鸿宾：《小学教师生活问题讨论六篇·怎样补救小教生活问题》，《江苏省小学教师半月刊》1936 年第 3 卷第 18 期。

徐锡璜：《教师节谈小学教师生活问题》，《江苏教育（苏州 1940）》1941 年第 3 卷第 1 期。

薛圣俞：《我的生活》，《江苏教育（苏州 1940）》1942 年第 5 卷第 1 期。

雅亭：《一个小学教师的日记》，《江苏教育（苏州 1940）》1942 年第 5 卷第 2 期。

严独鹤：《小学教师之妻》，《快活》1922 年第 6 期。

炎：《教师生活的回忆》，《教育通讯》1940 年第 3 卷第 32 期。

杨彬如：《几种乡小教师的娱乐方法》，《江苏省小学教师半月刊》1937 年第 4 卷第 10 期。

杨连璧：《作小学教师的实地经验谈》，《基础教育》1936 年第 1 卷第 7 期。

杨效春：《论著·乡村小学教师问题》，《教育汇刊（南京 1921）》1921 年第 2 期。

杨效春：《中学教师生活——生活教育实施报告之一》，《中华教育界》1932 年第 19 卷第 7 期。

杨允元：《急待确立的我国教师任用制》，《教与学月刊》1941 年第 5 卷第 9 期。

姚斐然：《我的小学教师生活写实》，《基础教育》1936 年第 1 卷第 7 期。

姚绅章：《小学教师想谋差使——想当兵》，《生活》1926 年第 2 卷第 18 期。

叶圣陶：《教师的修养》，《努力周报》1923 年 8 月 19 日第 3 版。

叶圣陶：《教育评坛·教师问题——希望于师范学校和师范生》，《教育杂志》1922 年第 14 卷第 7 号。

《一封值得公开的私信：一位内地小学教师的呼声》，《教育杂志》1934 年第 24 卷第 4 号。

易巩：《乡校教师》，《现代文艺（永安）》1942 年第 6 卷第 1 期。

裒：《一个小学教师的自述》，《教师之友（上海）》1935 年第 1 卷第 8 期。

余家菊：《教师和学生间的交际问题》，《少年中国》1920 年第 2 卷第
　　3 期。

俞异君：《空悲愤有用么？——向乡村小学教师进一言》，《民众周刊
　　（济南）》1933 年第 5 卷第 28 期。

玉：《小学教师的滋味》，《益友》1938 年第 4 期。

玉君：《怎样改进小学教师的生活四》，《教与学》1936 年第 1 卷第 10 期。

郁汇入：《生活，生活，教师的生活》，《今日的教师》1948 年两周年
　　纪念特刊。

翟芝轩：《一般乡村小学的实际写真》，《基础教育》1936 年第 1 卷第
　　12 期。

张达善：《小学教师私生活的修养》，《江苏省小学教师半月刊》1936
　　年第 3 卷第 18 期。

张建勋：《怎样解决小学教师的进修问题》，《基础教育》1936 年第 1
　　卷第 7 期。

张乐：《教师生活写真三》，《教师之友（上海）》1936 年第 2 卷第 10 期。

张乐：《教师的生活写真（续）六》，《教师之友（上海）》1936 年第
　　2 卷第 12 期。

张乐：《教师生活写真（续）八》，《教师之友（上海）》1937 年第 3
　　卷第 1 期。

张乐：《教师生活写真（续）九》，《教师之友（上海）》1937 年第 3
　　卷第 1 期。

张乐：《教师生活写真（续）十附表》，《教师之友（上海）》1937 年
　　第 3 卷第 1 期。

张乐：《教师生活写真（续）十七》，《教师之友（上海）》1937 年第
　　3 卷第 4 期。

张乐：《教师生活写真（续）二十》，《教师之友（上海）》1937 年第
　　3 卷第 6 期。

张乐：《教师生活写真（续）二十一》，《教师之友（上海）》1937 年第
　　3 卷第 7 期。

张倩英：《会员的话·打开了我心灵的窗》，《今日的教师》1948 年两

周年纪念特刊。

张绳五：《乡村教育实地经验谈》，《基础教育》1936 年第 1 卷第 1 期。

张太敬：《我的教师生活》，《江苏教育（苏州 1940）》1942 年第 5 卷第 1 期。

张溪愚：《教师的总检阅》，《人言周刊》1934 年第 1 卷第 25 期。

张溪愚：《教师节》，《人言周刊》1936 年第 3 卷第 15 期。

召：《京师的国立各校》，《现代评论》1926 年第 4 卷第 101 期。

赵演：《教师的自救》，《教育杂志》1927 年第 19 卷第 1 期。

《浙省职教员待遇改良之提案》，《教育杂志》1927 年第 19 卷第 4 期。

枕流生：《教师生活写真·我底籐包》，《江苏省小学教师半月刊》1936 年第 3 卷第 10 期。

甄怀宸：《小学教师感觉苦闷的来源与解决的途径》，《基础教育》1936 年第 7 期。

郑璞生：《小学教师合理的休闲生活》，《静安》1937 年第 4 期。

郑西谷：《中学师资训练问题之研究》，《教育杂志》1936 年第 26 卷第 7 号。

知白：《教育评坛·教育经费独立》，《教育杂志》1922 年第 14 卷第 1 号。

中其：《从两位教师说起》，《中学生》1947 年总 186 期。

种因：《今后中国教育的希望》，《教育杂志》1920 年第 12 卷第 2 号。

仲裔：《一个中学教师的生活》，《华光月刊》1940 年第 1 期。

周谨言：《增进教师工作效率的原动力》，《江苏省小学教师半月刊》1937 年第 4 卷第 12 期。

周尚：《二年来之晓庄乡村教育运动》，《河南教育》1929 年第 2 卷第 4 期。

朱伯孚：《教师生活杂谈》，《江苏教育（苏州 1940）》1942 年第 4 卷第 5 期。

朱思涤：《教师生活谈》，《竹秀园月报：复兴版》1948 年第 16 期。

庄秉仁：《单级教师的娱乐方法》，《江苏省小学教师半月刊》1937 年第 4 卷第 10 期。

子蓉：《教师素描：王宾时先生》，《光华附中半月刊》1935 年第 3 卷
　　第 9、10 期。

子蓉：《人物素描·桂叔超先生》，《光华附中半月刊》1935 年第 3 卷
　　第 9、10 期。

左绍儒：《乡村小学教师的进修问题》，《基础教育》1936 年第 1 卷第
　　7 期。

# 后　记

　　《民国时期中小学教师日常生活研究》是教育部人文社科规划基金项目的研究成果，体现了我近几年来的研究心得。该研究项目在选题和框架设计上得到我的师长——北京师范大学的朱汉国教授和南开大学的江沛教授的指导和建议，也得到我的老同学山东大学的赵兴胜教授的悉心指导，几位教授都是在百忙之中不厌其烦地为我看稿子，提建议。本书撰写过程中，在查阅资料方面得到我的同事乔毅老师的大力帮助。另外，本书能够顺利出版也得益于中国社会科学出版社的编辑李金涛老师的认真编校，李老师的辛苦付出大大提高了本书的质量，他所提建议也大大启发了我对民国中小学教师日常生活问题的认识。在此对以上各位师友一并表示谢意！

　　本书出版于作者本人的职业晚期，深深打上了作者职业生涯和人生经历的烙印。一方面，本书凝结了作者研究民国教育史和民国社会史多年来形成的越来越明确的学术旨趣——对民国时期的"人"，特别是对普通人的关注，对那一时期像我一样的普通教师的个人际遇和心灵感受感兴趣。另一方面，本书也尽显作者在 55 岁这个人生阶段的尴尬和无奈——心有余而力不足。出于能力之不足和精力之不逮，本书还有很多未尽之处，本书所论及的问题只能是抛砖引玉，留待后来者进一步思索探讨了。

姜朝晖

2023 年 6 月 2 日